大学英语教学与多元人才培养研究

姚 佳 著

中国原子能出版社

图书在版编目（CIP）数据

大学英语教学与多元人才培养研究 / 姚佳著. 北京 : 中国原子能出版社, 2024. 11. -- ISBN 978-7-5221-3872-5

Ⅰ. H319.3

中国国家版本馆 CIP 数据核字第 2024PF3400 号

大学英语教学与多元人才培养研究

出版发行	中国原子能出版社（北京市海淀区阜成路 43 号　100048）
责任编辑	陈　喆
责任印制	赵　明
印　　刷	北京天恒嘉业印刷有限公司
经　　销	全国新华书店
开　　本	787 mm×1092 mm　1/16
印　　张	15.375
字　　数	210 千字
版　　次	2024 年 11 月第 1 版　2024 年 11 月第 1 次印刷
书　　号	ISBN 978-7-5221-3872-5　　**定　价　92.00** 元

发行电话：**010-88828678**

前　言

随着信息技术的进步和国际交往的日益频繁，传统大学英语教学模式已难以满足新时期人才培养的需求。当前，许多学校在英语教学中逐渐意识到，单一的语言能力训练不足以应对复杂多变的国际环境，因此开始探索多元化的人才培养路径，致力于培养既具备扎实语言基础，又能在跨文化背景下灵活应对各种交流情境的复合型人才，这一转变不仅反映了社会对高素质人才的迫切需求，也为大学英语教学改革提供了新的思路与方向。

本书围绕大学英语教学与多元人才培养展开，在大学英语教学方面的研究内容涉及理论基础、改革背景、教学原则及核心体系，为教学实践提供必要指导。学习思维的部分阐述大学英语学习的特点，强调多元思维在教学中的实际应用，以激发学生的创造性思维与自主学习能力。在教学设计优化上，书中提出一系列针对性的策略与实践案例。针对大学旅游英语的人才培养模式，书中探讨新文科背景下的具体实践路径。此外，本书在“双创”视角下，分析培养核心素养的重要性，强调创新型与应用型人才的需求，同时结合跨文化交际，探讨人工智能在人才培养中的应用。

本书不仅是对大学英语教学与多元人才培养研究的综合性总结，也是对未来英语教育改革与实践的展望。通过对各章节内容的深入探讨，期望为读者提供实用的指导与启发，推动教育界对跨文化交际与人才培养的重视。同时，希望本书能够为广大学者、教育工作者及英语学习者提供有益的参考，激发更多的研究热情与实践探索，共同推进大学英语教学的改革与创新，为培养符合时代需求的复合型人才贡献力量。

目　录

第一章
大学英语教学的理论体系

第一节　大学英语教学的改革背景

近年来，随着全球科技的迅速发展和社会对人才需求的不断变化，教育改革已成为国家和教育界关注的焦点。从全国教育工作会议到地方教育部门的具体部署，一系列旨在提升教育质量、促进教育公平、培养新时代人才的改革措施正在逐步推进。

一、教育强国建设进入关键期

2024年是我国教育强国建设的关键节点，标志着我国教育体系进入了一个全新的加速发展阶段。在这一背景下，大学英语教学的改革也需要紧跟教育强国的步伐。当前的大学英语教学不仅是知识的传授，它还需要承担起立德树人、培养全面发展的国际化人才的责任。在全球化背景下，英语作为国际通用语言，在学生未来的学习、工作和社会交往中起到至关重要的作用。大学英语教学改革因此不再仅是为了提高学生的语言能力，而是着眼于培养学生的跨文化交流能力、批判性思维、创新能力以及国际视野。

在教育强国的战略背景下，大学英语教学需要打破传统的教学模式，转向更加综合、互动、多元的教学模式。首先，教师要摆脱以考试为导向的单一教学方式，着重培养学生的自主学习能力、思辨能力和表达能力，使学生能够在国际语境中有效沟通；其次，英语课程内容的设计要与学生的实际需求相结合，不仅注重语言技巧的掌握，更要培养学生对英语文化背景的深入理解，从而增强其在全球化背景下的适应能力和竞争力。

与此同时，大学英语教师队伍的建设也是一大挑战。在教育强国的建设过程中，教师的综合素质提升成为重中之重。英语教师不仅需要具备过硬的语言技能，还需要具备丰富的跨文化交际能力、教育技术的应用能力以及教学创新能力。教师的发展与教育强国的目标息息相关，只有教师素质的提高，才能为学生提供更高质量的教学服务。

二、课程与教学改革持续深化

近年来，我国基础教育课程改革持续深化，进入了“素养本位课程改革”阶段。作为高等教育体系中的一部分，大学英语课程也面临着同样的改革需求。当前，大学英语教学正逐步从传统的“应试教育”转向“素养教育”，以培养学生的综合语言素养和跨文化交流能力为核心目标。

素养本位的课程改革强调学生的语言实践能力和跨文化交际能力。大学英语教学应当注重培养学生在真实语境中的应用能力，尤其是在国际化场合中的语言运用能力。这就要求教师在教学中引入更加丰富的教学资源和教学手段，充分利用现代化的教学技术和多样化的学习资源，提升学生的学习兴趣和参与度。同时，教学内容的选择应更加多元化，不仅局限于传统的语法和词汇学习，而是注重语言与文化、社会、科技等多领域的结合，从而全面提升学生的英语综合能力。

此外，课程改革还强调差异化教学，关注学生个性化发展。每个学生的语言学习能力和需求不同，传统的“一刀切”的教学模式已经无法满足学生的个性化需求。因此，大学英语教学应当通过小班教学、分层教学、项目化学习等方式，满足学生的多样化需求。例如，对于语言基础较弱的学生，教

师可以通过定制化的课程设计帮助他们夯实基础；对于语言能力较强的学生，可以通过更具挑战性的内容提升其语言运用能力。

三、教育数字化转型加速

在教育数字化转型的大背景下，大学英语教学迎来了前所未有的机遇和挑战。随着人工智能、大数据、虚拟现实等技术的快速发展，英语教学不再局限于传统的课堂模式，而是逐步走向数字化、个性化和智能化。数字化转型不仅提高了教学的灵活性和效率，也为学生提供了更多的自主学习机会。

通过智能化的教学工具和平台，大学英语教学可以实现个性化教学。例如，基于大数据分析的学习平台可以实时监测学生的学习进度，分析其学习特点和薄弱环节，从而为每个学生量身定制学习方案。这种个性化教学能够极大地提高学习效果，尤其是在语言学习中，个性化学习路径的设置有助于学生根据自身的语言水平和学习习惯进行高效学习。

此外，虚拟现实技术也为大学英语教学提供了全新的体验。例如，通过虚拟现实技术，学生可以沉浸式地进入英语语境中，与虚拟角色进行互动，模拟真实的跨文化交际场景。这种沉浸式学习不仅提高了学生的语言应用能力，还增强了他们的跨文化交际意识和能力。与此同时，教育数字化转型也为教师提出了更高的要求。教师不仅要掌握基本的教学技能，还需要具备使用现代教育技术的能力。对于大学英语教师来说，如何将数字化工具有效地融入教学过程、如何设计出既能符合学生需求又能提升学习效果的教学方案，是他们面临的重大挑战。

四、教师队伍建设和减负成为重点

教师队伍建设是提高大学英语教学质量的关键因素。当前，随着“双师型”教师队伍建设模式的推广，大学英语教师的专业能力和实践能力也得到了进一步提升。然而，要真正适应新时代教育的需求，教师队伍的素质还需要不断提升。

第一，教师的语言能力要与时俱进。英语作为一门语言学科，其教学效果很大程度上取决于教师自身的语言能力。教师不仅要掌握最新的语言教学理论，还需要熟悉语言学科的最新发展动态。此外，随着国际化进程的加快，教师还需要具备一定的跨文化交流能力，能够引导学生在全球化背景下进行有效的语言交流。

第二，教师的教学能力也需要进一步加强。在当前的教学环境下，教师不仅仅是知识的传授者，更是学生学习的引导者和支持者。因此，教师需要具备设计多样化、个性化课程的能力，能够根据不同学生的需求调整教学内容和教学方法，提升教学的灵活性和适应性。

第三，教师的职业幸福感和获得感也直接影响其教学质量。通过有效的减负措施，减少教师在非教学事务上的时间和精力投入，使他们能够专注于教学本身，是提升大学英语教学质量的重要途径。

第二节　大学英语教学的根本性质

一、大学英语教学的人文性

随着国际交流日益加强，大学英语教学面临着更高的要求，尤其是学生的英语应用能力和人文素养都要更好地适应社会发展和国际交流[①]。大学英语教学的人文性，是指其在知识传授之外所承载的人文关怀与文化传递功能。在当今全球化背景下，语言不仅是交际的工具，还是文化的载体与思想的传递者。因此，大学英语教学在培养学生英语语言能力的同时，也需要关注学生的人文素养，使学生通过语言的学习，理解和接受不同文化的价值观念，

① 杨小惠. 试论大学英语教学中工具性和人文性的兼顾与统一［J］. 高教学刊，2015（22）：101.

拓宽国际视野，并提高跨文化交际能力。

第一，英语作为一种全球性语言，其不仅承载着英美等国的语言文化体系，还被作为国际交流的桥梁，连接不同语言、文化背景的国家。因此，大学英语教学应注重语言背后的文化内涵。在教材的选择上，教师应尽可能地涵盖广泛的文化主题，使学生接触到多元的文化背景，了解语言背后所蕴含的历史、社会和文化现象。通过阅读原版英文文学作品、报刊文章等方式，学生能够直接感受到语言与文化之间的联系，进而提升其人文素养。英美文学作品如莎士比亚的戏剧、狄更斯的小说等，不仅是语言学习的素材，更是西方文化与思想的缩影，帮助学生理解西方的价值观和审美体系。

第二，大学英语教学的人文性还体现在对学生人格的塑造上。语言学习的过程不仅是掌握词汇和语法规则的过程，还是培养思维能力和塑造人格的过程。通过对英语语言及其文化的学习，学生可以培养批判性思维、逻辑推理能力和解决问题的能力。在分析英语文本的过程中，学生可以训练自己从不同角度看待问题，从而形成更加全面和深入的思维方式。同时，英语语言教学也可以通过讨论伦理、社会等重大人文议题来激发学生的道德反思和价值判断能力。例如，在探讨英语文学作品中的道德困境时，学生可以通过角色扮演和辩论等教学方法，培养其道德判断能力和责任感。

第三，大学英语教学还应当重视全球公民意识的培养。在全球化日益加深的今天，大学英语教学不仅是语言技能的传授，更是培养学生成为具备全球视野和责任感的世界公民的手段。通过引导学生了解国际问题、关注全球议题，如环境保护、人权等，教师可以帮助学生在语言学习的过程中，形成对全球问题的责任感和使命感，进而培养其作为全球公民的意识。这不仅是英语教学的人文性体现，也是大学教育的核心使命之一。

二、大学英语教学的工具性

大学英语教学的工具性，主要体现在其作为一门实用性学科，在提高学生的语言交际能力和实际应用能力方面的功能。在现代社会，英语作为国际通用语言，已经成为职业发展、学术研究和社会交流的基本工具。因此，大学英语教学不仅要重视语言的文化传递功能，还需注重其工具性，帮助学生提高英语在实际生活中的运用能力。

第一，大学英语教学的工具性体现在语言技能的培养上。英语学习的最终目标是使学生具备流利的听、说、读、写能力，能够在不同的情境下自如运用英语进行交流。听力教学旨在提高学生对不同语音、语调的辨识能力，培养其在复杂语境下捕捉关键信息的能力。通过各种形式的听力训练，如新闻播报、电影片段、真实的英语对话录音等，学生能够逐步适应英语的自然语速和多样化表达方式。而口语教学则侧重于提高学生的实际表达能力，使其能够用英语进行自如的日常交流和正式的学术讨论。大学英语教学中的口语练习可以通过角色扮演、情境对话等多种方式展开，以帮助学生在真实场景中运用所学语言知识。

第二，阅读与写作也是英语教学工具性的核心内容。阅读教学不仅要提高学生对文章结构、语法和词汇的理解，还要培养学生的分析和推理能力。通过对各类体裁的英语文本的阅读，如学术论文、新闻报道、文学作品等，学生能够逐步熟悉不同领域的英语表达方式，并且在潜移默化中增强其学术英语的运用能力。而写作教学则是培养学生逻辑思维、语言表达和信息组织能力的重要环节。无论是学术论文的写作还是职场报告的撰写，大学英语教学中的写作训练都应当注重实用性，帮助学生掌握规范的书面表达技巧，使其在今后的职业或学术生涯中能够胜任相关的写作任务。

第三，大学英语教学的工具性还体现在对学生跨学科应用能力的培养上。随着国际交流的日益频繁，各个学科领域的知识与实践越来越多地依赖英语这一语言工具。无论是理工科学生需要阅读英文技术文献，还是人文学科的学生需要查阅英文原版资料，英语都已经成为跨学科交流的重要工具。因此，大学英语教学应当注重学生在不同专业领域中的英语应用能力培养。具体来

说，教师可以结合学生的专业背景，设计与其学科相关的英语阅读、写作和讨论任务，使学生能够在学习语言的同时，提高其专业英语的应用能力。例如，对于医学专业的学生，英语教学可以涵盖医学文献的阅读和病例讨论，以提高学生在未来职业生涯中的跨文化交流能力。

第四，大学英语教学的工具性体现在为学生未来的职业发展提供支持。在全球化的今天，英语能力已经成为许多行业的基本要求。从国际贸易到跨国企业，从科研机构到国际组织，英语的使用无处不在。因此，大学英语教学应当充分考虑学生的职业发展需求，为其提供职场英语的训练。这可以通过模拟求职面试、英文简历撰写、职场英语沟通技巧等实际训练来实现。通过这些实用性的训练，学生能够更好地适应国际职场环境，提高其就业竞争力。

第三节　大学英语教学的原则过程

一、大学英语教学的原则

（一）以学生为中心原则

现代英语教学倡导以学生为中心的教学理念，这也是现代英语教学与传统英语教学存在的最大区别[①]。大学英语教学以学生为中心原则主要包括以下方面。

1. 制定教学方案

在大学英语教学中，以学生为中心的教学原则要求教师在制定教学方案

① 朱金燕. 大学英语教学改革探索［M］. 武汉：中国地质大学出版社，2018：18.

时充分考虑学生的语言水平、兴趣爱好、学习习惯和个性差异。这意味着教师不再仅是课程的讲解者或知识的传递者，而是更像是一个指导者和设计者，帮助学生在学习过程中自主构建知识体系。因此，在制定教学方案时，教师首先需要对学生群体进行全面的分析和评估。了解学生的语言基础是制定教学目标的首要步骤，这包括评估他们的听、说、读、写四项技能。根据这些评估结果，教师可以设定具体的、可行的教学目标，以确保教学的有效性。

合理的教学目标应注重学生的实际语言运用能力，而不仅仅是知识的记忆与复述。例如，教学目标可以设定为提高学生的口语表达能力，通过日常对话和课堂讨论，增强他们的语言流利度和准确性。同时，任务和评估方法的设计也需要灵活多样，反映学生的真实需求。例如，通过小组讨论、演讲、角色扮演等任务型教学活动来鼓励学生参与，而不是仅依靠传统的笔试作为评估方式。教学目标的制定应明确且具可操作性，并能够与学生的实际学习水平相契合，确保教学方案的合理性和科学性。

2. 分析教材

在以学生为中心的教学模式下，教材的选择和使用必须充分考虑学生的需求和学习情况。教材并不是固定不变的，而是需要教师根据学生的语言能力和学习进度进行灵活调整。因此，教师必须对所使用的教材有深入的理解，能够透彻把握教材的核心内容，并能够根据学生的学习需求对教材内容进行适当的取舍和修改。

分析教材不仅是掌握其中的知识点，更重要的是要理解教材背后的逻辑结构和教学意图。例如，对于一些语言难点，教师可以根据学生的学习阶段进行适当简化；对于某些文化背景或语用场景，教师可以结合学生的经验进行引导，帮助学生更好地理解和应用所学知识。教材的分析与调整应始终以学生的学习体验为出发点，确保教材内容与学生的现实生活和语言使用环境紧密结合，从而提高学生的学习兴趣和主动性。

3. 认真备课

在大学英语教学中，备课的质量直接决定了课堂教学的效果。以学生为中心的教学要求教师在备课过程中充分考虑学生的实际情况，设计灵活且具有针对性的教学活动，确保每个学生都能在课堂上找到自己的学习动力和成就感。备课时，教师需要根据学生的语言能力、学习兴趣和课堂反馈情况设计教学内容，确保教学活动能够引导学生积极参与，而不是被动接受。例如，教师可以设计互动性强的课堂活动，如讨论、辩论、角色扮演等，让学生在真实的语言环境中运用所学的语言知识。此外，教师还应善于利用多媒体技术和其他现代化教学手段，如视频、音频等，丰富课堂内容，激发学生的学习兴趣。同时，教师还需要在备课时预见可能出现的教学困难，并设计相应的应对策略，以确保课堂的顺利进行。

4. 发挥教师主导作用

尽管以学生为中心的教学强调学生的自主学习能力，但这并不意味着教师的角色可以被弱化。相反，教师在整个教学过程中仍然扮演着重要的主导角色。教师的任务是帮助、引导和激励学生，在他们遇到学习困难时提供及时的帮助，在他们取得进步时给予适当的鼓励，从而激发他们的学习动力。

在教学过程中，教师的主导作用主要体现在两个方面：一是引导学生掌握学习策略，培养他们的自主学习能力；二是为学生提供语言输入和反馈，帮助他们纠正语言错误，提升语言运用能力。例如，教师可以通过课堂提问、讨论引导学生进行批判性思维，帮助他们更好地理解和运用语言知识。同时，教师还应为学生创造一个宽松、积极的学习环境，鼓励学生大胆表达，积极互动，从而增强他们的学习自信心和成就感。

5. 采用适当教学手段

以学生为中心的教学强调根据学生的特点选择合适的教学手段。由于每个学生的学习风格和学习需求各不相同，教师需要在教学中灵活运用多种教学方法，以激发学生的学习兴趣和参与度。例如，对于那些学习动机较弱的学生，可以通过情景教学法、角色扮演等互动性强的教学方法，增强他们的课堂参与感；对于那些语言基础较差的学生，可以通过多媒体教学手段，如视频、音频等，帮助他们更直观地理解语言知识。

此外，教师还可以根据学生的不同需求和学习阶段，适时调整教学策略。例如，在初级阶段，可以采用以口语和听力为主的教学方法，帮助学生打好语言基础；在中高级阶段，则可以增加阅读和写作的训练，培养学生的综合语言能力。教学手段的选择和运用必须始终围绕学生的学习需求和实际情况展开，确保每个学生都能在课堂上获得充分的发展空间和学习机会。

（二）循序渐进原则

1. 从口语到书面语

在大学英语教学中，循序渐进的原则要求教学内容的安排和学习步骤的设计应当符合语言学习的自然规律。在语言学习的过程中，口语往往是最先发展的语言技能，因为口语表达在真实的语言交际中具有直接性和互动性。而书面语相对复杂，需要更高的语言掌控能力。因此，大学英语教学应当首先注重口语的训练，在学生掌握基本的口语表达能力后，再逐步过渡到书面语的学习。

教学过程中，教师可以通过设计一系列由浅入深的口语活动，如日常对话练习、角色扮演、小组讨论等，帮助学生逐渐熟悉英语的发音、语调和语用规则。在此基础上，再通过阅读和写作任务，将学生的语言输出从口语扩展到书面语，帮助他们提高语言的准确性和复杂性。这一过渡过程应当是渐进的，避免突然增加难度或改变学习重点，从而确保学生的语言能力能够自然发展，顺利衔接。

2. 知识与技能的循环深化

语言学习是一个长期的、重复的过程，学生需要通过不断的复习和实践来巩固所学知识，并在此基础上逐步发展新的语言技能。因此，在大学英语教学中，教师应当注重知识与技能的循环深化，通过多次重复和逐步加深的学习活动，帮助学生不断提升语言能力。例如，在教学过程中，教师可以通过反复使用已经学过的语言点来帮助学生加深理解。在初学阶段，学生可能只掌握了某一语言结构的基本用法，但随着学习的深入，他们应当能够逐渐掌握该结构在更复杂语境中的使用方式。这种循环深化的教学策略不仅可以帮助学生更好地记忆所学内容，还能够提高他们在实际语言使用中的灵活性和准确性。

3. 听、说到读、写的过渡

循序渐进的教学原则还体现在从听说到读写的技能过渡中。在语言学习的初期，听力和口语的训练应当占据主要地位，因为这些技能是语言交际的基础，能够帮助学生建立语音感知能力和语法直觉。而随着学生语言能力的提高，教学重点应逐渐转移到阅读和写作训练上，帮助学生提高语言的综合运用能力。具体而言，教师可以通过设计一系列由听说到读写的过渡活动，如通过听力材料的讨论引导学生进行写作，或者通过口头表达的练习帮助学生组织书面语言。在这个过程中，教师应当始终关注学生的学习需求和学习节奏，确保他们能够在掌握听说技能的基础上，顺利过渡到更复杂的读写任务中。这一过渡过程必须是逐步推进的，避免过于急躁或过于缓慢，从而最大限度地提升学生的语言学习效果。

（三）激发兴趣原则

1. 探寻学生兴趣

大学英语教学中，激发兴趣原则占据核心地位。学习的兴趣是学生积极参与课堂活动、自主探究和持久学习动力的关键。教师应首先了解学生的兴趣所在，并通过教学设计将学生感兴趣的内容巧妙融入课程中。与其将英语教学视为单纯的知识传授，更应注重引导学生发现英语学习的乐趣，调动他们的积极性。

为了探寻学生的兴趣，教师可以通过多种方式了解学生的喜好，例如，在课堂初期进行问卷调查，或通过日常教学中的观察、课堂讨论与课后反馈，分析学生最为关注的话题。这些话题可能包括时事新闻、流行文化、科技进步，甚至是个人兴趣爱好，如音乐、体育、电影等。通过将这些与学生生活密切相关的主题引入英语课堂，不仅可以使学习内容更加贴近学生的生活经验，还能够增强学生对课程的参与感和认同感，进而提高他们的学习兴趣。

例如，在英语口语课堂上，教师可以引入学生感兴趣的时事热点或社会议题作为讨论素材，激发学生的表达欲望。对于语言能力较强的学生，教师还可以设计一些具有挑战性的问题，鼓励学生进行更深层次的思考与辩论。通过探寻学生的兴趣并将其融入课堂，教师能够有效地促进学生的语言学习，使他们在学习过程中感受到成就感和满足感。

2. 鼓励与表扬

在大学英语教学中，鼓励与表扬是激发学生学习兴趣的重要手段。学生在学习过程中，往往会因为学习困难或进步缓慢而感到挫败，甚至失去对学习的信心和兴趣。因此，教师应在教学过程中善于发现学生的进步，并及时给予鼓励与表扬。这不仅有助于增强学生的学习信心，还能帮助他们认识到自己的进步，进一步激发学习的动力。

鼓励的方式应当多样化，既可以是课堂上的口头表扬，也可以通过成绩反馈、奖品激励等方式来体现。例如，在小组讨论或课堂发言中，对于表现积极的学生，教师可以给予具体的、建设性的反馈，如表扬学生在表达中的逻辑性、词汇使用的准确性，或是发音的改善。通过对学生每一个小进步的

关注和认可，教师能够帮助学生逐步建立自信，激发他们在英语学习中持续努力的愿望。

此外，教师还可以引入多元化的激励机制，如设立“优秀发言者”或“最佳小组”等荣誉称号，增强课堂竞争与合作的氛围，进而激发学生参与课堂活动的积极性。在此过程中，表扬应当是真诚且具有针对性的，避免流于形式。通过有效的鼓励与表扬，教师可以帮助学生将学习英语的压力转化为动力，使他们在成就感中获得进一步学习的乐趣。

3. 挖掘教材的兴趣点

大学英语教材往往是课程教学的主要依托，而教师的任务不仅是传授教材中的语言知识，更在于如何从教材中挖掘出能够引发学生兴趣的亮点，避免教材内容的枯燥化，使之成为激发学生主动学习的工具。

教师需要对教材进行深入分析，了解教材中的文化背景、语言结构及其背后的教学意图，并结合学生的认知水平和兴趣需求，对教材内容进行合理调整和再创作。例如，对于一些较为学术化或内容晦涩的课文，教师可以通过适当的引导将其与学生的实际生活或兴趣爱好联系起来，从而增加教学的趣味性与现实感。

在课堂教学中，教师还可以通过设计引人入胜的问题或活动，激发学生对教材内容的兴趣。例如，教师可以引导学生思考课文中的文化差异、社会现象或语言现象，鼓励学生通过讨论或辩论表达自己的见解。在阅读教材时，教师可以将其与现代生活中的实际应用场景相结合，如探讨课文中的人物关系或事件与当今社会的某些现象之间的联系，增加学生的参与感与共鸣。通过挖掘教材的兴趣点，教师不仅能够丰富课堂内容，还能够有效提高学生对教材的认知与理解，增强其学习的主动性与兴趣。

4. 多元化教学方法

单一的教学方法容易导致学生的注意力分散和学习兴趣下降，因此，大学英语教学应当注重教学方法的多样化。多元化的教学方法不仅可以提高课堂的互动性，还能够帮助学生在不同的学习环境中灵活运用所学知识，增强语言的实际运用能力。

情境化教学是多元化教学方法中的一种重要策略。通过模拟真实的语言交际场景，教师能够帮助学生将英语知识内化为语言运用能力。例如，在课堂上，教师可以通过角色扮演、情景对话等方式，设计与学生生活或职业发展相关的场景，让学生在真实的语言交际情境中练习语言表达与沟通技巧。通过这种互动性强、贴近实际的教学活动，学生能够在真实的语境中体会到英语学习的意义，进而激发学习兴趣。

此外，教师还可以采用项目式学习、合作学习、问题导向学习等多种教学模式，以激发学生的探究精神和自主学习能力。例如，通过设计小组合作的英语项目，学生可以在共同完成任务的过程中运用所学语言知识，增强团队协作与问题解决能力。多元化的教学方法不仅能够丰富课堂教学形式，还能够使学生在多样的学习过程中获得成就感，进一步激发他们对英语学习的兴趣。

5. 完善评价方式

传统的应试教育模式往往过于强调考试成绩，忽视了学生的学习过程与兴趣培养。因此，大学英语教学应当改进传统的评价方式，避免单一的成绩评估对学生学习兴趣的消极影响，注重对学生语言运用能力和学习过程的多方面考察。

评价的多元化可以通过结合平时成绩、课堂表现、项目作业等多种方式来实现。例如，教师可以通过对学生课堂讨论、演讲、小组合作等活动的表现进行评价，鼓励学生在不同的学习活动中展示自己的语言能力。这种多维度的评价方式不仅能够更加全面地反映学生的学习状况，还能够为学生提供更多的展示机会，激发他们在课堂上积极表现的愿望。此外，教师还应注重过

程性评价，即在教学过程中通过定期的反馈和自我评估，帮助学生认识到自己的进步和不足。通过不断调整学习策略，学生可以在评价过程中逐步增强学习的自信心和成就感，避免单纯以考试成绩为导向的学习模式对他们学习兴趣的负面影响。完善的评价机制应当注重过程与结果并重，帮助学生在持续的反馈与调整中提升语言学习的兴趣与能力。

（四）交际性原则

交际性原则在大学英语教学中具有核心地位，其目的是培养学生使用英语进行有效沟通的能力。在传统教学模式中，学生往往注重词汇与语法的积累，而忽略了语言的实际运用。然而，语言的本质是交际工具，因此，在英语教学中应注重通过交际来提高学生的语言能力，从而实现语言学习的最终目标——即有效地运用语言进行沟通。要实现这一目标，大学英语教学应从多个方面着手，结合学生生活实际、认识英语教学的综合性质，并通过创设交际情境提升学生的语言实践能力。

1. 结合生活内容

在大学英语教学中，选择与学生生活密切相关的教学材料是落实交际性原则的基础。学生往往对与自己日常生活、学术或职业发展相关的内容更有兴趣，而这种兴趣正是促进英语学习的动力。通过引入贴近生活的教学材料，教师可以将语言学习与学生的实际需求相结合，使学习过程更具现实性与实用性。例如，在设计课程时，可以采用有关学生职业规划、出国留学、日常交流以及当前社会热点等内容，帮助学生认识到英语不仅是考试科目，更是未来生活和职业发展中不可或缺的工具。这种结合生活内容的教学方式有助于激发学生的学习兴趣，并且能够帮助他们认识英语学习的交际目的。当学生发现他们在课堂上学到的英语知识可以直接应用于生活中的实际情境时，他们的学习动机会大大增强。此外，通过这种方式，学生能够清楚地意识到英语学习不再仅仅是应试，而是为未来的国际交流、职业发展等目标服务的。这种现实性的认知，将进一步推动他们投入英语学习中，并不断提高自己的交际能力。

同时，教师在选择教学材料时应充分考虑学生的认知水平和语言能力。通过难易适中的材料，学生可以在循序渐进的过程中逐步提升自己的语言能力，而不会因为内容过于复杂或生疏而产生挫败感。总之，结合生活内容的教学策略不仅有助于激发学生的学习兴趣，还可以提高其对英语交际的理解和认同，从而促进其语言应用能力的提升。

2. 创设交际情景

创设交际情景是落实交际性原则的关键环节。语言的学习离不开实际的应用环境，因此，教师应通过多种方式在课堂上为学生提供真实或模拟的交际情景，帮助他们在实践中提升语言能力。

（1）情景教学法是一种有效的教学方式。教师可以根据教学内容设计出与学生日常生活或未来工作密切相关的情景，如模拟面试、商务会议、学术研讨会等，通过这些情景模拟，学生不仅能够练习语言表达，还能够提高在特定场合下的交际技巧。这种情景教学能够打破传统课堂教学的单一模式，增加学生的课堂参与感和语言输出机会，帮助他们在实践中提高交际能力。

（2）任务型活动设计也是一种重要的教学策略。任务型活动不仅能够提供学生实际运用语言的机会，还能激发他们解决问题的能力。例如，教师可以设计一些需要学生合作完成的任务，如项目展示、问题讨论等，让学生在完成任务的过程中使用英语进行交流和协作。通过这样的任务型活动，学生可以在语言运用中逐渐增强自信心，并在实际交际中不断提升语言应用能力。

（3）课堂互动与合作学习也是创设交际情景的重要手段。教师应当在课堂上鼓励学生之间的互动，通过小组讨论、同伴互评等形式，增强学生之间的交流。这不仅可以打破传统课堂中“教师讲、学生听”的单向模式，还能

够让学生在相互交流中获得更多的语言实践机会。合作学习的方式不仅有助于提高学生的语言能力，还能够培养他们的团队协作能力和跨文化交际能力。

（五）情感性原则

1. 积极情感体验的重要性

大学英语教学的核心目标是培养学生的语言运用能力，然而在这一过程中，情感因素往往被忽视。现代教育心理学研究表明，情感在语言学习中的作用至关重要，尤其是在外语学习环境中，积极情感体验能够直接影响学生的学习动机、学习效果和语言获得水平。因此，在大学英语教学中，教师应有意识地关注并激发学生的积极情感体验，这不仅有助于提高学生的自信心，还能增强他们的学习主动性，从而显著提升学习效果。

（1）教师应努力营造轻松愉快的课堂氛围，消除学生的紧张和焦虑。外语课堂中，许多学生因为害怕犯错或因自我认知的局限感到羞怯，从而导致不愿积极参与课堂活动。对此，教师应采取鼓励性评价，认可学生的每一个小进步，使学生感受到成就感和满足感。通过这样的方式，学生逐渐建立起学习自信心，并开始主动参与课堂互动，进而促进语言的自我内化和掌握。

（2）教师应关注不同学生的情感需求，采用差异化的教学方式，以满足学生的多元情感体验。个性化教学策略有助于消除学生在学习中的负面情感，如焦虑、无助感或厌学情绪。教师应尊重学生的个体差异，给予他们适当的情感支持和鼓励，帮助他们克服学习过程中的困难，进而增强他们对学习的热情和兴趣。

（3）积极情感体验能促进师生之间的良性互动。情感充满了人际交往的复杂性，在大学英语课堂上，师生之间的情感共鸣和有效沟通可以显著提高课堂的教学效率。教师的关怀和鼓励不仅能使学生感受到学习的乐趣，还能提高他们对课程的整体满意度，使语言学习过程更加愉快和高效。

2. 建立沟通渠道

大学英语教学的情感性原则强调教师与学生之间的有效沟通。语言学习是一项复杂的心理和认知活动，学生的情感状态会直接影响其学习效果。因此，教师应通过建立融洽的师生关系，尊重学生的感受，并通过细心的观察和引导，帮助学生更好地调整他们的情感态度，从而促进学习效果的提升。

（1）建立良好的师生关系是情感沟通的基础。教师应通过课堂中的言行举止，传递出对学生的尊重和关怀，营造平等、信任的学习环境。这种良好的师生关系不仅能帮助学生放松情绪，还能增强他们的参与感和归属感。在这样的氛围中，学生更愿意向教师表达他们的情感和学习中的困惑，教师也能够更加精准地了解学生的情感状态，及时给予适当的帮助。

（2）教师需要在课堂上通过细心的观察来了解学生的情感反应。每个学生的情感表现都是不同的，教师应注意学生的面部表情、语气、动作等细微的情感变化，尤其是在他们遇到困难时，教师应及时提供情感支持和帮助。这种关注不仅能帮助学生克服学习中的障碍，还能增强学生对课堂的参与度和兴趣。

（3）情感沟通的渠道应是双向的。教师不仅要观察和引导学生的情感，还应鼓励学生主动表达自己的感受和需求。通过开放的情感沟通渠道，学生能够更好地理解和管理自己的情感，同时也能帮助教师更好地调整教学策略，以提高教学效果和学生的学习体验。

（六）真实性原则

1. 教学内容真实

大学英语教学不仅是语言知识的传授，更是学生跨文化交际能力的培养。因此，真实的教学内容至关重要。真实的语言材料能够帮助学生在语言学习

过程中接触到实际的语言使用环境，使学生更好地理解语言的使用规则和文化背景，从而提升他们在实际生活中的语言应用能力。首先，真实的语言材料应尽量接近学生未来可能会面对的语言环境。传统的语言教学常常依赖于经过简化或加工的教学材料，虽然这些材料在某种程度上有助于学生理解语言结构，但却容易导致学生对语言的实际使用环境产生误解。因此，教师在选择教学材料时，应尽可能选择自然真实的语言材料，如新闻报道、影视作品、社交媒体上的对话等。这些材料能够帮助学生了解语言的实际使用情境，增强他们的语言感知能力。其次，真实的教学内容有助于增强学生的学习动机。语言学习的最终目标是能够在实际交流中自如运用，因此，当学生接触到真实的语言材料时，他们能够感受到语言学习的实际价值和应用前景。这种学习动机的增强，不仅有助于提高学生的学习效率，还能促使他们在课外继续主动接触和学习语言。最后，真实的教学内容还能帮助学生更好地理解目标语言文化。语言和文化是密不可分的，语言的使用往往承载着丰富的文化内涵。通过真实的语言材料，学生可以更直观地感受到目标语言国家的文化氛围、思维方式和社会习惯，从而在语言学习中更好地培养跨文化交际能力。

2. 学习环境真实

除了真实的教学内容，营造真实的学习环境同样是大学英语教学的重要原则。语言的学习不仅仅依赖于课堂讲授，还需要通过实际情境中的语言运用来不断强化和内化。因此，教师应通过多种方式为学生创造真实的语言学习环境，以提高他们的语言应用能力。首先，教师可以通过模拟实际场景的方式为学生提供真实的学习体验。例如，设置模拟面试、商谈、旅游等情境任务，让学生在特定的语境中运用所学语言。这种任务型教学法不仅能够帮助学生更好地理解和掌握语言的使用规则，还能提高他们在真实生活中的语言应对能力。其次，互动活动也是营造真实学习环境的重要手段。通过小组讨论、角色扮演、辩论等互动活动，学生可以在互动中练习语言，增强他们的语言运用能力。这些活动不仅能够帮助学生在真实情境中运用语言，还能提高他们的合作能力和团队意识。最后，多媒体资源的应用能够大大丰富学生的学习体验。通过观看原版电影、电视剧、纪录片，学生能够接触到更真实的语言表达方式，同时也能够感受到目标语言文化的丰富性和多样性。这种多媒体资源的应用，能够为学生提供更为直观和生动的学习体验，增强他们的语言感知能力和跨文化理解能力。

（七）文化导入原则

1. 教材渗透文化

文化是语言的载体，而语言是文化的表现形式。在大学英语教学中，教师应充分认识到文化导入的重要性，通过教材中的文化信息渗透，帮助学生更好地理解中西方文化差异，从而提高他们的跨文化交际能力。首先，教材中的文化内容应具有代表性和多样性。文化信息不仅包括目标语言国家的历史、地理、文学等方面的知识，还应涵盖当代社会的生活方式、价值观和行为规范。这些信息能够帮助学生更全面地了解目标语言国家的文化背景，使他们在语言学习中能够更好地理解和尊重文化差异。其次，教师应通过教材中的文化内容，帮助学生建立中西文化的比较视角。通过对比中西方在思维方式、社会习惯、语言表达等方面的差异，学生能够更加深刻地认识到文化对语言使用的影响，从而在跨文化交际中更好地调整自己的语言行为。最后，教材中的文化信息应具有一定的实践性。教师可以通过教材中的文化内容，设计一系列与实际生活相关的跨文化交际任务，让学生在实际情境中运用所学的文化知识。通过这样的方式，学生不仅能够提高语言运用能力，还能在跨文化交际中表现得更加自如和得体。

2. 利用多媒体资源

多媒体资源为文化导入提供了丰富的教学手段和素材。教师应充分利用电影、网络、纪录片等多媒体资源，强化学生的文化知识学习，帮助他们在生动、具体的情境中了解目标语言国家的文化背景和社会习惯。首先，原版电影和电视剧是文化导入的重要资源。通过观看目标语言国家的影视作品，学生可以更加直观地了解该国的文化氛围、社会生活和人际关系。这种情境化的文化学习方式，能够帮助学生更好地理解语言和文化之间的紧密联系，提高他们在实际交际中的文化敏感性。其次，网络资源的使用也能极大地丰富文化导入的途径。通过浏览目标语言国家的新闻网站、社交媒体、博客等，学生能够接触到更多与日常生活相关的文化信息，了解当代社会的流行趋势和人们的价值观念。这种实时性、互动性强的文化学习方式，能够激发学生的学习兴趣，帮助他们更好地掌握跨文化交际的技能。最后，纪录片和纪录片式的教学视频也为文化导入提供了深度学习的机会。通过观看有关历史、文化、社会现象的纪录片，学生能够深入了解目标语言国家的文化背景和社会发展历程，增强他们的文化理解力和跨文化交际能力。

3. 真实情景中的文化教学

在大学英语教学中，教师应注重在真实情景中进行文化教学，以提高学生的跨文化交际能力。通过实际场景中的文化教学，学生可以在真实的语言环境中学会如何应对文化差异，并提高他们的语言适应能力。首先，教师可以通过模拟跨文化交际场景，让学生在特定情境中运用所学的文化知识。例如，在模拟国际会议、跨国企业合作、留学生活等场景中，学生可以学会如何在不同文化背景下进行有效沟通，并提高他们的跨文化适应能力。其次，教师应在文化教学中注重实践性任务的设计。通过设计跨文化交际任务，教师可以帮助学生在实际的文化情境中运用语言和文化知识，从而提升他们的文化理解力和交际能力。最后，教师应引导学生在文化教学中进行反思性学习。通过反思自己的文化学习经历，学生可以更加深刻地认识到文化在语言学习中的重要性，并在未来的跨文化交际中更加自觉地运用所学的文化知识。

二、大学英语教学的过程

（一）明晰大学英语教学理论基础

1. 语言学习理论

语言学家克拉申的“二语习得理论”在第二语言教学中产生了深远影响，为我国英语教学提供了切实可行的理论指导[①]。在大学英语教学的设计与实施中，“二语习得理论”为其提供了坚实的理论基础。克拉申的“输入假说”强调，在语言学习过程中，理解性输入是学习者习得语言的关键。“输入假说”强调认为，语言学习者应接触到略高于其当前水平的语言材料，即“i+1”，通过理解这些材料，语言能力得以提升。在大学英语教学中，教师可以通过提供符合学生现有水平、但又具有挑战性的材料，帮助学生逐步提高英语理解能力。这种教学理念在综合英语课程中尤为重要，教师可以选取难度适中、内容丰富的教材，使学生在真实语境中获得语言输入，从而达到语言习得的效果。

斯温的“输出假设”提出了输出在语言学习中的关键作用。与克拉申的“输入假说”相对，斯温的“输出假设”认为，语言学习者不仅需要理解性输入，还需要通过语言输出来促进语言习得。在大学英语课堂中，教师可以通过设计互动性强的任务，如小组讨论、演讲、角色扮演等活动，促使学生将所学知识转化为实际输出，进而提升语言运用能力。

---

① 罗禹涛. 克拉申二语习得理论对我国英语教学的启示［J］. 教育理论与实践，2021，41（27）：59.

建构主义重视学生的主体地位，反对将学生视为被动的知识接受者，主张学生在教师的指导下，依靠自己的知识和经验进行自我探索和自我知识构建[①]。在英语教学中，建构主义要求教师设计富有挑战性且能激发学生思考的任务，促使学生在完成任务的过程中逐步理解语言现象，并内化语言规则。例如，在任务型教学中，学生可以通过完成某一具体任务，如撰写报告或进行小组辩论，逐步提高语言能力。通过这样的学习过程，学生不仅能够掌握语言知识，还能提升解决实际问题的能力。

2. 教育学原理

在大学英语教学中，教育学原理的运用对教学设计具有深远的影响。全人教育理念强调学生的全面发展，要求教学不仅要关注学生的学术进步，还应促进学生的社会、情感、道德等方面的发展。在英语教学中，这一理念意味着教师需要综合考虑学生的语言能力、跨文化理解能力、批判性思维能力等多方面的培养。教师不仅要教授语言知识，还应引导学生学会如何在不同文化背景下有效沟通、合作与解决问题。

以学生为中心的教学法进一步强调了学生在学习过程中的主体地位。在这一教学理念下，教师的角色从传统的知识传授者转变为学习过程的引导者与促进者。教师需要根据学生的实际需求、兴趣和能力水平，设计灵活、多样化的教学活动。在英语课堂上，这一理念的体现可以是个性化的学习任务、小组合作学习以及通过讨论和反思促进深度学习的活动。混合式教学作为现代教学的一种方式，结合了传统面对面教学与在线学习的优势。通过合理设计线上线下相结合的教学模式，教师可以提供更加丰富的学习资源和个性化的学习体验，帮助学生更好地掌握语言知识。

---

① 王颖砚. 基于建构主义理论的大学英语听力教学研究［D］. 武汉：武汉科技大学，2014：1.

（二）确定大学英语教学内容与方法

1. 课程体系构建

在大学英语教学中，课程体系的构建必须考虑多重因素，包括学生的语言基础、学习目标及其未来职业需求。首先，课程设置应基于科学的原则，以循序渐进的方式帮助学生从基础的语言技能到高级的综合能力逐步提高。通常，大学英语课程可以分为综合英语、视听说、翻译与写作等不同模块。综合英语课程主要侧重于语言技能的全面提升，包括听、说、读、写四项基本技能的综合训练；视听说课程则注重听力和口语的专项训练，帮助学生提高语言理解与表达的能力；翻译与写作课程则以语言输出为重点，帮助学生掌握翻译技巧和提高书面表达能力。其次，课程间的衔接也是课程体系设计中的关键环节。在大学英语教学中，教师应注重不同课程间的有机联系。例如，综合英语课程中教授的词汇和语法知识可以在翻译与写作课程中得到进一步巩固与运用，而视听说课程中训练的听力技巧则可以帮助学生更好地理解综合英语课程中的阅读材料。这种课程的纵横交错不仅有助于学生系统化地掌握语言知识，也有助于他们在实际使用中灵活运用所学内容。

2. 教学方法创新

随着教育技术的发展，现代教学方法在大学英语课堂中的应用变得越来越广泛。任务型教学是一种强调通过完成具体任务来促进语言学习的方法。在这一教学方法中，教师通过设计一系列与学生实际生活和未来职业相关的任务，促使学生在解决问题的过程中提高语言能力。例如，在大学英语写作课上，教师可以布置一个与学生专业相关的项目报告写作任务，让学生在查阅资料、整理信息、撰写报告的过程中不仅掌握专业术语，还能提升逻辑思维能力和书面表达能力。

翻转课堂作为近年来兴起的一种教学方法，也在大学英语教学中得到了广泛应用。在翻转课堂中，学生通过课前自主学习（如观看视频、阅读材料）来掌握基础知识，课堂时间则用于进行更具互动性和挑战性的活动，如小组讨论、案例分析等。这样的教学模式不仅增加了学生的自主学习时间，也使课堂成为一个知识应用与拓展的场所。在英语教学中，教师可以通过在线平台提供丰富的学习资源，让学生在课前完成语言基础的学习，课堂上则通过互动讨论或角色扮演等活动深化对语言的理解。

项目式学习作为一种强调学生通过完成复杂项目来进行深度学习的方法，尤其适用于大学英语教学中的高级阶段。在这种教学模式下，学生不仅需要运用所学的语言知识，还需要运用批判性思维、协作和解决问题的能力。例如，教师可以让学生以小组为单位，完成一个关于跨文化交流的研究项目，学生需要进行资料收集、撰写研究报告，并在课堂上进行成果展示。通过这样的项目，学生可以将语言学习与实际应用紧密结合，提升综合能力。

3. 技术辅助教学

信息技术的进步为大学英语教学带来了前所未有的机遇。多媒体教学通过视频、音频、图片等形式，打破了传统教学方式的单一性，极大地丰富了课堂内容。例如，在教授英语听力时，教师可以播放与课程主题相关的英文电影片段或新闻报道，帮助学生更直观地理解语言现象，同时也能够增强学习的趣味性。

网络平台和智能教学系统的应用进一步提高了大学英语教学的灵活性和个性化水平。在线学习平台可以提供丰富的学习资源，如词汇练习、语法测试、听力练习等，学生可以根据自己的学习进度选择合适的内容进行学习。智能教学系统则能够通过分析学生的学习数据，为其提供个性化的学习建议。

然而，技术在英语教学中的应用也面临一些挑战。首先，教师需要具备一定的技术素养，才能充分发挥信息技术的优势；其次，虽然技术可以增强课堂的互动性，但过度依赖技术可能导致学生在语言学习中的主动性和创造性下降。因此，教师应合理规划技术的使用，将其作为辅助教学的工具，而非教学的唯一手段。

（三）明确学生需求与学习策略

1. 学生需求分析

在设计大学英语课程时，了解学生的需求是确保教学效果的关键一步。通过问卷调查、访谈等方式，教师可以获取学生对英语学习的兴趣点、学习目标以及存在的困难。例如，部分学生可能将英语学习视为未来职业发展的重要工具，特别是那些希望在外企工作或进行海外留学的学生，他们可能更关注实际的口语交流能力和专业领域的英语表达能力。与此同时，一些学生则可能在学习英语的过程中遇到不同程度的心理障碍，如害怕犯错、缺乏自信等。这些因素都会直接影响学生的学习效果，因此教师应根据具体情况采取相应的教学策略。

2. 学习策略指导

针对学生的不同需求和学习障碍，教师可以通过教授多种学习策略来帮助学生提高自主学习能力。元认知策略是一种通过计划、监控和评价学习过程来提高学习效率的策略。教师可以教导学生如何制定学习计划、设定明确的学习目标以及如何在学习过程中自我监督与反思。例如，在英语写作中，教师可以指导学生在写作前先进行思维导图的构建，明确写作的逻辑结构和要点。

认知策略则主要涉及如何处理和存储语言信息。教师可以教授学生如何通过重复、联想等方式记忆词汇，或者通过概括与归纳的方式理解语法规则。社会/情感策略则侧重于学生在语言学习中的情感管理与社交互动。例如，教

师可以鼓励学生与同伴进行合作学习，通过小组讨论或角色扮演的方式减轻语言学习的压力。

（四）构建教学评估与反馈机制

1. 评估体系构建

在大学英语教学中，评估体系的构建不仅关系到学生的学习效果，也直接影响教学设计的科学性。形成性评价与终结性评价相结合的综合评估体系，可以帮助教师全面掌握学生的学习进展。在形成性评价中，教师可以通过课堂表现、作业、项目完成情况等多元化的评估方式，及时了解学生的学习情况，并根据学生的反馈调整教学内容。终结性评价则侧重于通过考试或其他形式的测试，评估学生在一个阶段内的语言能力提升情况。

2. 反馈机制优化

有效的反馈是教学中的重要环节，即时反馈可以帮助学生在第一时间了解自己在学习中的错误和不足，从而及时调整学习策略。同伴反馈则能够通过学生之间的相互评价，促进学习者的批判性思维和自我反思。此外，教师反馈应注重个性化，针对学生的具体问题提供具体的改进建议，而非泛泛而谈。

3. 评估结果应用

评估结果不仅是衡量学生学习效果的工具，更是教学调整的重要依据。通过分析评估结果，教师可以了解哪些教学方法有效，哪些方面需要改进。同时，评估结果也能帮助学生进行自我反思，明确自身的优点与不足，进而为其未来的职业发展规划提供参考。例如，学生可以根据英语学习中的强弱项，决定是否进一步攻读与语言相关的专业或从事相关职业。

第四节 大学英语教学的核心体系

大学英语教学的核心体系是确保学生在语言技能、综合素质以及跨文化交际能力等方面取得全方位发展的重要框架。通过科学合理的课程设计、实用性强的教学内容和先进的教学手段，核心体系不仅有助于提升学生的英语应用能力，也在培养他们的自主学习能力、批判性思维和社会责任感方面发挥着重要作用。因此，大学英语教学的核心体系建设必须以培养高素质的国际化人才为目标，全面满足学生学术发展和职业需求。大学英语教学的核心体系主要包括以下内容。

一、大学英语的课程教学体系

（一）课程教学体系的科学性与严谨性

科学设计课程体系是大学英语教学的基础。在该体系中，课程内容、课时分配、授课顺序等各环节都需要经过严谨设计和精密调研，以确保知识传授的连贯性和系统性。

第一，课程体系应建立在对社会需求、行业岗位要求的深入分析基础上，注重英语在不同行业中的具体应用场景和标准。例如，针对外贸、翻译、国际关系等不同领域，设计相应的课程模块，帮助学生在学习过程中不仅掌握基础英语技能，还能够具备应对实际工作场景的语言能力。

第二，课程内容需要涵盖听、说、读、写、译五大技能的全面培养，同时还应结合英语国家的文化背景、国际礼仪、跨文化沟通等多维度的知识体系。这样的课程设计可以确保学生不仅具备语言能力，还能够在实际工作中得心应手地处理复杂的跨文化沟通情境。这种系统性课程设计要求各类教学内容在时间安排和深度广度上相互配合。例如，基础阶段侧重于打好语言基

础，而高级阶段则应注重提高学生的专业应用能力，并通过案例分析、语言实践等方式来强化学生的实战技能。

第三，课程设计的动态性和灵活性也至关重要。随着全球化进程的加速和社会需求的变化，英语教学的内容必须及时更新，以适应不断变化的行业要求和学生的个性化需求。大学英语课程应根据不同行业、不同专业的特点，灵活设置选修课程，让学生能够根据自己的职业发展规划选择适合的课程模块。例如，商科学生可以选择商务英语模块，而理工科学生则可以选修科技英语课程，这样的个性化设置能够最大程度地满足学生的实际需求，提升教学效果。

（二）课程注重对学生综合素质的培养

在注重语言能力的同时，大学英语教学体系还应强调综合素质的培养。现代社会对人才的要求早已不局限于语言技能的掌握，还要求学生具备批判性思维、自主学习能力、跨文化沟通技巧以及社会责任感。英语教学不应仅仅局限于语言层面，而应通过课程设置、教材选取和课堂活动设计帮助学生提升这些综合素质。

第一，教材的选择与优化至关重要。教材不仅是语言学习的载体，还是引导学生思维方式转变的重要工具。教材应当贴合时代潮流，反映当前的全球化趋势和国际社会的热点问题，同时还应兼顾学生的兴趣与需求，激发他们的学习动力。例如，教材中可以包含全球性议题如气候变化、国际合作与冲突等话题，鼓励学生在语言学习的同时思考这些问题，培养他们的批判性思维能力和社会责任感。

第二，在教学过程中，教师应当通过灵活的教学方法，如小组讨论、案例分析和角色扮演等，培养学生的交际能力和团队协作能力。这些活动不仅能够帮助学生更好地掌握英语，还可以锻炼他们在实际工作中与他人合作解决问题的能力。此外，自主学习能力也是现代教育中不可忽视的一部分。通过引导学生进行自主阅读、在线学习和课外实践，教师可以帮助他们养成终身学习的习惯，确保他们在未来工作中能够不断提升自我。

二、大学英语的办学条件体系

在全球化进程加速的当今社会，大学英语的办学条件体系日益成为提升教育质量的重要因素。实践教学作为大学英语教育的核心环节，充分体现了教育与社会需求的紧密结合。实习实训不仅能够增强学生的英语应用能力，还能促进学生的全面发展，是理论知识与实际操作结合的桥梁。在这一背景下，大学英语的办学条件体系应当包括实习实训的重要性、实践教学条件建设、师资队伍建设、管理与评估及以学生为中心、实践为导向的教学模式。

第一，实习实训的重要性不容忽视。实习实训作为大学英语教育的重要环节，其主要功能在于提升教育质量，促进学生全面发展，帮助学生将理论知识与实际操作相结合。在英语学习中，学生通常需要掌握听、说、读、写等多项技能，然而，单纯依赖课堂教学往往难以达到预期的学习效果。通过实习实训，学生不仅可以在真实的语言环境中运用所学知识，还能够提高自己的语言表达能力和实际沟通能力。此外，实习过程中，学生将面临多种真实的工作场景，这使得他们在应对各种问题时能够灵活运用所学的知识，进而增强其实际操作能力和创新思维。因此，实习实训对于培养适应未来职场需求的高素质英语人才至关重要。

第二，在实践教学条件建设方面，高校应积极投资建设高质量的校内实践基地，以模拟真实的工作环境。实践基地的建设不仅涉及物理空间的创造，还包括设备和教学资源的配备。理想的实践基地应具备现代化的教学设施，如多媒体教室、语言实验室等，以提供丰富的语言学习和应用环境。同时，专业指导教师的配置也是实践教学条件建设的重要一环。具备丰富实践经验的教师能够有效指导学生在实践中学习，从而提高实践教学的有效性和针对性。此外，高校还应与企业合作建立校外实习基地，为学生提供真实的实践

环境。这种校企合作不仅能为学生提供更为广阔的实践机会，还能够实现校企双赢，促进学校和企业之间的良性互动。通过校外实习，学生能够深入了解行业发展动态，提高其社会适应能力和职业素养，从而在未来的职场中获得更好的发展。

第三，师资队伍建设是确保教学质量的另一个关键因素。优秀的实践教学师资队伍不仅能够提高实践教学的有效性，还能激励学生积极参与实践活动。高校应通过多种渠道培养和引进实践教学师资，鼓励教师参与企业实践和专业培训，从而不断提升其教学能力和实践经验。在此过程中，教师应通过参加行业交流、行业实习等途径，增强自身的专业素养和实践能力。此外，高校还应建立健全的师资培训机制，为教师提供持续的学习和发展机会。通过定期举办教学研讨会、培训班等，帮助教师掌握最新的教学理念和方法，从而不断提高其教学水平和实践指导能力。这样，不仅能够为学生提供高质量的实践教学，还能够促进教师的专业发展，实现教育质量的整体提升。

第四，在管理与评估方面，建立完善的实践教学管理制度和评估体系是提升教学质量的必要保障。高校应制定详细的实践教学管理规范，对实践教学的各个环节进行全面监控和反馈。这不仅有助于及时发现并解决教学中的问题，还能够为实践教学的改进提供依据。具体而言，高校可以通过建立实践教学档案，记录学生在实践过程中的表现、收获和不足，定期进行总结和分析，从而为后续的教学改进提供数据支持。同时，高校还应注重对实践教学效果的评估，通过多元化的评估方式，如学生自评、同行评议、企业反馈等，全面了解实践教学的成效。通过这样的评估体系，高校能够不断优化实践教学的内容和形式，提高教学质量，确保培养出符合社会需求的人才。

第五，以学生为中心、实践为导向的教学模式是大学英语办学条件体系的重要体现。大学英语教学应不断优化办学条件体系，探索新的教学模式，以适应社会需求和人才培养要求。以学生为中心的教学理念强调尊重学生的个体差异，关注学生的学习需求和兴趣，使教学更加灵活和人性化。在这种模式下，教师应根据学生的特点和需求，设计适合的实践教学活动，鼓励学生积极参与到学习过程中。与此同时，实践导向的教学模式应充分考虑行业发展动态，通过与企业的深度合作，将实际工作中的问题引入课堂，促进学生在真实情境中学习和应用知识。这不仅能够提高学生的实践能力，还能够增强其对所学知识的理解和应用，使其在未来的职业生涯中具备更强的竞争力。

三、大学英语的实践教学体系

大学英语的实践教学体系作为高等教育中至关重要的一环，其核心在于通过实践活动显著提升学生的英语应用能力，同时培养其创新思维与职业能力。该体系不仅需要在目标与定位上与社会需求和市场要求紧密结合，还需通过创新的教学方法和完善的教学设计，构建一个高效的实践教学环境，从而为学生提供全面的语言应用训练和跨文化交际能力的培养。

第一，实践教学体系的目标与定位必须明确。大学英语的实践教学体系旨在帮助学生通过参与真实的语言使用场景和实际工作环境，提高其语言运用能力。在这一过程中，学生不仅能够获得语言技能的实际应用经验，还能培养解决问题的能力和创新思维。与社会需求和市场要求的匹配是实践教学体系成功与否的关键。高校应通过调研和分析，及时了解社会对英语应用人才的具体需求，调整和优化实践教学的目标与内容，确保学生所学的知识与技能能够切实符合就业市场的期待。此外，实践教学目标的明确也为后续的教学设计和评价体系奠定了基础，确保教育的方向性和有效性。

第二，在实践教学体系的设计上，教学设计的完善性至关重要。实践教学设计应充分考虑学生的认知特点，确保实践活动的连续性和层次性。实践教学不应是孤立的、碎片化的，而是应当与理论教学形成紧密的衔接。在这一过程中，理论知识的学习应为实践活动提供基础，而实践活动则应反过来促进学生对理论知识的深入理解。为此，大学英语教学应根据课程目标和学

生特点，合理安排实践教学的内容和形式，以确保教学的整体性和系统性。例如，可以在语言基础课程中设置实践环节，让学生通过实地调研、角色扮演等方式应用所学知识，从而提升其综合运用能力。通过这样的设计，学生不仅能够在实践中巩固所学知识，还能够激发他们的学习兴趣，提高参与度，进而形成良好的学习习惯。

第三，培养学生的文化交际能力是实践教学体系的重要组成部分。在全球化背景下，学生不仅需要掌握语言技能，还需要具备良好的跨文化交际能力。大学英语教学应通过文化交流活动、外籍教师的引入等方式，增强学生的国际视野和文化理解。例如，组织国际文化节、跨文化研讨会等活动，不仅能让学生接触到不同文化的思维方式，还能够促进他们与来自不同国家和文化背景的同学进行深入的交流与合作。外籍教师的引入也是提升学生跨文化交际能力的重要手段，他们能够为学生提供真实的语言环境和文化背景，帮助学生更好地理解和运用英语。通过多样化的文化交际活动，学生能够在真实的语言环境中锻炼自己的沟通能力，培养对不同文化的包容和理解，进而增强其在国际舞台上的竞争力。

第四，在创新人才培养模式方面，实践教学改革应融入整体教学改革中，以重点培养学生的创新精神与实践能力为目标。高校应鼓励学生参与科研项目、社会实践和创新活动，从而激发他们的创新意识和实践能力。通过这样的方式，学生不仅能够将理论知识应用于实际问题的解决中，还能够在实践中锻炼自己的思维能力和创新能力。此外，高校还应为学生提供丰富的实践机会，如与企业合作开展的实习项目、社会调研等，让学生在真实的工作环境中锻炼自己的能力。通过这样的实践锻炼，学生能够更好地适应未来的职业挑战，并在职业生涯中不断提升自我。

第五，实践教学的综合素质培养是大学英语教学的重要目标。实践教学不仅是知识的传授，更是学生应用能力、综合素质和职业道德水平的全面提升。在实践教学中，高校应重视培养学生的团队合作能力、沟通能力、时间管理能力等综合素质。这些素质不仅是学生在学术和职业生涯中取得成功的基础，也是他们在社会生活中获得认同和尊重的关键。因此，大学英语教学应通过设计多样化的实践活动，如小组项目、课外活动等，来促进学生的综合素质发展。在这些活动中，学生不仅能够学习到相关的知识和技能，还能够锻炼自己的综合素质，为其未来的职业生涯做好充分准备。

第二章 大学英语教学与学习思维

第一节　大学英语学习思维的辨析

一、通过思维导图培养大学英语学习能力

思维导图[①]作为一种有效的思维工具，其基本特征和制作过程对其应用效果具有重要影响。思维导图的中心图形能够有效地集中注意力，引导使用者将焦点放在核心主题上。围绕中心图形，主题主干辐射出各个分支，这些分支则由关键图形或关键词构成，形成了清晰的层次结构。这种结构使得思维导图不仅具有良好的视觉效果，同时也增强了信息的可理解性和记忆效果。各分支之间形成连接的节点结构，展现了不同信息之间的内在关系，使得使用者能够更好地把握和分析主题的各个方面。在制作思维导图的过程中，从中央开始向外扩展是一项基本原则。这一过程要求使用者在绘制分支时，采用颜色鲜明、层次明显的设计，以提升信息的可视性和吸引力。通过将关联的图形和文字绘制在各个分支上，思维导图不仅能够呈现出信息的层次关系，还能够帮助使用者在视觉上快速识别和理解信息之间的联系。此外，使用箭头来表示关键词之间的因果关系，进一步明确了信息的流动和逻辑结构。整

① 思维导图是表达发散性思维的有效图形思维工具，它简单却又很有效，同时又很高效，是一种实用性的思维工具。

理草图并进行重新绘制是提升思维导图有效性的重要步骤，这一过程有助于将零散的思维整理为系统化的知识结构，便于记忆和复习。

思维导图的魅力在于其鲜亮的色彩和生动的表达方式，使得学习过程变得更加直观和有趣。随着新内容的不断吸收，思维导图不仅能够不断成长，变得更加丰富，还能够实时反映使用者的思维进展和学习成果。这种动态特性使得思维导图在教育、项目管理和个人规划等多个领域均具有广泛的应用潜力。总体而言，思维导图通过其独特的结构和制作过程，促进了信息的整理和思维的拓展，成为提升学习效率和创造力的重要工具。综上所述，思维导图的实质就是一种使得知识结构及思维过程变得可视化的一个重要的图形工具，它可以将人们的思维图示化，将抽象的知识转化为形象的图形①。在大学英语教学中使用思维导图培养学生的学习能力需要做到以下方面。

（一）新知识的思维导图导入

在大学英语学习过程中，新旧知识的有效连接至关重要。通过思维导图的形式引入新知识，不仅可以帮助学生在视觉上更好地理解信息，还能够有效促进他们的认知发展。首先，教师在导入新知识时，应当将其以分支的方式加入思维导图中，这一方法不仅使新知识与学生已经掌握的旧知识之间建立起紧密的联系，还能激发学生的学习兴趣和好奇心。当新知识与旧知识存在直接联系时，学生能够更容易地理解和消化新信息；其次，当新知识与旧知识缺乏明显联系时，教师应明确提出主题关键词，引导学生进行发散性思维。通过这种方式，学生可以探索新旧知识之间的潜在关联，从而在思维导图中构建出更加丰富和立体的知识网络。

在视觉表达方面，使用图像、符号和其他有趣的形式来呈现知识，可以显著提升学生的学习积极性。思维导图的特点在于其直观性，学生通过图形

① 宋雨晨，谭诣，王丽华. 高校英语教学思维创新［M］. 长春：吉林人民出版社，2020：53.

化的方式不仅能够更容易地捕捉和理解新知识，同时也能在学习过程中保持高度的参与感。教师在此过程中应适时地辅助学生，帮助他们理顺新旧知识之间的关系，确保学生能够明确新知识的关键词，并在此基础上进行深入思考。这种互动式的教学模式，不仅能增强学生的学习动机，还能提升他们的批判性思维能力，促使其在学习中主动探索和思考。

通过新旧知识的有效结合与视觉表达，思维导图为大学英语的学习提供了一个多维度的认知平台。学生在构建思维导图的过程中，逐步形成自己的知识框架和思维方式，使其在今后的学习中能够更加自信和高效地应对各种语言学习任务。

（二）思维导图框架的构建与完善

在导入新知识后，形成的思维导图基本布局为学生提供了一个清晰的知识框架。此时，教师的角色显得尤为重要，他们需要引导学生寻找关键词，以确保学生能够从思维导图中提炼出关键信息。在这一过程中，教师不仅要帮助学生理解新知识，还需引导他们将新知识与旧知识进行有效的整合和关联。学生可以根据所识别的关键词，自主建立分支，巩固他们已有的知识。这种知识布局的构建，既有助于学生在学习中形成系统性思维，也为他们后续的学习提供了可靠的基础。

个性化绘制是思维导图构建过程中的另一重要环节。每位学生的认知特点和学习风格各不相同，因此，鼓励学生绘制个人的思维导图尤为重要。这一过程不仅能够帮助学生主动学习新旧知识之间的关系，还能提升他们的创造性思维能力。个性化的思维导图使得学生能够在绘制过程中充分表达自己的理解和观点，进而实现自我反思与认知结构的提升。这种自主性学习方式，能够有效增强学生的学习成就感，使他们在学习中获得更多的满足和成就。此外，思维导图的构建与完善并非一次性的任务，而是一个动态的过程。学生可以在不同阶段根据新的学习内容和理解不断调整和优化他们的思维导图。这一灵活性使得思维导图不仅是一种学习工具，更是学生学习过程中的一部分，能够不断适应他们的学习需求和变化。

（三）思维导图作业的科学布置

在大学英语教学中，课后作业的设计应注重思维导图的有效利用。教师应引导学生通过小组合作的方式，重新绘制思维导图，以巩固课堂内容。通过这种合作学习模式，学生不仅能够互相交流和分享他们的理解与观点，还能在讨论中深化对知识的掌握。此外，教师在布置作业时，应针对学生的薄弱点，提供相关的参考材料，帮助他们在理解新知识的同时，弥补自身的知识短板。然而，教师不应提供固定的布局或格式，允许学生在绘制思维导图时发挥创造性，这不仅能提升他们的信息捕捉能力，还能增强他们的学习自主性。

思维导图的布置应以鼓励创造性为目标，学生在设计独特的思维导图时，能够体现其发散性思维的过程。这种创造性不仅体现在图形和颜色的选择上，更体现在学生如何组织和呈现信息的方式。通过这种多样化的表达，学生能够更全面地理解和掌握所学知识，同时也能激发他们的学习热情。

（四）运用思维导图进行课后反思

在教学过程中，教师应重视思维导图作为反思工具的重要性。在完成思维导图后，教师应检查其内容与课堂讲授的匹配度，以此来调整和优化教学方案。通过分析学生的思维导图，教师可以评估学生对知识的掌握程度和整体的教学效果。这种基于思维导图的反馈机制，不仅能帮助教师及时发现教学中的问题，还能为其提供改进教学的依据，从而在未来的教学活动中更有效地满足学生的学习需求。

同时，思维导图也是学生进行复习的重要工具。学生可以利用思维导图来回顾和巩固课堂上所学的知识，特别是那些难以掌握的内容。在复习过程中，

学生应不断完善自己的思维导图，并与同学进行讨论，以识别并弥补知识的漏洞。这一过程不仅有助于学生深化对知识的理解，还能提升他们的沟通能力和合作能力，促进他们在学习中的相互支持与共同进步。

二、通过故事渗透培养大学英语学习思维

故事类教学素材在大学英语教育中具有显著的吸引力，能够有效激发学生的课堂积极性，从而增添英语教学的活力。通过引入故事，教师不仅能够创造出一个生动的学习环境，还能扩展学生的学习思维，促进其多元发展。故事情境的呈现使学生在语言学习过程中，能够更好地理解和运用英语，进而提升其语言能力。另外，大学英语教师在这一过程中需具备开发和整合教学资源的意识，根据学生个性化需求灵活应用故事素材，这种灵活性不仅有助于满足学生的不同学习需求，还能增强学习的趣味性和参与感。此外，使用故事素材还可以培养学生的多种思维能力，包括观察思维、迁移思维、逻辑思维、发散思维和动态思维，从而促进其全面发展。通过这些能力的培养，学生的英语综合素养得以提升，为其未来的学习和交流奠定了坚实基础。

（一）词汇教学与故事结合

在当今的大学英语教学中，传统的机械性方法缺乏有效性。因此，探索更加生动和有趣的词汇教学方式显得尤为重要。将词汇知识与有趣的故事情境结合，是一种有效的教学策略，这种方法不仅能调动学生的观察思维，还能够激发他们对英语学习的兴趣，使词汇学习变得生动而富有吸引力。

教师在选择故事素材时，应优先考虑那些易于理解并与学生生活紧密相关的内容。通过这些故事，学生能够在上下文中初步感知和理解新词汇。故事的情境设定帮助学生在实际应用中建立词汇与语境之间的联系，从而深化对词汇的理解。例如，当教师通过故事介绍“adventure”这一词汇时，结合

一个关于探险的情节，可以让学生在生动的情景中体会到该词的含义和用法，这比单纯的记忆要有效得多。

进一步而言，教师应引导学生在课堂上进行讨论或角色扮演，以增强他们对词汇的应用能力。在这种互动式的学习过程中，学生不仅要理解词汇的表面意义，还要通过参与情境中的对话和行为，逐步掌握词汇的深层含义。这种通过故事情境学习词汇的方式，不仅增强了学生的词汇记忆，还帮助他们在真实的交流中有效地运用所学内容。

（二）会话演练中应用故事

在会话练习中，故事的引入能够显著激发学生的迁移思维，使他们能够在特定的场景中更好地掌握英语知识的应用。通过将故事情节融入会话演练，教师可以创造出一个生动的语言环境，使学生在真实的语境中进行语言运用。例如，教师可以设置一个场景，其中角色在餐厅中用英语进行点餐，学生需要根据故事情节进行角色扮演，从而学习如何在特定场合下使用相关词汇和句型。

大学英语教师应积极引导学生在故事背景下进行自主创编，这不仅能够提升他们的创造性思维，还能帮助他们将所学知识迁移至新的情境中。在这种教学过程中，学生被鼓励去构建自己的故事，并将其与所学的语言知识结合，形成个性化的学习体验。例如，学生可以围绕“假期旅行”的主题，自主创作一个故事并与同伴分享，这不仅能增强他们的语言表达能力，还能提升他们的自信心。此外，教师在设计会话练习时，应关注学生在故事创编和演练过程中的表现，及时提供反馈和指导。通过观察学生的表现，教师可以有效地评估他们对英语知识的掌握程度，并根据需要进行针对性的教学调整。这种动态的教学方式有助于教师不断优化课堂教学，提高学生的参与度和学习效果。

（三）课堂讨论中引入故事

在课堂讨论中，故事可以作为一种有效的导学素材，能够增强课堂的交互性和协作性。教师通过引入相关的故事情节，引导学生进行讨论，不仅能激发学生的思维，还能提升他们对课程内容的理解和掌握。故事作为讨论的切入点，有助于学生从多角度分析和提炼关键知识要素，提高学习效率。

大学英语教师应关注学生的讨论表现，利用提问和故事引导，激励学生深入思考。在讨论过程中，教师可以设计一些开放性问题，鼓励学生围绕故事情节展开讨论，从而使他们在思考中逐渐形成自己的观点和理解。例如，教师可以提出问题："如果故事中的角色面临困境，他们应该如何选择？"这样的讨论不仅促进了学生的批判性思维，还激发了他们的创造力。

通过这种方式，教师不仅为学生提供了一个展示个人见解的平台，还培养了他们的沟通能力和团队合作精神。学生在讨论中互相学习、借鉴，这有助于形成积极的学习氛围，提升整体的课堂参与感。最终，这种基于故事的讨论教学法，不仅丰富了课堂内容，也促进了学生的综合素养发展。

（四）故事与语言训练结合

故事的可拓展性使其在多维度语言训练中发挥了重要作用。教师在教学过程中应建立丰富的故事资源库，提供多样化的故事素材，以发散学生的创造性思维。在语言训练中，教师可以通过不同的故事情节，设计多种形式的语言活动，例如，词汇扩展、语法练习、口语表达等，帮助学生全面提升语言能力。在这个过程中，教师应引导学生进行多层次的语言训练，让他们在不同的故事情境中练习语言使用。例如，教师可以选择一篇与学生生活紧密相关的故事，让学生围绕故事内容进行角色扮演，进而在实际应用中掌握新的语言结构和表达方式。这种通过故事进行的语言训练，不仅提升了学生的语言能力，还增强了他们对语言学习的兴趣和热情。

此外，教师还可以鼓励学生在故事的基础上进行自主创作，通过改编故事情节、扩展故事内容等方式，激发学生的想象力和创造力。这种创作活动不仅有助于学生巩固所学知识，还能提高他们的综合语言运用能力。通过故事与语言训练的有效结合，学生的语言能力和综合素养得到了全面提升，为他们的未来发展奠定了坚实的基础。

（五）实践活动中搜集故事

在大学英语教学中，教师应尊重学生的主体地位，鼓励他们积极参与故事资源的搜集，以拓宽其英语认知。通过实践学习项目，学生不仅能够自主收集与课堂内容相关的故事，还能促进动态思维的构建，并提高信息整合和阅读能力。这种以学生为中心的实践活动，不仅能够激发他们的学习兴趣，还能增强他们的自主学习能力。

教师可以设计一些故事搜集活动，例如，鼓励学生在课外通过访问图书馆、互联网等渠道收集与英语学习相关的故事资源。这些故事可以是文学作品、新闻报道、个人经历等，通过多样化的故事来源，学生能够从不同的角度理解和运用英语。同时，在故事搜集过程中，学生也能培养信息筛选和整合的能力，为他们的英语学习提供更多的资源。在收集到相关故事后，教师应引导学生进行分享和讨论，让他们在交流中深化对故事内容的理解。例如，学生可以在课堂上分享自己搜集到的故事，分析其语言特点和文化内涵。在这个过程中，教师可以适时提供指导和反馈，帮助学生更好地理解故事与语言之间的关系。通过这种实践活动，学生的动态思维得到了有效构建，他们在参与故事搜集的过程中，逐渐形成了对语言学习的深刻理解。这种以实践为导向的教学模式，极大地提升了学生的英语综合素养，为其今后的学习和发展提供了坚实的基础。

三、通过范例教学培养大学英语学习思维

范例教学[①]理论强调通过精选的示范性材料，使学生在学习中掌握规律性

---

① 范例教学，也称示范性教学、范例方式教学、范畴教育，是借助精选教材中的示范性材料，使学生从个别到一般，掌握带规律性的知识和能力的教学理论。

知识与能力，这一理论的应用不仅体现在词汇、语法和写作等领域，更在于激发学生的学习兴趣，培养他们的英语探究能力和思维能力。随着教育理念的不断发展，范例教学作为一种有效的教学策略，在大学英语教学中发挥着愈发重要的作用。

（一）词汇学习与范例教学

词汇是英语学习的基础，其学习效果直接影响到学生的语言表达能力和理解能力。通过“范例教学”，学生可以在具体的语境中学习词汇，从而更好地掌握其使用规律。

第一，词汇的构成与规律。英语词汇由词素构成，每个词素都有其特定的词义和用法。通过掌握词素，学生可以理解词汇的构成规律。例如，前缀、后缀以及词根的使用，可以帮助学生推导出相关单词的含义。这种通过结构学习词汇的方式，能够有效地提高学生的词汇量。

第二，范例的选择与应用。教师在进行词汇教学时，应选择具有示范性的范例，例如：将相关词汇放入具体的句子或情境中。通过上下文的提示，学生能够更好地理解和记忆新词汇。例如，在教授“construct”这个词时，可以结合“construct a building”这一短语，帮助学生明白其在特定场景中的应用。这种方法不仅增强了学生的记忆效果，还促进了他们的语言运用能力。

第三，归类与拓展思维。在范例教学中，教师可以引导学生对所学词汇进行归类。这一过程不仅帮助学生建立系统的词汇网络，还能激发他们的拓展思维。通过归类，学生能够更容易地将新词汇与已知词汇联系起来，形成更全面的理解。例如，在学习与“travel”相关的词汇时，教师可以将其归纳为“transportation”“destination”“accommodation”等类别，进而拓展学生的语言表达能力。

（二）语法学习与范例教学

英语语法是语言的结构规则，直接影响着语言的准确性和流畅性。在进行语法教学时，教师需要将范例与情境紧密结合，使学生在实践中理解和掌握语法规则。

第一，语法范例的整合。教师在选择语法范例时，应选取那些能够反映语法规则的典型句子。这些句子不仅应具备较高的代表性，还要具有实际应用的价值。例如，在教授过去完成时的用法时，教师可以使用“By the time I arrived，she had left.”这一句子，让学生明确过去完成时的使用场景。

第二，情境练习的重要性。语法教学不能仅仅依赖机械的操练，而应结合具体的情境进行实践。教师可以设计情境练习，让学生在真实的语言环境中运用所学的语法知识。例如，通过角色扮演活动，学生可以在模拟的日常对话中实际应用语法结构，从而提高语言运用能力。

第三，学习迁移与实际运用。通过范例教学，学生能够更好地进行学习迁移。教师可以设计一些开放性的问题，鼓励学生在不同的语境中灵活运用所学的语法规则。通过这样的练习，学生不仅能够加深对语法知识的理解，还能提高其在实际交流中的运用能力。

（三）写作教学与范例教学

写作是英语学习中的一项重要技能，而通过范例教学，可以有效地帮助学生掌握写作技巧与篇章结构。

第一，范例文章的分析。在写作教学中，教师可以选择教材中的任务板块作为范例，让学生对这些文章的内容和结构进行分析。通过对范例文章的解读，学生能够更清晰地理解写作的基本要求和技巧。例如，教师可以引导学生分析一篇议论文的结构，包括引言、论点、论据和结论，使他们在写作时能够理清思路。

第二，引导学生观察与探索。教师在教学中应鼓励学生观察范例文章中的细节。这一过程不仅能帮助学生明确写作思路，还能促使他们在细节上进行深入思考。教师可以设置问题，让学生探索范例中的语言使用、句子结构

以及表达方式，从而提高他们的写作能力。

第三，从范例到自主创作。在分析完范例后，教师可以引导学生尝试创作类似题材的文章。通过这种自主创作的过程，学生不仅能够巩固所学知识，还能提升他们的创造力与表达能力。教师应及时提供反馈，帮助学生在写作中不断完善自己的表达。

第二节　大学英语学习思维的分类

一、大学英语学习中的创新思维

（一）大学英语学习中创新思维的作用

在当今全球化背景下，大学英语学习不仅是语言能力的提升，更是创新思维的培养。创新思维在英语学习中发挥着重要作用，它有助于学生拓宽视野、提升综合素养和应对复杂问题的能力。首先，创新思维鼓励学生探索语言学习的多样性，使他们能够更好地理解和运用英语。通过引导学生思考不同的表达方式和语境，教师能够帮助学生培养适应性思维，增强他们在真实交流中解决问题的能力。其次，创新思维促使学生主动参与课堂学习，形成良好的学习氛围。通过设计富有创意的课堂活动，如角色扮演、团队合作和辩论，教师可以激发学生的学习兴趣，促进他们的深度思考。这种主动参与不仅提高了学生的学习效果，还增强了他们的团队合作能力和沟通能力。最后，创新思维在培养学生的批判性思维方面也发挥着积极作用。在英语学习过程中，学生常常需要对各种文化、观点和信息进行分析和评估。通过鼓励学生质疑、探讨不同的观点，教师能够帮助他们培养独立思考的能力，提升其分析和解决复杂问题的素质。

（二）大学英语学习中创新思维的运用

1. 大学英语学习中发散思维的运用

发散思维是创新思维的核心内容之一，其在大学英语学习中有着重要的运用价值。发散思维通过想象和联想的方式，引导学生发现新的观点和方法。在英语学习过程中，教师可以通过多媒体课件和互动式课堂活动，设计一些适宜发散思维的任务。例如，在词汇教学中，教师可以要求学生在理解某个新词汇的基础上，联想到相关的词语或短语，鼓励他们进行小组讨论。在这个过程中，学生不仅能够加深对词汇的理解，还能够在同伴的启发下，拓展自己的思维。这种方式有助于培养学生的创造性思维，使他们在学习中不断发现新的联系和意义。此外，教师可以通过提问引导学生进行发散性思考，例如，设计“一问多答”的问题，鼓励学生从不同的角度思考。这样的课堂设计，不仅激发了学生的想象力，还培养了他们的自主学习能力。学生在回答问题时，会尝试从不同的角度去理解和表达，这种灵活性正是发散思维的体现。

2. 大学英语学习中求异思维的运用

求异思维是从同一材料中探求不同答案的一种思维方式，其在大学英语学习中同样具有重要的应用价值。通过要求学生用不同的语言表达同一内容，或从不同的角度分析同一问题，教师能够有效地训练学生的求异思维。

在课堂讨论中，教师可以引导学生对某一文本进行多角度分析。例如，在讨论一篇英语文章时，教师可以要求学生从不同角色的视角出发，探讨他们对文本的理解和感受。这种方法不仅激发了学生的思维活力，还促使他们学会包容多元观点，培养批判性思维。此外，教师还可以通过设置不同的情境，要求学生用不同的方式解决同一问题。这种灵活的教学设计，有助于学

生建立多元思维模式，使他们在面对复杂问题时能够灵活应对。通过求异思维的训练，学生的创新能力和适应能力都将得到显著提升。

3. 大学英语学习中创意思维的运用

创意思维是通过将记录下来的信息进行分类和消化，形成新思维的过程。在大学英语学习中，教师可以通过多样化的教学方法来激发学生的创意思维。例如，通过项目式学习，学生可以围绕某一主题进行深入研究，创造出具有个人特色的学习成果。在写作教学中，教师可以引导学生在创作过程中，借鉴和融合不同的信息和观点。学生在撰写作文时，可以尝试将个人经验、所学知识和他人观点结合起来，从而产生新的写作思路。这种创意写作的训练，不仅提高了学生的写作能力，还促进了他们的综合素养。

4. 大学英语学习中逆向思维的运用

逆向思维是一种创新思维方式，鼓励学生从对立面思考，挑战常规观点。在大学英语学习中，教师可以通过引导学生反思和质疑现有知识，激发他们的创造性思维。例如，在讨论某一社会现象或文化现象时，教师可以鼓励学生提出相反的看法，探讨不同的观点和可能性。这样的课堂讨论不仅拓宽了学生的思维视野，还提高了他们的批判性思维能力。

二、大学英语学习中的艺术思维

（一）大学英语学习中艺术思维的特征

在当今教育环境中，艺术思维的作用愈发受到重视。艺术思维不仅关乎创造力的发挥，也是培养学生综合素养的重要途径。艺术思维的特征主要体现在感性特征、形象性特征及想象性与非逻辑性特征等方面。理解这些特征对于优化大学英语教学，提升学生的学习效率和兴趣具有重要意义。

1. 感性特征

艺术思维本质上是一种渗透着主体情感的思维活动。在大学英语学习中，艺术类专业的学生通常表现出强烈的情感体验，他们对于充满情感的课堂活动和内容，往往会展现出极大的热情。这种情感驱动的学习方式，使得他们能够更深刻地理解和感知语言的内涵与文化背景。例如，在进行英文文学作品分析时，教师可以引导学生关注文本中的情感表达，如人物的心理变化和情节发展带来的情感共鸣。通过这种方式，学生不仅能够提高语言能力，还能够在学习过程中感受到艺术的魅力。这种感性体验不仅增强了他们的学习动机，还提高了他们的学习效率。

2. 形象性特征

艺术思维的形象性特征使其在大学英语学习中发挥着重要作用。艺术思维通常与形象思维密切相关，关注的是具体、直观、形象化的内容。在大学英语学习中，艺术类专业学生倾向于关注形象化的教学方式和内容。这种倾向使得教师在教学设计时，必须更加注重形象的表达。例如，教师可以利用多媒体技术，引入丰富的视觉元素和生动的示范，帮助学生理解复杂的语言结构和文化内涵。通过插图、视频和音频等多种媒介的结合，学生能够更直观地感受语言的魅力，从而增强他们的学习兴趣和参与感。此外，教师的肢体语言、语调和音节的变化也能够有效吸引学生的注意力，增强课堂的互动性和生动性。

3. 想象性与非逻辑性特征

艺术思维的想象性与非逻辑性特征体现了它的创造性。艺术思维过程中，学生的脑海中不断进行着较清晰、具体的形象思维活动，这种活动常常打破了逻辑思维的常规性和有序性。在大学英语学习中，艺术类专业的学生更倾

向于通过想象和联想来理解和应用语言。例如，在进行口语练习时，教师可以引导学生将日常生活中的故事、情节和场景融入语言学习中。这种方式不仅增强了学生的参与感，也激发了他们的创造力和想象力。通过角色扮演、情景模拟等活动，学生能够在轻松愉快的氛围中提高语言表达能力，并在这一过程中培养出更为灵活的思维模式。

（二）大学英语学习中艺术思维的运用

1. 艺术思维在课堂活动中的运用

在大学英语教学中，将艺术思维有效融入课堂活动中，不仅可以提升学生的学习兴趣，还能够增强他们的综合素养。教师可以设计丰富多彩的课堂活动，如戏剧表演、诗歌朗诵、创意写作等，通过这些活动，让学生在实际参与中感受语言的魅力和文化的深度。例如，在进行戏剧表演时，学生可以选择他们感兴趣的文学作品，进行改编和演绎。在这个过程中，他们不仅需要理解文本中的语言和文化内涵，还要运用创造性思维将其转化为生动的表演。这种实践活动不仅提高了学生的语言表达能力，还锻炼了他们的团队合作和沟通能力。

2. 艺术思维在语言习得中的运用

艺术思维在语言习得中同样具有重要作用。在英语学习过程中，教师可以通过引入艺术作品，帮助学生在语言学习中培养创造性思维。例如，通过分析绘画、音乐或电影等艺术作品，学生可以探索其中的文化背景和情感表达。教师可以鼓励学生通过写作或口语表达来分享他们对艺术作品的理解和感受。在这个过程中，学生不仅能够提高他们的语言能力，还能够培养对艺术的鉴赏力和批判性思维能力。此外，教师还可以组织讨论和分享活动，让学生在交流中激发彼此的创意，共同探索语言的多元可能性。

三、大学英语学习中的理科思维

在现代大学英语教学中，将理科思维有效融入语言学习过程，对于提高课堂教学的有效性和增强语言实践能力具有重要意义。理科思维强调逻辑性、系统性和分析性，这些特征能够帮助学生更好地理解和应用英语知识。尤其是在结合学生实际情况时，理科思维的应用不仅能够提升他们的学习效率，还能够培养他们的批判性思维能力，从而推动他们在语言学习中的深入探索。

第一，观察是理科思维的重要组成部分。在大学英语学习中，学生可以通过观察实验现象来理解语言的逻辑关系。例如，教师可以引导学生观察句子的构成，识别主语、谓语、宾语等基本成分。通过这种观察，学生能够明确每个成分在句子中的作用，从而更清晰地掌握英语语法。这种通过观察和实践相结合的方式，有助于学生建立起对英语句子结构的直观认识，使他们在日后的语言运用中更加自信和熟练。

第二，记忆是理科思维中不可或缺的一环。学生在学习英语时，除了需要记忆实验现象和方法步骤，还必须掌握单词的标准发音和句型。熟读是增强记忆效果的重要策略，通过不断重复和练习，学生能够加深对单词和句子的印象。此外，教师可以采用理科实验中的记忆方法，如使用图表和示意图等视觉工具，帮助学生将语言知识以更形象的方式储存于脑海中，从而提高他们的记忆效果。

第三，思考是推动理科思维向深层次发展的关键环节。在英语学习中，教师应引导学生深入思考英语时态的细微差别，鼓励他们总结和反思。通过对不同时态在具体语境中的使用进行分析，学生可以更加清晰地理解各时态的表达意义和语法规则。这一过程不仅深化了他们的语言理解，也培养了他们的批判性思维能力，使他们能够在复杂的语言环境中作出合理的判断。

第四，拓展知识是理科思维的另一个重要方面。在英语学习中，学生应理解基本词汇的变化和发展。例如，通过添加词缀（如“y”“ly”“d”“ing”等），

学生可以在掌握基础词汇的同时，增强对词汇的记忆和应用能力。教师可以设计相关的活动，如词根词缀的学习游戏，帮助学生在轻松愉快的氛围中巩固词汇知识。这种知识的拓展不仅能够促进英语学习的深入，还能够增强学生的综合语言运用能力。

第三节　多元思维下的大学英语教学

一、基于多元文化思维的大学英语教学

在当今全球化日益加深的背景下，大学英语教学应当与多元文化思维相结合，以适应当代社会对复合型人才的需求。多元文化概念不仅强调文化的多样性与共存性，还鼓励不同文化间的相互理解与尊重。通过将这一理念融入英语教学，教师可以帮助学生拓宽视野，提升其跨文化交际能力，从而更好地适应未来的社会和职场环境。

多元文化是指在特定区域和社会中同时存在、相互联系的多种文化。与传统的单一文化观念相比，多元文化强调了文化在空间和时间上的多样性和共时性。在这一背景下，英语作为一门国际语言，不仅承载着英语国家的文化，还融入了世界各地的文化元素。因此，大学英语教学应注重学生对多元文化的认识与理解，使他们在学习语言的同时，也能深入领会与语言相关的文化背景、习俗和价值观。

在这一多元文化框架下，教师应引导学生探索不同文化之间的差异与共性，鼓励他们在学习英语的过程中关注和欣赏其他文化的丰富性。这种文化意识的培养，有助于学生在未来的国际交流中，能够更加敏感地处理跨文化沟通中的潜在误解与冲突，从而促进和谐的交流与合作。

（一）基于多元文化思维的大学英语教学原则

在基于多元文化思维的英语教学中，教师应遵循以下几个重要原则，以

确保教学活动的有效性和针对性。

第一，文化性原则。学习英语不仅涉及词汇和语法的掌握，还包括语言背后的文化知识的学习。文化性原则强调，语言教学必须融入丰富的文化背景知识，使学生在学习语言的同时，也能理解与之相应的文化内涵。教师应选择具有代表性的文化素材，如文学作品、影视作品、历史事件等，帮助学生建立起语言与文化之间的联系。通过这种文化导入，学生能够更深入地理解英语的使用场景与社会背景，进而提高他们的交际能力和文化适应能力。例如，教师可以在课堂上引入经典的英语文学作品，分析作品中的文化元素及其对语言表达的影响。学生通过讨论和探究，能够更好地理解语言的多元化，同时提升对英语文化的兴趣和敏感度。这种文化意识的培养，能够为学生在未来的语言使用中奠定坚实的基础，使他们能够更自信地参与到国际交往中。

第二，包容性原则。包容性原则强调在大学英语教学中尊重和包容不同文化背景的学生。教师应当理解学生的文化差异，并在课堂上创造一个开放和接纳的环境，以鼓励学生分享自己的文化经验和观点。这种包容性不仅体现在课堂氛围中，还体现在教学内容的选择上，教师应当选择多元化的教材，以代表不同的文化视角。

第三，连贯性原则。教学内容应当具有连贯性，从语言知识到文化知识，再到实际应用，形成一个有机整体。教师可以通过设计跨学科的课程，将语言学习与文化、社会、历史等内容结合起来，使学生在学习语言的同时，能够全面理解和吸收相关文化信息。

（二）基于多元文化思维的大学英语知识教学

在基于多元文化思维的大学英语教学中，语音、语法等基础知识的教学依然是重要组成部分，教师应根据多元文化的理念进行相应的调整和优化。

1. 基于多元文化思维的大学英语语音教学

语音是语言交流的基础，其准确性直接影响到交流的有效性和流畅性。在多元文化背景下，大学英语教学应当充分考虑不同文化中语音系统的差异，以便更好地指导学生的发音。教师需要深入了解英汉语音的异同，从而制定适合的教学策略，以帮助学生克服母语迁移带来的负面影响。

（1）教师应通过听音、辨音、模仿和正音等方法，提升学生的语音能力。特别是在教授元音和辅音的发音时，教师可以利用多媒体资源展示不同口音的对比，使学生能够直观地感受到音素的差异。例如，通过音频和视频材料，学生可以听到来自不同国家的英语发音，从而更好地理解语音在不同文化背景下的变异。此外，教师可以利用歌曲、诗歌、戏剧等艺术形式，让学生在愉悦的氛围中练习发音。音乐与诗歌不仅能够丰富课堂内容，还能帮助学生在感知韵律和节奏中更自然地掌握英语语音。

（2）在多元文化的语音教学中，教师还应关注不同文化对语音的影响。例如，一些文化背景下的学生可能在发音时更偏向于音节重音，而另一些文化则可能更加注重音调的变化。通过与学生进行交流，教师可以了解他们的发音习惯，从而有针对性地进行指导。同时，在课堂讨论中，教师可以引导学生分享他们各自文化中独特的语音特点，这种文化交流不仅增强了学习的趣味性，还促进了学生对其他文化的理解与尊重。

2. 基于多元文化思维的大学英语语法教学

语法教学是大学英语教学的重要组成部分，包括词法（构词法和词类）和句法（句子成分、句子分类、标点符号等）。在多元文化背景下，教师应重视不同文化中的语法特点，帮助学生理解语法的灵活性与多样性。这不仅可以提升学生的语言能力，还能增强他们对不同文化的认知。

（1）在进行语法教学时，教师应结合静态词（如名词、形容词）和动态词（如动词及其相关内容）的讲解，帮助学生全面理解英语的语法结构。通过多样化的教学活动，如语法游戏、合作学习和情境练习等，可以有效激发学生的学习兴趣和参与感。例如，教师可以设计小组活动，让学生通过角色扮演来实践不同句型的使用，进而加深对语法知识的理解。同时，教师可以引入不同文化中独特的语法结构，让学生比较和分析，帮助他们理解不同语言的表达方式及其文化背景。例如，在讨论时态的使用时，可以引用中西方文学作品中的句子，展示文化对语法的影响。

（2）教师在教学中应鼓励学生进行跨文化的讨论与交流。通过小组讨论，学生可以分享自己文化中的语法特点，并探讨这些特点如何影响其英语学习。这种文化分享不仅有助于学生理解语法的灵活性，还可以促进他们对其他文化的理解与尊重。教师还可以邀请来自不同文化背景的学生分享他们的语言习惯，让其他学生对其语法特点有更深的认识。

（3）教师应强调语法与文化的互动关系。在多元文化的教学环境中，语法不仅仅是语言结构的规范，更是文化表达的载体。通过引导学生分析不同文化背景下的语法使用，教师可以帮助他们认识到语言的多样性和丰富性。例如，英语中常见的被动语态在一些文化中可能更为常见，而在其他文化中则可能偏向于主动表达。教师可以通过具体的语言实例，展示这种文化差异如何反映在语言使用上，从而提升学生的跨文化交际能力。

二、基于批判性思维的大学英语教学

所谓批判性思维，主要是指对于某种事物或现象所发现的问题，并且依据自己的思考对其作出主张的思维[①]。批判性思维在现代教育中日益受到重视，尤其是在高等教育阶段。作为一种思维方式，批判性思维要求学生对信息进行理性判断，以保持清醒的头脑，避免盲目跟风，它不仅涉及对现有信

① 王月亚．高校英语教学培养学生批判性思维的方法探析［J］．才智，2019（10）：113.

息的分析与评价，还要求学生运用批判性的眼光审视问题，以寻找更为合理的解决方案。因此，在大学英语教学中，培养学生的批判性思维显得尤为重要。

（一）强化学生英语思考能力

在大学英语学习过程中，培养学生的英语思考能力是基础也是关键。学生的思考能力直接影响他们对语言的理解与运用。因此，教师应设计一系列的教学活动，旨在促使学生主动思考。例如，通过分析文章结构、词汇的用法以及句子的构造，引导学生从更深层次理解文本的意义。教师可以通过引导性问题激发学生的思维，如"这段话传达了怎样的情感？""作者采用了哪些修辞手法来增强说服力？"通过这些问题，学生不仅需要阅读理解，还需进行逻辑推理与批判性分析，进而形成自己的见解。此外，教师在课堂上应鼓励学生将自己的观点与他人的观点进行对比与辩论。这不仅能锻炼学生的口语表达能力，还能促使他们从多角度审视问题，增强批判性思维能力。例如，在讨论一篇关于社会问题的文章时，教师可以组织小组讨论，让学生针对不同观点进行辩论。这种互动形式能够有效促进学生对问题的深入思考，提高他们的分析能力和批判能力。

（二）鼓励学生提问

批判性思维的核心在于提问。提问不仅是获取信息的手段，更是学生自我思考与深入理解的过程。教师应当营造一个鼓励提问的课堂环境，使学生感到提问是学习的重要组成部分。在每一堂课中，教师可以设定"提问时间"，让学生自主提出问题。教师要积极回应学生的提问，通过解答引导学生进一步思考，从而形成对问题的多层次理解。此外，教师还应引导学生学会提出有深度的问题。这可以通过训练学生从不同的角度看待同一问题来实现。例如，教师可以提供一段关于环境保护的文章，要求学生从经济、社会和文化等多个层面提出问题。这种训练不仅能帮助学生建立全面的思维框架，还能增强他们的批判性思维能力。通过这样的方式，学生将逐渐形成对问题的独立思考能力，能够在未来的学习与生活中更为有效地解决问题。

（三）组织辩论，培养学生分析问题的能力

辩论是一种极为有效的教学方式，可以显著提升学生的批判性思维能力。在英语课堂中，教师可以通过组织辩论赛或分组讨论的形式，让学生围绕某一话题展开深入的分析与探讨。辩论不仅锻炼学生的口头表达能力，还促使他们对问题进行深入分析，理解不同观点的合理性与局限性。辩论中，学生必须准备充分的论据，以支持自己的观点，这一过程要求他们进行大量的研究与思考，从而锻炼他们的批判性分析能力。例如，在讨论一个有争议的社会问题时，教师可以将班级分成支持方与反对方，让学生从各自的立场出发进行辩论。学生在准备辩论的过程中，需要阅读相关的背景材料，分析不同的论点，提出有效的反驳。这种过程不仅增强了他们的语言能力，还提高了他们对复杂问题的分析能力。需要注意的是，教师还应当在辩论结束后引导学生进行反思，思考自己在辩论中表现的优劣，分析他人观点的优劣，以不断提升他们的批判性思维水平。

三、基于跨文化交际思维的大学英语教学

（一）基于跨文化交际思维的大学英语任务教学模式

1. 任务教学模式的认知

（1）任务教学模式的理论基础。任务型教学模式的理论基础主要源于多位语言学习理论家的研究，尤其是维果茨基的语言和学习理论。维果茨基强调语言学习的社会性，认为学习是一个通过社会互动实现的过程。在这一理论框架下，教师与学习者的角色显得尤为重要。语言的获得不仅是个体内在

认知的结果，更是人与人之间互动的产物。教师在此过程中不仅是知识的传授者，更是学习者在目标明确的协作中不可或缺的引导者。这种观点为任务型教学模式的实施提供了坚实的理论支撑，强调了通过社会交往促进语言学习的必要性。

任务型教学模式的另一个重要理论支柱是互动假说，该假说认为，在语言习得过程中，互动具有重要的作用，尤其是在意义协商阶段。通过对话中的重复、释义和语速调整等互动方式，交谈双方能够使输入变得更加可理解。这种互动不仅帮助学习者更好地吸收语言信息，还促进了其语言能力的提升。因此，任务型教学模式通过设计需要互动的具体任务，促进学习者之间的交流与协作，从而提升其语言习得的有效性。

输出假说也为任务型教学模式提供了理论支持。该假说认为，语言输出在第二语言习得中发挥着促进作用。在任务完成的过程中，学习者通过输出语言，能够更清晰地意识到自己对外语的掌握程度。这一过程不仅让学习者得以尝试新语言，还使其对语言的使用形成更深的理解。通过输出，学习者能够反思自己的语言使用，进而进行必要的调整和改进。因此，任务型教学模式通过要求学习者完成具体的语言输出任务，激励其语言使用和自我评估，从而提高语言掌握程度。

有限容量假说则说明了学习者在语言学习中的注意力分配。该假说认为，由于学习者的注意力有限，他们在学习过程中需要对多项语言特征（如语言的准确度、复杂性和流利度）进行优先排序。在任务型教学中，教师可根据学习者的认知能力设计相应的任务，以确保学习者能够在有限的注意力下有效地吸收和整合信息，从而实现更高效的学习效果。

认知假说在任务型教学模式中发挥着重要作用。该假说强调概念化的发展为语言学习创造了条件。在任务型教学中，学习者通过完成具体任务，能够促进其对所学语言概念的理解与内化。通过任务的实际运用，学习者不仅能够将语言形式与其背后的概念相结合，还能在实践中形成对语言的深刻理解。这一过程为语言的习得提供了有利条件，推动学习者向更高层次的语言使用发展。

（2）任务教学模式中任务的特征。对任务特征分类的研究主要考查哪些特征对互动和习得最有影响力，以利于教学任务设计。任务教学模式的有效性在于其任务的特征，这些特征不仅影响了学习者的语言习得过程，也决定了任务在教学中的实施效果。在这一模式中，任务的设计和执行包括输入特征、任务条件、认知加工过程以及任务目标四个重要方面，分别对语言学习的深度和广度产生重要影响。

第一，任务的输入特征由四个变量构成：媒介、语言复杂性、认知复杂性和信息熟悉度。媒介是指传递信息的形式，包括图像、音频和文本等。在语言学习过程中，适当的媒介能够有效促进学习者的理解和吸收，帮助他们更好地掌握语言知识。语言复杂性则指任务中使用的语言的难度，包括词汇、语法结构和句子长度等。在设计任务时，教师需要考虑学习者的语言水平，以确保所用语言既具挑战性，又不至于使学习者感到沮丧。认知复杂性涉及任务的智力挑战程度，通常反映为信息处理的深度。高认知复杂性的任务要求学习者不仅要理解语言信息，还要进行分析、评估和创造性思维。最后，信息熟悉度是指学习者对任务中涉及的内容的了解程度，熟悉的信息可以降低学习者的认知负担，促进其参与度。因此，在设计任务时，教师应综合考虑这四个变量，以最大化任务的教学效果。

第二，任务条件涉及三个关键变量：参与者关系、任务要求和完成任务所涉及的话语模式。参与者关系是指任务执行过程中学习者之间的互动模式，包括师生关系和同伴关系。积极的参与者关系能够提升学习者的参与感和合作意识，从而增强任务的有效性。任务要求则涵盖任务的具体内容和预期结果，包括完成任务所需的时间和资源。明确的任务要求有助于学习者集中精力，确保其在执行任务时能够有效地达成目标。此外，任务完成所涉及的话语模式，如对话或独白，亦会影响学习者的语言使用方式。在对话任务中，

学习者需要进行实时互动，从而提高其交际能力；而在独白任务中，学习者则更专注于语言表达的流畅性和逻辑性。因此，教师在设计任务时，必须根据教学目标和学习者的实际情况灵活调整这些变量。

第三，认知加工过程是任务执行中涉及的认知层次，涵盖了信息交流、推论和观点交锋等多个阶段。在任务完成的初始阶段，学习者通过信息交流共享彼此的知识和观点，促进对任务内容的共同理解。随着任务的深入，学习者需要进行推论，运用逻辑思维将不同信息整合，从而得出结论或进行决策。最终，学习者可能需要进行观点交锋，表达和辩论各自的意见，这一过程不仅考验其语言能力，还锻炼其批判性思维能力。因此，认知加工过程的多样性与深度直接影响了任务的复杂性和学习者的参与度。

第四，任务目标涵盖三个重要变量：媒介、任务结果的开放性以及任务结果所涉及的语篇模式。媒介的选择对任务结果的呈现方式有着重要影响，学习者可以通过图画、口头或书面语等不同形式展示其成果。任务结果的开放性与单一解决方案的选择将直接影响学习者的创造性思维与自主学习能力。开放式任务能够激发学习者的探索精神，促使其寻找多种解决方案；而单一解决方案则有助于培养学习者的目标导向性与效率。最后，任务结果所涉及的语篇模式，如描写、叙述、分类、指示或辩论等，决定了学习者在任务中所需运用的语言结构和风格。不同的语篇模式不仅影响任务的复杂性，还反映了不同文化背景下的语言使用习惯。因此，教师在设计任务目标时，必须充分考虑这些变量，以便于任务能够更有效地达成预定的教学目标。

2. 基于跨文化交际思维的大学英语任务教学模式运用

（1）教学目标设定。在当今全球化的背景下，跨文化交际能力的培养显得尤为重要。明确的教学目标不仅为课程设计提供了方向，也为学生的学习成效提供了衡量标准。因此，在基于跨文化交际思维的大学英语任务教学模式中，需要设定明确的教学目标。这些目标应旨在全面培养学生的跨文化交际意识、能力和素养，具体而言，可以从以下方面进行设定。

第一，语言运用能力是跨文化交际的重要组成部分。教学目标应明确学生在不同文化背景下使用英语的能力，包括听、说、读、写四项基本技能的综合运用。教师可以通过设置具体的语言运用目标，如能够在特定的跨文化情境中进行有效的交流，帮助学生建立对语言使用的自信。同时，这一目标还应当与学生的实际语言水平相结合，设计出符合他们能力发展的任务，以逐步提升其交际能力。

第二，文化理解能力是跨文化交际的基础。教学目标应当强调学生对中西方文化的理解，包括历史背景、价值观念、社会习俗等。通过文化理解，学生能够更好地适应不同文化环境下的交际需求。在目标设定中，教师可以具体化为，例如，学生能够辨识和解释中西方文化差异对交际方式的影响。此外，教师还可设置与文化理解相关的任务，如文化主题的讨论、文化差异的案例分析等，以促进学生的深度思考和分析能力。

第三，交际策略的掌握同样是跨文化交际能力的重要体现。教学目标应涵盖学生在实际交际中灵活运用各种交际策略的能力，包括如何进行有效的沟通、如何处理跨文化误解等。为此，教师可以设计一系列与交际策略相关的任务，如角色扮演、情景模拟等，让学生在实践中学习并掌握这些策略。

（2）教学内容选择。在基于跨文化交际思维的大学英语任务教学模式中，教学内容的选择至关重要。内容的代表性和实用性直接关系到学生的学习动机和成效。围绕跨文化交际主题，教师需要精心挑选教学内容，确保其具有广泛的适用性和深刻的文化内涵。

第一，中西方文化的对比是教学内容中不可或缺的部分。通过分析中西方文化的差异，学生能够更直观地理解不同文化背景下的交际习惯。例如，可以围绕礼仪、价值观、思维方式等方面进行比较，让学生在具体情境中识别和分析文化差异的影响。教师可以通过案例研究和小组讨论等形式，引导学生探讨这些差异在实际交际中的表现，并总结出有效的应对策略。

第二，跨文化交际案例分析是提升学生实际交际能力的重要手段。通过对真实跨文化交际案例的分析，学生可以深入理解交际中可能遇到的问题和挑战。教师可以选择一些具有代表性的案例，如国际会议上的沟通、跨国企业中的文化冲突等，引导学生进行讨论和角色扮演。这样的案例分析不仅可以提高学生的文化敏感性，还能增强他们的解决问题能力。

第三，非语言交际技巧也是教学内容的重要组成部分。在跨文化交际中，非语言元素如身体语言、面部表情和空间距离等扮演着重要角色。教师可以设计任务，帮助学生识别不同文化中的非语言交际方式。例如，学生可以通过观察和分析不同文化背景下的非语言行为，讨论其在沟通中的作用与影响。这一内容的选择能够帮助学生提升其在跨文化环境中的交际自信心。

第四，教师在选择教学内容时，还应考虑学生的兴趣和背景。通过了解学生的文化背景和学习需求，教师能够更有针对性地选择适合的内容，使课堂更加生动和有趣。基于学生的实际情况，教师还可以鼓励学生参与内容的选择，让他们在学习过程中发挥主动性和创造性。

（3）教学模式框架。在全球化时代，跨文化交际能力已成为大学英语学习的重要目标。基于跨文化交际思维的大学英语任务教学模式不仅强调语言的掌握，更关注文化理解与跨文化沟通能力的培养。这种教学模式旨在通过设计具有跨文化背景的任务，让学生在真实情境中运用英语，实现语言与文化的双重提升。教学过程分为三个阶段：任务前阶段、任务中阶段和任务后阶段，每个阶段都有特定的目标和任务，确保学生在跨文化交际背景下能够更有效地学习和应用英语。

第一，任务前阶段：任务介绍、背景知识激活、任务准备。任务前阶段是整个任务教学模式的基础部分，重点在于为任务执行奠定必要的语言和文化基础。在这一阶段，教师的主要任务是介绍任务、激活学生已有的背景知识，并为实际任务的执行做好充分的准备。

一是，任务介绍。在任务介绍环节，教师需要清晰地向学生说明任务的目标、要求和任务情境。在跨文化交际思维的引导下，任务的设计应涵盖不同文化背景下的交流情境，以增强学生对跨文化交际的理解。例如，教师可以设计模拟国际会议、跨文化商务谈判或与不同文化背景的学生互动的情境任务。这些任务要求学生不仅掌握语言知识，还要了解目标文化的社会习俗、语言礼仪和文化规范，从而在跨文化环境中得体地交流。在任务介绍过程中，教师应强调跨文化交际中的潜在文化差异，帮助学生理解语言与文化不可分割的关系。通过这样的介绍，学生能够清晰地认识到在跨文化交际中，语言不仅是信息传递的工具，更是文化表达的载体。因此，任务的设计必须深度结合语言与文化的双重元素，确保学生在学习过程中能够获得跨文化交际的实际经验。

二是，背景知识激活。任务教学中的背景知识激活环节是帮助学生回忆和调动已有知识的关键步骤。在跨文化交际任务中，这一步尤为重要，因为学生需要对所涉及的不同文化背景有一定的了解，才能在任务中作出合适的反应。教师可以通过问答、讨论、头脑风暴等多种方式激活学生的文化背景知识。例如，在任务开始之前，教师可以引导学生讨论中西方文化的异同，特别是在语言使用、社交礼仪、文化符号等方面的差异。通过这些讨论，学生能够迅速调动自己的文化知识，并与任务情境中的文化内容建立联系。这一过程不仅帮助学生更好地理解任务，还为后续的语言输出和文化互动打下坚实的基础。

背景知识激活的过程不仅限于学生的已有知识，教师还可以通过提供相关材料，进一步扩展学生的文化认知。例如，教师可以展示关于目标文化的短视频、音频或文章，帮助学生加深对任务背景的理解。在这些材料的引导下，学生可以逐步进入任务情境，并在跨文化交际中找到适当的语言和文化策略。

三是，任务准备。在任务准备阶段，教师的任务是为学生提供必要的语言和文化工具，以确保他们能够顺利完成任务。在跨文化交际任务中，任务

准备不仅包括语言准备，还包括文化准备。

在语言方面，教师应根据任务要求，为学生提供与任务相关的语言输入。这些输入可以是特定语境中的常用表达、跨文化交际中常见的语言结构，或是与任务相关的词汇和句型。教师可以通过例句、语言练习、角色扮演等方式，帮助学生熟悉这些语言形式，并为任务执行做充分准备。

在文化准备方面，教师可以通过文化对比、文化案例分析等方式，帮助学生掌握跨文化交际中的文化规范。例如，在准备国际商务谈判的任务时，教师可以讲解不同文化中的商务礼仪、谈判策略等文化要素，帮助学生在任务中作出合适的文化反应。

任务准备阶段是学生将语言与文化知识内化的关键环节。通过充分的准备，学生能够在跨文化情境中自信地运用英语进行交流，并在任务执行过程中展示出较高的语言与文化敏感性。

第二，任务中阶段：任务执行、语言与文化互动、教师监控与指导。任务中阶段是任务教学模式的核心部分。在这一阶段，学生通过实际参与跨文化交际任务，体验语言和文化的双重互动。教师在这一过程中起到引导、监控和适时干预的作用，确保学生能够顺利完成任务，并在互动中提高语言能力与跨文化交际素养。

一是，任务执行。任务执行是学生将所学语言与文化知识付诸实践的过程。在跨文化交际任务中，任务执行往往涉及复杂的语言交流与文化互动。学生在任务执行中不仅要关注语言的使用，还需要注意文化的适应性和交际策略的运用。例如，在模拟跨文化会议的任务中，学生需要在多方交流的情境下进行观点陈述、意见交换和问题解决。在这个过程中，他们需要灵活运用语言，调整语气、措辞及语用策略，以适应不同文化背景的交际对象。同时，学生还需注意非语言交际，如肢体语言、语调等，确保自己的表达符合跨文化交际的规范。任务执行不仅是学生展示语言能力的机会，也是他们在真实情境中锻炼跨文化交际能力的关键环节。通过任务执行，学生能够更加深刻地理解跨文化交际中的复杂性，并在实践中不断提高自己的交际能力。

二是，语言与文化互动。在任务执行过程中，语言与文化互动是任务教学模式的核心要素。学生通过语言的交流与文化的碰撞，不断提升对跨文化交际的理解与掌握。语言与文化互动的一个重要方面是意义协商。在跨文化交际中，由于文化差异，交际双方在交流过程中常常需要通过反复解释、澄清和协商来达成共同理解。这种意义协商的过程不仅有助于学生提高语言能力，还能够增强他们的文化敏感性。此外，语言与文化的互动还体现在学生对文化差异的适应与调整上。在跨文化任务中，学生需要根据对方的文化背景调整自己的语言表达和交际策略。例如，在与不同文化背景的交际对象互动时，学生可能需要改变自己对时间、礼仪或权威的态度，以符合对方文化的交际规范。这种调整过程使学生能够更灵活地应对跨文化交际中的挑战，并在互动中不断提升自己的跨文化交际能力。

三是，教师监控与指导。在任务执行过程中，教师的监控与指导至关重要。教师不仅需要监控学生的语言使用和任务进展，还需在必要时提供适时的反馈与指导。教师可以通过观察学生的语言与文化互动，发现学生在任务执行中的问题与不足。例如，学生可能在一些文化场合中使用了不恰当的语言或忽略了文化差异，导致交际失败。此时，教师可以适时介入，提供建设性的反馈，帮助学生纠正错误并提高跨文化交际的能力。此外，教师还可以根据学生的实际表现，调整任务的难度和内容，确保任务执行的顺利进行。在跨文化交际任务中，由于文化背景的复杂性，任务难度可能会超出学生的能力范围。教师可以通过分阶段引导或提供额外的语言与文化支持，帮助学生逐步完成任务。

第三，任务后阶段：成果展示、反馈与评价、语言与文化反思。任务后阶段是整个跨文化交际思维大学英语任务教学模式的重要收尾部分，它不仅是对学生任务完成情况的展示与评估，也是对学生语言能力与文化意识的深度反思和提升的机会。在这一阶段，学生通过展示任务成果、接受教师和同

学的反馈，并在反思过程中加深对语言与文化的理解，从而进一步提高他们的跨文化交际能力。

一是，成果展示。任务后阶段的首要步骤是成果展示。在跨文化交际任务教学中，成果展示不仅是学生语言能力的呈现，更是文化理解与沟通技巧的体现。教师可以通过多种形式组织成果展示，如演讲、辩论、角色扮演、视频展示等，鼓励学生以多样的方式展示他们在任务中所取得的成果。例如，在模拟国际会议的任务中，学生可以分组进行会议发言，展示他们在任务执行中的语言应用和文化理解。同时，学生还可以通过展示小组讨论结果或任务成果报告，进一步深化他们在跨文化交际任务中的学习体验。在展示过程中，学生不仅是语言的使用者，还是文化的传递者。他们需要通过语言来表达对不同文化的尊重和理解，展示出他们对文化差异的敏感性和跨文化交际中的应对能力。成果展示的过程实际上是学生巩固知识并在实际场景中运用语言与文化技能的机会。

二是，反馈与评价。成果展示后，反馈与评价是不可或缺的环节。基于跨文化交际思维的大学英语任务教学模式的评估体系应是全面且多维的，不仅包含语言能力的评价，还应对学生的文化理解力、跨文化交际策略、团队合作及任务完成情况进行综合评价。反馈的来源可以是教师、同伴评估和学生自评。在教师评估环节，教师应重点关注学生在语言使用的准确性与流利度、文化表达的得体性以及跨文化交际策略的运用情况。通过详细的个性化反馈，教师能够帮助学生认识到自身的优势与不足，为其后续学习提供指导。

同伴评估则可以激发学生的批判性思维与合作意识。通过同伴之间的相互反馈，学生能够从旁观者的角度审视自己的表现，并借鉴他人的优点和长处。这种互动性评价方式不仅有助于提升学生的语言水平，还能促进他们对文化差异的进一步思考。

自我评估是跨文化交际任务中的反思性学习的重要部分。通过引导学生在任务结束后反思他们在任务中的表现，特别是语言与文化的运用情况，学生能够更好地总结自己的学习经验，并为未来的学习设定改进目标。

三是，语言与文化反思。反思是跨文化交际思维教学中的重要环节，通过对语言与文化的深度反思，学生可以不断优化其跨文化交际能力。在任务后阶段，教师应通过引导性问题和讨论，帮助学生进行全面的语言与文化反思。

语言反思的部分集中在学生如何在跨文化交际中有效使用语言进行沟通。在这一环节，学生应反思他们在任务中所用的语言策略是否有效，是否能够清晰表达他们的观点，是否能够应对跨文化交际中的语言障碍与误解。同时，学生还应审视他们的语法准确性、词汇选择以及在不同文化情境中的语言风格调整是否得当。

文化反思则是针对跨文化交际中的文化互动部分进行的深入思考。学生需要回顾他们在任务中是如何应对文化差异的，哪些文化差异引发了沟通中的障碍，他们是如何调整自己的交际方式来适应不同文化背景的交际需求。通过这些反思，学生能够加深对文化差异的敏感性，并为未来的跨文化交际做好更充分的准备。此外，教师还可以通过反思性写作、文化日志等形式帮助学生系统化他们的反思过程。在文化日志中，学生可以详细记录他们在任务中遇到的文化冲突、解决办法及自己的心得体会。这样的写作过程不仅有助于学生理清思路，还可以作为后续学习的参考材料，帮助他们在跨文化交际中不断提高。

（二）基于跨文化交际思维的学英语文化体验教学

1. 文化体验教学的认知

在全球化日益加深的背景下，跨文化交际能力已成为大学生英语学习中的核心技能之一。而文化体验教学作为一种有效的教学方式，能够在真实情境中帮助学生体验和理解不同文化，从而促进他们的跨文化交际能力的发展。

基于跨文化交际思维的大学英语文化体验教学，要求教师在教学过程中，不仅要注重语言的传授，还要通过文化体验活动，激发学生对多元文化的认知与理解。

（1）文化体验教学强调文化与语言的密切关联。语言不仅是沟通工具，更是文化的载体。通过文化体验，学生可以更深入地理解语言背后的文化背景和社会习俗。例如，在学习美国英语时，了解美国的节日、习惯和历史可以帮助学生更准确地掌握语言的运用。在文化体验活动中，学生能够亲身感受不同文化的风貌，从而深化对目标语言的理解。这种文化与语言的交融，使得文化体验教学不仅停留在知识的层面，还能触发学生对语言文化内涵的深层次认知。

（2）文化体验教学能够激发学生的跨文化意识。传统的大学英语教学多以语言结构和语法为中心，忽视了文化的渗透与融合。然而，基于跨文化交际思维的教学模式要求学生在语言学习中理解和尊重文化差异。通过文化体验活动，学生能够在真实的情境中观察和体会不同文化中的价值观、生活方式以及行为规范。例如，模拟跨文化交际场景、参与多元文化讨论或体验不同国家的文化活动等，都能让学生在实践中形成跨文化理解的能力，增强他们的文化敏感性和适应性。

（3）文化体验教学促进批判性思维的培养。在跨文化交际过程中，学生不可避免地会遇到与自己文化不同甚至冲突的文化现象。文化体验教学为学生提供了一个开放的空间，使他们能够在多元文化的碰撞中反思自己固有的文化观念。这不仅有助于培养学生对他者文化的尊重与包容，更能使他们对自身文化进行重新审视与反思。例如，学生在体验西方文化的个体主义价值观时，可能会对比中国传统文化中的集体主义思想，从而形成对两种文化的批判性认知。在这一过程中，学生的批判性思维得以提升，为其未来的跨文化交际奠定了基础。

（4）文化体验教学有助于提升学生的综合素养。通过文化体验活动，学生不仅学习语言，还能接触到文化、历史、地理等各方面的知识。这种多维度的学习方式，培养了学生的跨学科思维，使其在语言学习之外，具备更广泛的文化视野和认知能力。例如，教师可以通过组织国际文化交流会、观摩外国电影、体验文化节日等活动，使学生在实际参与中加深对目标文化的理解。这种多元文化体验的教学模式，有助于培养学生的全球意识和国际视野，提升其作为未来跨文化交际者的综合素养。

（5）文化体验教学能够提升学生的语言应用能力。在真实的文化体验中，学生需要用英语进行沟通和交流，这种语言的真实运用场景极大地激发了学生的语言实践热情。例如，在跨文化交际模拟活动中，学生不仅要运用所学的语言知识，还需要灵活应对交际中的文化差异问题。这种语言与文化的结合，使学生在实践中掌握了更为地道和实用的英语表达方式，提升了语言应用能力。

2. 基于跨文化交际思维的大学英语文化体验教学策略

在全球化背景下，跨文化交际能力成为大学英语教学中的核心内容，而文化体验教学为学生提供了一个直接接触和理解多元文化的机会，极大地促进了跨文化意识与交际能力的发展。通过创设真实的文化情境、布置自主学习任务以及科学引导学生文化体验，大学英语教师可以帮助学生在实践中掌握文化与语言的内在联系，提升其跨文化交际的整体素养。

（1）积极创设英语文化的体验情境。在大学英语教学中，文化与语言的学习密不可分。学生不仅需要掌握语言的语法、词汇和句法结构，还要通过文化体验理解语言背后的文化背景和社会习俗。这种文化知识的习得，尤其是跨文化交际中的文化知识，不仅要求学生掌握表面上的语境含义，还要求他们深入了解文化背后的内在逻辑与价值观。因此，教师在英语教学中，必须通过创设真实的文化体验情境，将语言与文化有机结合，帮助学生在特定语境中体验和理解文化。

在跨文化交际思维下，教师创设的文化情境需要贴近学生的生活经验和文化认知。通过与学生生活息息相关的情境创设，学生更容易在熟悉的场景中进行文化体验，增强他们对目标文化的理解和共鸣。例如，在课堂上，教师可以通过模拟真实的跨文化交际场景，诸如外国节日庆祝活动、商务会议、国际合作项目等，帮助学生在角色扮演中深入体验不同文化的交流方式和文化习俗。此外，教师还可以利用多媒体技术呈现异国文化的影像资料，如纪录片、电影或新闻片段，将抽象的文化知识具象化，增强学生的文化认知。

文化体验的核心在于互动，而这种互动不仅仅局限于教师与学生之间的对话，还包括学生与学生之间的合作互动，以及学生与文化情境之间的直接接触。在跨文化交际教学中，教师应鼓励学生在体验过程中积极互动，通过合作学习和小组讨论等方式，加深他们对文化差异的理解。例如，教师可以设计跨文化交际情境下的小组任务，要求学生在不同文化背景下进行模拟对话，并在任务完成后进行反思与讨论，分享各自对文化差异的认知。这种互动过程能够让学生在对话中逐步形成对文化现象的深刻理解，并通过合作与反馈促进文化体验的深入，提升学生的文化敏感度和跨文化交际能力。

（2）合理布置自主学习的体验任务。跨文化交际教学不仅是课堂内的教学过程，还应延伸至学生的自主学习中。在现代信息技术的辅助下，学生有更多的途径获取丰富的文化资源，从而能够在课外自主探索不同文化，进一步巩固课堂上学到的知识。因此，大学英语教师应通过合理布置自主学习任务，鼓励学生主动参与文化体验活动，提升其自主学习能力和跨文化意识。

在布置文化体验任务时，教师应根据学生的英语水平和学习需求进行个性化设计。任务的形式可以是多样的，例如，教师可以要求学生通过互联网查阅特定国家的文化习俗、观看外国电影或纪录片并撰写观后感，或者让学生参与在线的国际文化交流项目，与外国学生进行文化交流。在布置这些任务时，教师不仅要提供具体的任务要求，还应为学生提供相应的学习资源和指导，帮助他们明确学习目标和方法，确保任务的有效性。此外，自主学习任务的布置还应注重多样化的学习渠道。教师可以利用信息技术平台，如在线学习平台、社交媒体和跨文化交流应用，帮助学生更好地接触和体验目标文化。通过参与这些在线活动，学生不仅可以学到课堂上无法接触到的文化信息，还可以在互动中锻炼他们的语言表达能力和跨文化交际技巧。同时，教师也可以为学生设置一定的反思任务，例如，要求学生记录他们在文化体验过程中的感受和体会，并在课堂上进行分享与讨论。通过这种方式，学生不仅能够将文化体验与语言学习相结合，还能够在反思中加深对跨文化交际的理解和掌握。

（3）科学有效地引导学生文化体验。文化体验教学的成功关键在于教师的科学引导。教师在设计文化体验活动时，必须遵循循序渐进的原则，根据学生的语言水平和文化理解能力，选择适合的教学内容与活动形式。文化体验活动不能一味追求深度或广度，过于复杂的文化现象可能会让学生感到困惑和挫败。因此，教师应遵循维果茨基的“最近发展区”理论，根据学生的认知能力设计合理的文化体验任务，在学生已有的文化知识基础上，逐步引导他们向更高层次的文化理解发展。

具体而言，教师可以首先为学生提供较为简单的文化体验任务，如了解英语国家的日常礼仪、社会习俗等，然后逐步过渡到复杂的跨文化交际情境，如国际商务谈判、跨文化冲突管理等。在这一过程中，教师应发挥引导作用，帮助学生分析和理解不同文化现象背后的深层次原因，促进学生的批判性思维发展。例如，教师可以通过设计问题引导学生思考：“为何不同国家的人在同样的情况下会有不同的行为反应？”“这种文化差异是由哪些历史、社会背景决定的？”通过这些问题的引导，学生不仅可以了解文化表象，还能够进一步理解文化背后的逻辑与价值观。

此外，教师在文化体验教学中应注重学生的个体差异，针对不同学生的文化背景、学习兴趣和语言能力，提供个性化的指导和反馈。对于文化理解能力较强的学生，教师可以设计更具挑战性的任务，鼓励他们进一步探索跨

文化交际中的复杂问题。而对于文化经验较少的学生，教师则可以提供更多的支持与帮助，确保他们在文化体验过程中能够获得积极的学习体验。通过这种因材施教的方式，教师能够更好地帮助学生提升其跨文化交际能力，培养其对多元文化的包容与尊重。

（三）跨文化交际思维与大学英语教学的有效融合

1. 跨文化交际思维与大学英语听力教学融合

（1）大学英语听力教学的重要性。英语听力是语言学习过程中至关重要的环节之一。作为一项基本的语言技能，听力不仅是学习者与他人有效沟通的基础，也是全面提高语言能力的重要途径。

第一，通过听力，学习者能够接收并处理语言信息，从而掌握词汇、语法和语音等语言要素。在交流中，听懂对方的表达是前提，只有在充分理解对方意图的基础上，学习者才能进行有效的回应。因此，听力不仅关乎语言的理解，更是有效沟通的前提条件。

第二，听力训练能够提高学习者对语言的敏感性和反应能力。在语言交际中，听力能力直接影响学习者的交流效率和互动质量。通过不断的听力训练，学习者能够逐渐适应不同口音、语速以及语言风格，这对培养其语言综合运用能力具有重要意义。例如，英语中的俚语、习惯用语和非字面意义的表达常常在日常交流中出现，学习者通过听力练习，可以更好地理解这些语言现象，从而增强其语言适应能力。

第三，听力教学是一个长期的任务，既需要教师的有效指导，也需要学生的持续努力。教师在设计听力教学活动时，应注重教学内容的多样性和实用性，例如，通过不同类型的听力材料，如新闻播报、对话、讲座等，帮助学生提升听力理解能力。同时，教师还应在课堂上营造良好的听力学习环境，鼓励学生积极参与，提出问题和分享个人理解，以促进他们的语言交际能力。

需要注意的是，学习者在进行听力训练时，也需要养成良好的学习习惯和自我调节能力。通过定期进行听力练习，学习者可以逐步提高自己的听力水平。此外，利用现代技术，如手机应用和在线课程，学生可以在课外进行自主听力训练，从而进一步巩固课堂所学。

（2）文化差异对英语听力教学的影响。在大学英语听力教学中，文化差异起着至关重要的作用。语言不仅是符号系统，它也承载着一个民族的文化内涵和思维方式。不同文化背景的学生在进行英语听力训练时，由于中西方文化在语言表达、社交习惯及思维方式上的巨大差异，往往会遇到理解上的障碍和误区。文化差异不仅影响学生对语言的语音、词汇和句法的理解，还深刻影响着他们对语用层面的认知。因此，大学英语听力教学需要特别关注文化差异对听力理解的影响，帮助学生在跨文化背景下准确、深入地理解所听材料，从而提升他们的听力水平和跨文化交际能力。

第一，语言语用失误的影响。

一是，母语迁移的影响。在英语听力教学中，母语迁移是影响学生听力理解的一个重要因素。学生在接触英语的过程中，容易不自觉地将汉语的表达习惯和语用规则迁移到英语中，从而产生负向迁移。由于汉语和英语在语音系统、语法结构以及表达方式上的差异，学生往往难以精准理解英语材料中的语言现象。例如，汉语是一种高语境语言，许多意思依赖于情境和语境，而英语则倾向于低语境表达，许多信息直接通过语言传达。这种差异导致学生在听力过程中，可能会忽略重要的语义信息，影响对整体内容的把握。

此外，汉语和英语在句子结构上也有显著差异。汉语以主谓宾结构为主，并常常省略主语或其他句子成分，而英语的句子结构较为固定，主谓宾成分必须明确表达。学生如果无法意识到这一点，在听力过程中可能会由于对句法结构的不熟悉而产生误解。教师应在听力教学中引导学生注意这些文化与语言上的差异，帮助他们克服母语迁移对听力理解的负面影响。

二是，文化差异对词汇理解的影响。文化差异也直接影响着学生对英语

词汇的理解。在大学英语听力中，许多词汇具有深厚的文化背景和特定的社会文化含义，而这些词汇在汉语中可能没有对应的词语或概念。这种词汇间的文化不对等使得学生在听力过程中容易出现误解。例如，英语中的“privacy”一词在西方文化中指代的是个人空间和隐私的权利，而在中国文化中，传统观念下的“隐私”观念与西方文化并不完全相同，这种文化上的差异可能会导致学生无法准确理解听力材料中的词汇意义，进而影响对整个语篇的理解。

因此，教师在听力教学中不仅需要教授学生词汇的基础意思，还应深入探讨这些词汇背后的文化内涵。通过文化对比和案例分析，帮助学生更好地理解中西方文化在语言表达上的差异，避免从汉语视角学习和解释英语，从而提高词汇理解能力和听力水平。

第二，社交语用失误的影响。

一是，态度的影响。在跨文化交际中，听力不仅是一种语言技能，也涉及文化态度和语用策略的运用。文化态度，尤其是学生对外国文化的态度，直接影响其听力理解的深度和广度。定式和偏见是两种常见的态度因素，它们既可以对听力理解产生正面影响，也可能导致负面效果。

定式是一种基于经验和认知的文化简化，学生在学习过程中常常会依赖这种简化以应对复杂的文化信息。如果学生对某种文化有一定的定式化理解，并且这种定式是科学的、基于实际的，那么它有助于听力理解。例如，学生了解西方国家在表达礼貌时常常使用间接表达方式，这种定式化的认知可以帮助他们更好地理解英语听力中的语用表达。

然而，过度依赖定式或形成文化偏见则可能导致跨文化理解上的困难。偏见是一种负面的态度，可能源于对某种文化的不完整认知或错误判断。例如，学生如果对某种文化有负面刻板印象，他们在听力过程中可能会对与该文化相关的信息产生抵触或误解，从而影响听力理解的效果。因此，听力教学应引导学生树立正确的文化态度，既要认识到定式的合理性，又要警惕文化偏见对跨文化交际的负面影响。

二是，习俗的影响。文化习俗对人们的社交行为有长期的约束力，不同文化背景下的习俗差异也会对跨文化听力理解产生重要影响。在英语听力中，许多语用失误都与对文化习俗的理解不足有关。特别是禁忌文化和礼仪文化在中西方文化中的差异，可能会导致学生在听力理解中出现偏差。例如，在西方文化中，“Thank you”是一种常见的社交表达，表示礼貌和感激之情。而在汉语中，表达感谢的语气往往没有英语中那么频繁和正式。如果学生没有充分了解这种文化习惯的差异，在听力过程中可能会误解英语中的礼貌表达，或忽视一些看似简单但实则重要的社交语言。类似地，西方文化中的一些禁忌话题，学生在听力过程中如果不了解其文化背景，可能会错误理解相关的语境和表达方式。

因此，在大学英语听力教学中，教师应强调对文化习俗的理解，帮助学生识别和应对不同文化背景下的社交语言差异。通过对文化习俗的深度分析，学生可以在跨文化听力中更加准确地解读语篇中的隐含信息，避免语用失误，从而提高听力理解的效果。

（3）跨文化交际思维下的大学英语听力教学注意事项。在跨文化交际思维的引领下，大学英语听力教学的目标不仅是提升学生的听力技巧，更重要的是帮助学生在不同文化背景下准确解读信息，理解文化差异，进而提升他们的跨文化交际能力。为了实现这一目标，大学英语听力教学必须基于跨文化思维，充分考虑到语言与文化之间的互动关系。在这个框架下，以下几个关键因素对于跨文化交际思维下的听力教学至关重要。

第一，语言敏感性与文化差异。在跨文化交际中，语言敏感性是提升英语听力理解能力的核心要素之一。跨文化交际不仅涉及语言的词汇和语法，还包括对文化背景、价值观和思维方式的理解。因此，培养学生的语言敏感性，帮助他们认识到语言背后的文化差异，是英语听力教学的一个重要任务。首先，语言的使用方式在不同文化中有显著差异。例如，英语国家的表达往往更直接，注重个人观点的表达，而中国文化则更注重含蓄和礼貌。在听力

材料中，学生如果不能敏锐地感知到这些表达方式的不同，就可能误解材料中的核心信息。通过引导学生关注语言中隐含的文化信息，教师可以帮助他们提高对语言的敏感性，增强对不同文化背景下的语言使用的理解。其次，文化差异体现在对时间、空间、权力距离等方面的不同态度。例如，英语中常用的表达方式“time is money”反映了西方文化对时间的高效利用，而在东方文化中，时间的流动性往往被赋予不同的价值。在听力教学中，教师可以通过分析这些文化差异，帮助学生更好地理解和适应英语语境下的交流方式，避免因为文化差异而产生的误解。

为了培养学生的语言敏感性，教师可以引入跨文化对比的教学方法，通过实际案例展示中西方文化的不同之处，帮助学生在听力练习中有意识地识别和分析文化差异。这不仅有助于提高他们的听力能力，还能提升他们在跨文化交际中的适应能力。

第二，听力与口语结合。跨文化交际强调语言的互动性，而这一点在听力教学中尤为重要。为了帮助学生更好地理解语言的交流功能，听力教学不应孤立进行，而应与口语教学相结合。通过听与说的结合，学生可以在真实的交流场景中体验到语言的实际使用，进而提升听力理解和口语表达的综合能力。

将听力与口语结合的一个有效方法是开展对话练习。教师可以设计跨文化交流任务，让学生在完成听力任务的同时，通过角色扮演或小组讨论的方式进行口语互动。例如，学生可以听取一段关于不同国家文化礼仪的听力材料，然后根据所听到的信息讨论这些文化差异。这种听说结合的教学方式不仅可以增强学生的听力技巧，还能提高他们的口语流利度和自信心。

此外，互动性的听力教学可以增强学生的学习兴趣和参与感。与传统的被动听力练习不同，听说结合的教学模式让学生在实际交流中掌握语言的使用，激发他们对语言学习的兴趣。通过互动，学生还可以在交流中发现自己听力中的不足，从而有针对性地进行改进。

第三，交际互动观的引入。跨文化交际的核心在于互动，因此在英语听力教学中引入交际互动观显得尤为重要。传统的听力教学往往注重学生对语言输入的接收能力，而忽视了语言在实际交际中的互动作用。通过引入交际互动观，教师可以帮助学生在听力过程中学会如何在实际对话中运用所听到的信息，提升他们的交际能力。具体而言，交际互动观强调语言学习者在真实的语言交际环境中学会如何处理对话的动态变化。这要求学生不仅要能够听懂对方的语言，还要在理解的基础上进行有效的回应。因此，在听力教学中，教师可以设计互动式的听力练习，例如，通过英语对话模拟真实的跨文化交际场景，帮助学生提高他们在对话中的反应能力和互动技巧。这种交际互动观的引入，不仅有助于提升学生的听力理解能力，还能增强他们在实际交际中的应变能力和跨文化沟通技巧。通过不断互动练习，学生可以逐渐适应不同文化背景下的语言使用模式，从而更加自信地参与到跨文化交流中。

第四，多渠道文化背景学习。跨文化交际不仅是语言技能的运用，更是对文化背景知识的理解和掌握。因此，在英语听力教学中，教师应鼓励学生通过多种渠道接触英语文化背景知识，拓宽他们的文化视野，帮助他们更好地理解听力材料中的文化内涵。通过影视作品、书籍、新闻等多种媒体渠道，学生可以接触到丰富的英语文化内容，了解说英语的人的交流方式和文化习惯。例如，观看英文电影可以帮助学生理解英语国家中常见的社交习惯和表达方式，而阅读英文报刊则可以让学生了解不同文化背景下的新闻报道风格。通过这些文化背景知识的学习，学生在听力过程中能够更加轻松地理解材料中的文化含义，减少因为文化差异而产生的听力障碍。此外，多渠道的文化背景学习还可以帮助学生形成对英语文化的整体认知，从而在跨文化交际中更好地适应不同的语言环境。教师可以通过推荐适合学生水平的英文读物、电影或纪录片，鼓励学生在课外进行自主学习。通过这种方式，学生不仅可以提高听力水平，还能在潜移默化中提升他们的跨文化交际能力。

2. 跨文化交际思维与大学英语口语教学融合

英语口语教学的主要目的在于帮助学生敢于开口说英语，敢于使用英语与其他人进行交流和沟通，从而更好地发挥英语的交际工具的作用。在英语口语训练中，涉及两个步骤：一是传递信息；二是接收信息。具体分析而言，英语口语教学的步骤主要为：输入、操作、输出，这是一个循环往复的过程。

（1）文化差异对英语口语教学的影响

第一，词汇文化因素对英语口语教学的影响。词汇是语言交流的基础，它不仅承载着语言本身的意思，还传递着特定文化背景中的价值观、习俗和思维方式。在英语口语教学中，词汇的文化差异对于学生的语言学习和跨文化交际能力的培养起着关键作用。词汇的文化因素不仅包括直接的词义，还包括语境、社会价值、历史背景等多层面内容。忽视这些文化因素，学生可能无法准确理解或表达出与特定文化相关的细微差别，影响他们在实际英语口语中的表现。

一是，英语中存在大量具有文化特定性的习语和成语，它们通常无法直接翻译。例如，习语“break the ice”字面意思是“打破冰”，但实际上指的是打破冷场或尴尬局面。这种词汇虽然在英语国家中广泛使用，但如果学生不了解其文化背景，可能会误解词义，甚至在错误的场合使用。这不仅会影响学生的口语流利度和准确性，还可能妨碍其跨文化交流能力的提升。因此，英语口语教学中，教师必须注重这些习语的文化解释，使学生能够真正掌握这些词汇的使用语境。

二是，不同文化中的价值观差异也会影响词汇的使用。在西方文化中，表达个体意见和自我价值常被视为积极的行为，因此在英语口语中经常使用“assertive”来形容一个人有自信和坚定的态度。然而，在中国文化中，过于自信的言行可能被视为自负或傲慢。因此，学生在学习这些词汇时，必须理解其文化背景，并根据实际的跨文化交际情境调整自己的用词选择。

因此，在英语口语教学中，教师不仅要注重词汇的形式和语法，还要强调词汇背后的文化内涵和使用环境。通过对词汇文化因素的深入剖析，学生可以更好地理解和掌握英语口语的运用，并能够在跨文化交流中准确表达自己的观点。教师可以通过文化对比、案例分析等教学手段，帮助学生增强跨文化意识，提升他们的跨文化交际能力。

第二，思维模式对英语口语教学的影响。思维模式在语言学习中起着至关重要的作用。由于汉语和英语的思维方式存在显著差异，学生在英语口语表达中经常受到母语思维模式的影响，表现为“中式英语”现象，即学生习惯于用汉语的逻辑和表达方式来构建英语句子。这种思维方式的干扰不仅会导致表达错误，还会影响语言的流利度和自然性。

汉语和英语在思维模式上的差异主要表现在语序和逻辑结构上。汉语是一种主张整体性和上下文依赖的语言，习惯于“先概括后细节”的叙述方式，而英语则更强调逻辑性和线性思维，通常采用“先细节后概括”的表达方式。例如，在汉语中表达“我今天去学校的路上遇到一个老朋友”，英语的表达顺序应为“I met an old friend on my way to school today”，而非“Today to school on my way，I met an old friend”，后者则体现了汉语的表达习惯。由于这种语序和思维方式的差异，学生在进行英语口语表达时，常常需要先转换思维模式，这一过程可能减缓他们的反应速度，影响口语表达的流畅性。

另外，英语更偏向直接表达，而汉语常通过间接或含蓄的方式传达意思。例如，在汉语文化中，礼貌通常体现在谦逊的表达中，甚至在表达请求时，汉语常通过模糊语气或间接语句来避免冒犯。而英语则较多使用直接表达，例如，直接请求“Can you help me？”或建议“Let’s go together.”，这种直接表达在汉语思维中可能被视为不够礼貌。因此，学生在用英语进行口语表达时，常常受母语中含蓄表达的影响，难以适应英语中的直接表达方式，导致语言不够自然或显得生硬。

不同的思维模式还影响着学生对文化差异的接受程度。英语思维模式强

调个体独立性和逻辑分析能力，通常会鼓励学生表达个人观点并辩论，而汉语思维模式则更注重集体主义和社会和谐，学生可能更习惯于服从权威或集体的意见。这种思维差异使得一些学生在英语口语表达中缺乏自信，尤其是在涉及个人意见的讨论中，往往由于文化背景中的从众倾向而回避表达个人看法。要解决这一问题，教师在英语口语教学中应鼓励学生大胆表达个人见解，逐步培养他们的独立思考能力。

为了帮助学生克服思维模式对英语口语表达的干扰，教师可以采取多种教学策略。首先，教师可以通过语言对比教学，让学生认识到中英思维模式的差异，并练习在特定情境下的英语表达方式。其次，鼓励学生在口语表达中摆脱汉语思维的束缚，尝试以英语的逻辑和语序进行思考，从而逐渐提高其英语表达的流畅性和准确性。最后，教师还应引导学生在口语表达中适应英语文化的直接性和开放性，帮助他们在跨文化交际中更加自如地使用英语。

（2）跨文化交际思维与大学英语口语教学融合策略

第一，遵循跨文化交际思维下的大学英语口语教学原则。

一是，先听后说原则。在跨文化交际的环境中，听力理解被广泛认为是有效口语表达的基石。先听后说原则强调，学生在参与对话之前，应首先努力理解对方的发言内容。在这个过程中，学生不仅要捕捉到语言的表面意思，还需要敏锐地感知文化背景和语境。这种理解力的提升能够显著增强学生在口语交流中的自信心，并为其后续的表达提供坚实的基础。

为了有效实施这一原则，大学英语教师应当在课堂上创造出一种倾听的文化，鼓励学生在发言之前先倾听他人。教师可以通过设定小组讨论、角色扮演等活动，让学生在真实的交际情境中练习倾听。同时，教师应引导学生进行积极反馈，鼓励他们在理解他人观点的基础上，逐步表达自己的看法。这种互动方式不仅能够增进师生间的信任关系，也为学生的口语表达创造了良好的氛围。此外，教师应当引导学生关注非语言沟通的元素，例如，肢体语言和面部表情，这些都是理解对方言语的重要补充。在跨文化交际中，不同文化背景下的非语言信号可能会有所差异，因此，教师的引导显得尤为重要。通过这种方式，学生在对话中的参与感与理解度将得到增强，从而实现跨文化交流的有效性。

二是，互动原则。互动原则主张通过有效的互动来提升学生的英语口语学习兴趣和热情。在跨文化交际的过程中，口语表达不仅是单向的传递信息，更是一个双向甚至多向的互动过程。因此，教师在课堂设计中，应特别注重营造一个鼓励互动的学习环境，激发学生的主动性与参与感。

大学英语教师可以通过设置有趣的情境或话题，激发学生的讨论热情。通过小组讨论、辩论赛或演讲等形式，鼓励学生积极参与到口语练习中。与此同时，教师还需注重分层次的互动设计，确保每位学生都有机会发言并表达自己的观点。这种多样化的互动方式不仅可以提高学生的口语表达能力，还能让他们在不同的文化视角下，获得更为广泛的理解。另外，在实施互动原则的过程中，教师应充分利用技术手段。例如，利用在线讨论平台、视频会议工具等，可以将跨文化交流的边界拓展至课堂之外，使学生能够与来自不同文化背景的同龄人进行更为广泛的交流。这不仅增强了学生的实际口语运用能力，也拓宽了他们的国际视野，使他们在跨文化环境中更加游刃有余。

需要注意的是，教师应关注互动的反馈机制。在学生参与互动的过程中，及时给予正面的反馈与建议，能够有效提升他们的学习动力与自信心。互动不仅是信息的交换，更是学生在交流中相互学习、共同成长的过程。通过这样的方式，教师能够更好地实现口语教学的目标，使学生在跨文化交际中游刃有余。

三是，循序渐进原则。大学英语口语学习的过程应遵循循序渐进的原则，以确保学生能够在适合的难度层次上逐步提升自己的口语能力。特别是在跨文化交际的背景下，学生的学习需求与能力差异更为明显，因此，教师和学校应合理安排教学目标，避免设置过高或过低的要求，以促进学生的持续进步。

教师应当根据学生的实际英语水平，制定科学合理的教学计划。在课堂

上，可以采取分层次的教学策略，通过循序渐进的方式，逐步提高口语练习的难度。例如，初期可以以简单的日常对话练习为主，随着学生能力的提升，再逐步引入更复杂的主题讨论与情境模拟。这种方式能够有效降低学生在学习过程中的挫败感，帮助他们建立自信，进而促进其口语表达能力的提升。此外，在课程设计中，教师应当融入多样化的学习资源，帮助学生在不同的语境中进行口语练习。可以利用视频、音频材料，甚至邀请外教进行语言实践，通过丰富的学习方式让学生在实际的交际情境中不断提升自己的口语能力。在这一过程中，教师应始终关注学生的学习反馈，及时调整教学策略，以适应学生的学习进度和需求。

四是，科学纠错原则。科学纠错原则强调教师应以包容的态度对待学生的口语错误。尤其在跨文化交际的背景下，语言错误常常源于文化差异、语言结构的不同等多种因素。因此，教师在课堂教学中，避免频繁打断学生的发言，将更多的精力放在针对性地纠正常见错误，以维护学生的自信心和积极性。

在课堂实践中，教师可以采用“反馈而非指责”的方式，关注学生发言中的亮点与不足。例如，在学生进行角色扮演或小组讨论后，教师可以总结出几处值得称赞的表达，并在此基础上提出改进意见。这种方法不仅能够鼓励学生持续参与，还能够让他们意识到口语学习的过程中，错误是正常的，也是提升的必要途径。此外，教师还可以利用小组互评的形式，让学生之间相互纠错。在跨文化交际的环境中，学生来自不同的文化背景，彼此的视角与表达方式各有特点，通过同伴之间的反馈，学生可以更深入地理解口语表达中的文化差异。同时，这种方式也能帮助学生提高跨文化理解能力，培养他们在多元文化环境中灵活应对的能力。

需要注意的是，教师应在课堂上营造出一种积极、开放的氛围，让学生能够勇于表达自己的观点。科学纠错原则不仅关注语言的准确性，更注重学生在交流中的自信心与表达欲望。通过这种方式，教师能够更好地促进学生在跨文化交际中的口语能力提升，使他们在全球化的语境中，能够自信、流利地进行交流。

第二，选择合适的跨文化交际思维下大学英语口语教学方法。

一是，文化植入法。在跨文化交际思维的背景下，文化植入法应遵循适度和精简的原则，以确保文化元素的引入能够有效服务于大学英语口语教学。文化植入应旨在激发学生对目标语言及其文化的兴趣，同时避免过度引入文化内容，以防止学生因文化信息过多而感到迷惑或分散注意力。大学英语口语教学的核心目标是提高学生的语言交流能力，因此，文化的引入应当围绕这一目标进行，而不是单纯地增加文化知识的负担。

文化植入的成功实施依赖于教学设计的精细化。在教学过程中，文化内容应与语言学习紧密结合，通过语言活动展示文化差异与特点，帮助学生更好地理解语言背后的文化语境。这种方式不仅有助于培养学生的跨文化交际能力，还能有效提高其英语口语表达的流利度与准确性。通常而言，跨文化交际思维下大学英语口语教学的文化植入法主要有两种方式，具体见表 2-1。

表 2-1　跨文化交际思维下大学英语口语教学的文化植入法

主要方式	具体内容
直接呈现	文化植入法的直接呈现方式强调通过多媒体手段和视觉展示，将目标文化的核心元素直接传递给学生。例如，教师可以通过使用图片、视频、音频等资源，展示英语国家的日常生活、社会习俗、节日庆典等文化主题。这种方式不仅能够直观地传递文化信息，还能够帮助学生更好地理解文化背后的历史和社会背景。通过多媒体展示文化主题，学生可以更直观地感知目标文化的生活方式和社会规范，这有助于他们在口语交际中对文化细节的把握。例如，在讨论关于美国的节日庆典时，教师可以展示相关的视频，帮助学生直观感受节日的氛围，同时通过对节日习俗的讲解，帮助学生理解相关的文化背景及其与口语表达的关联。此外，教师还可以利用真实的跨文化交际情境，让学生感受到不同文化的表达方式。在这一过程中，学生不仅能了解目标文化的表达方式，还能通过对比中西文化，发现自己文化中的独特性，从而增强跨文化意识和表达能力
间接呈现	间接呈现方式强调通过有趣的活动和互动逐步将文化知识渗透到教学中。与直接呈现相比，间接呈现更加注重在潜移默化中培养学生的文化意识和口语表达能力。教师可以通过角色扮演、文化主题讨论等活动，将文化内容自然地融入语言练习中。例如，教师可以设计模拟跨文化交际的情境，让学生在扮演不同角色时感知不同文化的语言习惯和行为规范。通过这种方式，学生不仅能够练习口语表达，还能在实践中体验文化差异，提高对跨文化交际的敏感度和适应能力。这种教学方式能够有效提升学生的学习兴趣，并增强其在真实交际环境中的语言运用能力。另外，教师还可以通过引导学生讨论中西文化差异，让学生在比较分析中逐步形成跨文化意识。例如，在讨论中国与英语国家的家庭观念时，学生可以通过比较两者在家庭角色、代际关系等方面的差异，进一步理解文化对语言表达的影响，从而在实际口语交流中更加自如地应对文化差异带来的挑战

二是，文化渗透法。跨文化交际思维下大学英语口语教学的文化渗透法具体见表 2-2。

表 2-2 文化交际思维下大学英语口语教学的文化渗透法

主要方法	具体内容
文化对比法	文化对比法是跨文化交际思维下大学英语口语教学中常用的一种方式。通过比较中西文化差异，学生可以更好地理解并克服在跨文化交际中的文化障碍。这种教学方法不仅有助于提升学生的语言能力，还能增强他们的文化敏感度和适应能力。文化对比法的核心在于通过对比中西文化在思维方式、行为习惯、语言表达等方面的差异，帮助学生理解不同文化背后的价值观与社会规范。例如，在讨论“时间观念”时，中国文化与西方文化对时间的理解存在明显差异。通过对比，学生可以更深入地理解这些文化差异对语言表达的影响，从而在实际的跨文化交流中更好地适应不同的文化规范。 在实际教学中，教师可以通过设置文化对比主题，让学生分组讨论并分享自己对中西文化差异的理解。在这一过程中，学生不仅能够提高对跨文化差异的敏感度，还能通过讨论与交流提升自己的英语口语表达能力。文化对比法的应用可以帮助学生在跨文化交际中找到文化与语言之间的平衡点，从而更好地适应多元文化的交流环境
交流学习法	交流学习法是一种通过学生之间的互动与交流，提升其英语口语水平并逐步克服文化障碍的教学方法。在跨文化交际思维下，学生之间的互动不仅能够促进语言技能的提升，还能够帮助学生通过与他人分享经验和观点，逐渐理解并适应不同的文化规范。 教师可以通过设置小组讨论、角色扮演等互动形式，让学生在真实的交际情境中进行语言练习。例如，教师可以设计跨文化交流主题的讨论活动，让学生以小组形式进行讨论并分享各自的观点。通过这种形式，学生可以在交流中学习他人的语言表达方式，并逐步克服在跨文化交际中可能遇到的文化障碍。 此外，交流学习法还能够帮助学生提高跨文化交际的应对能力。通过与来自不同文化背景的同学进行交流，学生可以在语言练习的同时，感受到不同文化的独特性与共通性。这种互动方式不仅有助于提高学生的英语口语表达能力，还能增强他们在跨文化交际中的自信心和适应力
教师引导法	教师在跨文化交际思维下的英语口语教学中扮演着重要的引导角色。教师通过有效的引导与启发，能够帮助学生克服交际中的文化障碍，激发其跨文化交际思维，并提升其口语表达能力。教师的引导不仅体现在语言技巧的传授上，还包括文化背景知识的讲解与文化差异的引导分析。 在课堂上，教师可以通过案例分析、跨文化故事分享等方式，启发学生思考并讨论跨文化交际中的挑战与解决方法。例如，教师可以引导学生分析在不同文化背景下相同情境的不同表达方式，并鼓励学生思考这些差异背后的文化原因。这种方式不仅能够激发学生的跨文化思维，还能够帮助他们在实际交际中更好地适应文化差异。 同时，教师应通过设计多样化的教学活动，鼓励学生积极参与到跨文化交际中。在这一过程中，教师的作用不仅限于知识的传授，还包括为学生提供支持与反馈，帮助他们在实践中逐步提升自己的跨文化交际能力。通过教师的有效引导，学生能够更好地应对跨文化交际中的挑战，并在英语口语表达中表现得更加自如与流利

3. 跨文化交际思维与大学英语阅读教学融合

(1) 文化差异对英语阅读教学的影响

第一，词汇方面的影响。词汇是英语阅读理解的基础，但由于文化背景的差异，词汇的意义在不同文化语境下可能会有所不同。文化差异对词汇理解的影响，不仅体现在词汇量的积累上，更深刻地表现为对词汇文化内涵的掌握与理解。对于非母语学习者而言，词汇学习不仅仅是记忆词义，更是通过词汇理解文化信息的过程。因此，文化差异直接影响着学生对词汇的掌握与运用，而这又进一步决定了他们在英语阅读教学中的表现。

一是，词汇的多义性在不同文化背景下表现得尤为明显。同一个词在不同的文化语境中，可能会衍生出完全不同的含义。例如，“home”在英语文化中不仅仅是指物理意义上的“房屋”，更是情感上温暖和归属感的象征，而在其他文化中，可能会有截然不同的理解。如果学生不了解这些文化差异，他们在阅读中可能只会停留在词汇的表面意义上，从而影响对文章整体内容的理解。

二是，一些具有文化特定性的词汇，如历史、地理、宗教等相关词汇，也往往让学生感到困惑。这些词汇不仅承载着语言的信息，更包含了大量的文化背景知识。如果学生对这些文化背景缺乏了解，词汇的理解将受到严重限制，从而影响其阅读效果。例如，英语中有许多与基督教文化相关的词汇和表达，如“angel”（天使）或“baptism”（洗礼），这些词汇在基督教文化中有着深厚的宗教内涵，而在中国学生的学习语境中，这些词汇可能并不具备相同的文化基础。

为应对这种文化差异对词汇理解的挑战，教师应当在教学中有意识地强调词汇的文化内涵。通过引导学生理解词汇在不同文化背景中的具体含义，教师可以帮助学生增强文化意识，进而提高他们的词汇掌握能力。例如，教师可以通过文化背景知识的介绍、词汇使用场景的分析等方式，帮助学生将

词汇学习与文化理解相结合，从而提高他们在阅读过程中的整体理解能力。因此，文化差异对英语阅读教学中词汇理解的影响是多层次的。教师在教学中需要有意识地帮助学生扩展词汇量的同时，强调文化语境对词汇意义的影响。这种文化意识的培养将有助于学生更好地掌握词汇，进而提高其英语阅读理解的能力。

第二，习语方面的影响。习语作为语言文化的重要组成部分，在英语阅读中占据了重要地位。英语习语通常反映了特定的历史、文化背景，承载着丰富的文化意义。然而，正是由于这种文化背景的差异，非英语母语学生在阅读英语习语时常常感到困难，甚至对整个文章的理解产生误解。因此，理解习语背后的文化意义对于把握英语阅读中的语义至关重要。

习语通常是语言精华的表现形式，其含义往往难以从字面上理解。例如，英语中常用的习语“break the ice”，其字面意思是“打破冰块”，但实际意义则是“打破沉默，活跃气氛”。如果学生仅依赖字面理解而忽略了习语的文化内涵，他们可能会对文章内容产生误解。同样，习语“hit the sack”（去睡觉）或“spill the beans”（泄露秘密）等，如果学生缺乏对这些表达方式的文化背景理解，他们的阅读体验将受到极大限制。此外，习语还反映了英语文化中的思维方式和价值观。例如，“the early bird catches the worm”（早起的鸟儿有虫吃）表达了西方文化中对勤劳、主动的推崇，而这一表达在其他文化中可能没有直接的对应习语。如果学生能够理解这些习语背后的文化含义，他们不仅能够更准确地理解文章的内容，还能通过阅读习语逐步加深对英语文化的理解。

为此，教师在英语阅读教学中应有意识地教授常用习语，并帮助学生积累和掌握这些习语的使用方法。通过解释习语的背景知识，教师可以帮助学生理解这些表达方式的深层次含义。例如，在教学过程中，教师可以引入经典的英语文学作品，帮助学生通过阅读原著积累习语的使用经验。同时，通过设计针对习语的专项练习，如匹配习语与其意思、创作短文等活动，教师可以帮助学生在实际的语境中熟练运用习语。通过这种系统化的习语教学，学生不仅能够提高对习语的理解与运用能力，还能在文化层面上对英语语言产生更深的共鸣。这对于他们的阅读能力提升具有重要的意义，因为习语在英语文章中出现的频率较高，只有掌握了习语背后的文化含义，学生才能更全面、准确地理解文章内容。

第三，语篇方面的影响。英汉两种语言在语篇结构和表达方式上存在显著差异，这种差异也同样反映在英语阅读教学中。语篇结构的差异不仅是语言形式上的不同，更是思维方式和文化背景的体现。在英语阅读中，学生常常需要面对与汉语语篇截然不同的篇章结构和表达习惯，因此，理解和适应这些差异是提高英语阅读能力的关键之一。

在英语语篇中，通常采用“直线型”的表达方式，即在文章的开头部分直接明确观点或主旨，接着通过段落展开论述，最后总结或重申观点。这种直接明了的结构有助于读者快速把握文章的中心思想。而与此相对，汉语语篇更倾向于“归纳式”结构，常常在文章的结尾部分才给出结论或观点。这样的结构差异对于习惯于汉语思维的学生来说，在英语阅读时可能会造成理解上的障碍。例如，在阅读英语议论文时，学生如果习惯于寻找文章结尾处的观点，可能会忽略文章开头部分所表达的核心论点，从而错失理解文章主旨的机会。因此，教师在英语阅读教学中，需要有意识地引导学生理解这些语篇结构的差异，并帮助他们适应英语阅读的逻辑和思维方式。

为帮助学生更好地理解英语语篇的结构，教师可以通过以下几种方式进行教学设计。首先，教师可以引导学生分析文章的结构框架，帮助他们识别英语文章中常见的论点、论据与结论的位置。例如，在阅读过程中，教师可以要求学生总结每个段落的主旨句，并将其与文章的中心思想进行对照。通过这种方法，学生可以逐步培养出适应英语语篇结构的阅读习惯。其次，教师还可以通过对比分析的方式，让学生了解中西方语篇结构的差异。通过比较中西方不同的表达方式，学生能够更清晰地认识到不同文化背景下语篇组

织的规律与特点。例如，在比较汉语与英语的议论文结构时，教师可以让学生分别总结两种语言的论述模式，帮助他们意识到英语语篇中的逻辑线条和汉语语篇中的归纳式表达的不同，从而提高其对语篇的适应能力。

（2）跨文化交际思维与大学英语阅读教学融合策略

第一，立足语篇和语境。在大学英语阅读教学中，语篇和语境的分析是培养学生跨文化交际思维的关键策略之一。阅读理解不仅是对单个词语和句子的解码，更是一种通过语言结构和文化语境的共同作用，进行深层次意义建构的过程。跨文化交际思维要求学生在解读英语文本时，不仅要关注语言本身，还要理解文本背后的文化和社会背景。这种融合策略为学生提供了一个全局性视角，帮助他们克服因文化差异而产生的阅读障碍。

一是，语篇的逻辑结构和表达方式在不同文化背景下差异显著。例如，英语语篇倾向于采用直线型思维，即在开头明确中心思想，并通过段落逐步展开论证。这与汉语的“归纳式”表达方式形成了鲜明对比，后者通常在文章末尾总结观点。对于习惯汉语表达的学生而言，适应英语的这种直线型表达方式可能存在一定困难。因此，教师应在教学中有意识地引导学生关注英语语篇的逻辑结构，帮助他们理解段落之间的逻辑关系，逐步建立跨文化交际思维。

二是，语境在英语阅读中的作用同样不容忽视。跨文化交际思维要求学生能够理解文本在特定语境中的含义，这包括语言的社会、文化、历史等多重因素。例如，阅读一篇关于英国历史的文章时，学生如果不了解相关的文化背景，就很难准确理解文中的细节。因此，教师在教学中需要通过引导学生理解文章的语境，帮助他们在阅读过程中更好地把握作者的意图和文化信息，这不仅能提高学生的阅读理解能力，也有助于他们逐渐建立起对不同文化的敏感性和适应性。

三是，为了帮助学生更好地立足语篇和语境，教师可以采用多种教学手段。例如，教师可以通过语篇结构分析的方式，让学生识别英语文章中的逻辑线索和结构特点，从而增强他们的全局意识。此外，教师还可以通过讨论文化背景知识，帮助学生了解文本背后的文化语境，进而在阅读中更加自如地理解和解释文本内容。

第二，灵活应用阅读策略。在跨文化交际思维的指导下，大学英语阅读教学不仅应关注语言和文化的结合，还应重视阅读策略的灵活应用。通过培养学生对不同阅读策略的掌握和运用，教师可以帮助学生更高效地处理复杂的英语文本，提升他们的阅读理解能力。

一是，预测策略。预测策略是一种通过分析文章的标题、关键词等线索，推测文章内容的阅读方法。在跨文化交际背景下，预测策略的运用不仅能帮助学生快速进入阅读状态，还能提高他们的逻辑推理能力和文化敏感性。例如，阅读一篇关于美国感恩节的文章时，学生可以通过标题和关键词如“Thanksgiving”“turkey”等，预测文章内容可能涉及的节日习俗和文化背景。这种预测过程可以帮助学生提前建立对文章结构和内容的初步认识，从而在阅读过程中更有针对性地进行理解和分析。

二是，略读与跳读策略。略读和跳读策略是快速获取文章主要信息的重要方法。在英语阅读中，学生常常需要处理较长的文本，而文化背景的差异又可能增加理解的难度。因此，教师应教会学生如何运用略读和跳读策略，抓住文章的关键信息。略读是指通过快速通读文章的段首、段尾以及关键词，获取文章的大意；跳读则是根据阅读目标，跳过不必要的信息，集中注意力在与主题相关的部分。

上述策略对于跨文化交际中的阅读教学尤为重要。英语文本中往往包含大量的文化信息，而学生不一定需要全面理解所有细节。通过略读和跳读，学生可以有选择地关注与文章主旨相关的部分，避免被不必要的细节所干扰，提升阅读效率和理解能力。例如，在阅读一篇介绍英国王室的文章时，学生可以通过略读抓住文章的主题思想，跳过与主题无关的细节描述，从而更好地理解文章的核心内容。

三是，寻找主题句策略。在英语语篇中，主题句通常位于段首或段尾，明确地表达该段落的核心观点，这与汉语语篇的隐晦表达方式不同，英语的主题句直白而清晰。因此，教师应指导学生学会识别主题句，并通过主题句来理解文章的整体结构和主旨思想。在跨文化交际思维的框架下，这种策略能够帮助学生快速抓住文章的要点，避免因文化差异造成的理解困难。

四是，推理判断策略。推理判断策略是结合上下文线索进行推测和分析的重要方法，特别适用于阅读中存在文化差异的情境。在跨文化阅读中，学生可能会遇到很多不熟悉的文化现象或背景信息，这时他们可以通过上下文进行直接或间接的推理，帮助他们挖掘文章的深层含义。例如，阅读一篇关于美国选举制度的文章时，学生可能对一些政治术语不熟悉，但可以通过上下文推理出这些术语的基本含义。这种推理过程不仅能提高学生的阅读理解能力，还能增强他们应对跨文化交际挑战的能力。

通过灵活运用这些阅读策略，学生可以更高效地处理英语文本中的文化信息和语言结构，提升其跨文化阅读能力。教师在教学中应注重这些策略的培养和应用，帮助学生在面对不同文化背景的阅读材料时，能够灵活应对、准确理解。

第三，融入背景知识。背景知识是跨文化交际思维在大学英语阅读教学中的重要一环。在英语阅读中，文本所涉及的背景知识不仅包括语言本身，还涉及社会、历史、文化等多方面的信息。跨文化阅读中的文化障碍往往源于学生对这些背景知识的不了解。因此，教师应有意识地将背景知识融入阅读教学中，帮助学生在文化层面上更加深入地理解英语文本。

一是，背景知识可以帮助学生更好地理解文章的文化内涵。例如，阅读一篇关于英国工业革命的文章，如果学生缺乏对英国历史的基本了解，他们可能难以理解文章中提到的许多历史事件和社会现象。因此，教师在教学中可以通过介绍与文章相关的历史背景，帮助学生建立起对文章内容的初步认识。这种背景知识的融入可以显著提高学生的阅读理解能力，并增强他们对不同文化的敏感性。

二是，背景知识的融入还可以帮助学生提高对文本细节的把握。例如，阅读一篇关于美国节日的文章时，学生如果不了解美国的节日传统，可能会对文章中的一些细节感到困惑。教师可以通过介绍与节日相关的文化背景，帮助学生理解文章中的细节描写，从而更好地把握文章的整体结构和意义。

三是，为了有效地将背景知识融入阅读教学，教师可以采用以下方式：①教师可以在阅读教学前引入与文章相关的文化背景知识。②教师可以设计与背景知识相关的练习，帮助学生将所学知识与阅读内容相结合。例如，教师可以要求学生在阅读后总结文章中的文化背景信息，并将其与自己已有的文化知识进行对比和分析。通过这种背景知识的融入，学生不仅能够更深入地理解英语文本，还能在阅读过程中逐渐培养起跨文化交际的能力。这种能力不仅对他们的英语学习至关重要，也为他们在未来的跨文化交际中奠定了坚实的基础。

4. 跨文化交际思维与大学英语写作教学融合

（1）文化差异对大学英语写作教学的影响

第一，思维与价值观差异。中西方思维方式和价值观的差异对学生的英语写作有着深远的影响。在西方文化中，写作强调逻辑严密性和观点的清晰表达。英语写作中的句子结构、段落组织和全文布局都遵循着严格的逻辑原则，而这些逻辑原则通常与中国学生的思维习惯存在差异。例如，西方的写作强调以论点为中心，清晰地陈述、展开和支持论点，而中国的传统写作则可能更注重意境和情感的表达。由于这些思维差异，许多学生在英语写作中难以适应西方文化中的逻辑结构。例如，他们常常在一篇文章中没有清晰的主旨或缺乏明确的观点陈述，导致文章的逻辑性和连贯性较差。为了帮助学生克服这些困难，教师应着重培养学生的逻辑思维能力，教会他们如何通过结构化的思维模式进行写作。

第二，赘言和“汉化”现象。在英语写作中，许多中国学生常常受到母语思维的影响，产生赘言和“汉化”现象，这些现象的出现源自汉语和英语在表达方式上的差异。汉语写作往往习惯通过重复表达来加强论证，而英语则更倾向于简洁、明了的表达方式。这种表达差异导致一些学生在英语写作中使用冗长、重复的句子，缺乏简练性，从而影响了文章的流畅度。例如，学生在英语写作中可能会不自觉地重复相同的观点，或者在句子中使用不必要的从句或修饰语，导致文章过于冗长。这样的写作风格不仅违背了英语的表达习惯，还可能让读者难以抓住文章的重点。教师在教学中应帮助学生意识到这种赘言和“汉化”现象，培养他们简洁、精准的表达习惯。

（2）跨文化交际思维与大学英语写作教学融合策略

第一，注重遵循基础原则。英语写作的基础能力是写作水平提升的关键，尤其在跨文化交际思维的教学背景下，基础问题如拼写、时态、词汇运用等是学生必须克服的挑战。写作基础问题不仅限于语言层面，还包括对语境和文化背景的准确把握，避免模板化和机械化的写作方式。跨文化写作教学需要引导学生关注语言的细微差别以及文化背景下语义的不同解释。

教师在实际教学中应通过具体的写作训练，帮助学生强化这些基础能力。例如，设计专门针对语法、词汇的纠错练习，或通过写作中的语言情境教学让学生感知时态、语态的正确使用。教师还可以通过例子引导学生体会文化背景对写作的影响，例如讨论某一具体语境下的用词选择与文化联结。通过这样的练习，学生能够更好地理解语言与文化的细致差异，避免在跨文化写作中出现不必要的基础错误。此外，教师应特别强调避免模板化的写作，这种方法往往忽视文化背景和语境中的语言灵活性。跨文化交际中，学生需要根据不同情境和文化背景进行写作，而模板化写作常常缺乏这种灵活性，容易导致表达僵硬。因此，教师应鼓励学生在写作中通过语言和文化的双重维度进行表达，培养其多元化的写作思维。

第二，培养英语思维模式。英语思维模式与中文思维存在显著差异，而跨文化交际中的写作任务要求学生能够在不同文化背景中切换思维模式。这意味着学生不仅要掌握英语语言规则，还需要理解英语文化中的思维方式，特别是篇章的组织和表达逻辑。西方写作更注重逻辑性、直接性和清晰性，而中文写作则倾向于迂回和间接表达。因此，培养学生的英语思维能力成为提高写作水平的重要途径。

在具体教学中，大学英语教师可以通过对比中西方写作范式，帮助学生理解不同文化背景下的写作思维。例如，教师可以设计中西文化的写作分析任务，让学生分析和比较英语与汉语篇章的结构差异。这样的对比活动能够帮助学生更好地适应英语写作中的思维模式，并在写作中自然运用这些技巧。

同时，教师还应通过具体的写作训练，逐步培养学生的逻辑推理能力和段落组织技巧。可以让学生从简单的句子构建开始，逐步过渡到段落和篇章的写作。通过这样的系统训练，学生不仅能够掌握英语的表达方式，还能够内化西方文化中的思维习惯，使其写作更加符合跨文化交际的要求。

第三，开设文化选修课。为了进一步增强学生的跨文化写作意识，学校应考虑开设与“语言与文化”相关的选修课程，这些课程可以为学生提供更广泛的文化背景知识，帮助他们更深入地理解英语写作中涉及的文化因素。通过这些课程，学生可以学习到不同文化背景下的语言习惯、思维方式以及社会交往规范，从而提升其跨文化写作的意识和能力。

选修课的设计应注重多样性和实用性。例如，可以通过文化专题讲座、跨文化案例分析、电影或文学作品的讨论等多种形式来引导学生思考文化对语言和写作的影响。这样的课程不仅可以丰富学生的文化知识，还可以帮助他们从不同文化的视角出发，理解英语写作中的文化维度。

通过文化选修课的学习，学生不仅可以掌握更多的写作素材，还能提高其在写作中的文化敏感度。这种跨文化的写作训练能够使学生更加从容地应对不同文化背景下的写作任务，提高其跨文化交际的整体能力。

第四，强化写作基本功训练。写作基本功是任何写作能力提升的基础，

尤其在跨文化写作教学中，词汇、语篇和句法的训练尤为重要。跨文化交际中，学生需要掌握多样的表达方式，以应对不同的文化情境。因此，教师在教学中应重点加强词汇、句法及语篇结构方面的训练，帮助学生掌握复杂的句子构成和语言运用能力。例如，大学英语教师可以通过词汇训练帮助学生积累丰富的词汇量，并在写作过程中灵活运用这些词汇。句法训练则应注重语法的准确性和多样性，使学生能够写出结构复杂、逻辑严密的句子。语篇训练则应强调段落与段落之间的过渡与衔接，帮助学生在写作中形成清晰的逻辑结构。

通过系统的写作基本功训练，学生能够在写作中更加自如地运用语言，避免因语言基本功不足而影响文章的表达效果。这种基础训练不仅有助于提升学生的语言能力，还能增强他们的跨文化交际能力，使其能够更加有效地进行跨文化写作。

第五，增加英语阅读量。英语写作水平的提高离不开大量的阅读积累。通过阅读，学生可以接触到丰富的文化背景知识，积累写作素材，并提升其情感表达能力。尤其在跨文化写作教学中，阅读不仅能够扩展学生的知识面，还能帮助他们理解不同文化背景下的语言表达方式和思维习惯。

大学英语教师可以通过推荐经典的英语文学作品、新闻报道或学术文章，帮助学生增加英语阅读量。这些材料不仅能够帮助学生扩展词汇量，还能提升其对英语语言和文化的理解。此外，通过阅读不同题材和体裁的文章，学生能够积累写作素材，并在写作中灵活运用这些素材，丰富其写作内容。

增加阅读量不仅能够提高学生的写作水平，还能帮助他们在跨文化交际中更好地理解他人的文化背景，增强其跨文化沟通能力。因此，教师在写作教学中应注重通过阅读积累提升学生的写作能力，使其在写作中能够更加得心应手。

第六，规范跨文化写作格式。不同文化背景下的写作格式要求往往存在差异，这在跨文化交际中尤为明显。例如，英语写作中的信件格式、学术论文的引用规范等都与其他文化存在显著区别。因此，教师在跨文化写作教学中应特别强调这些格式要求，帮助学生避免因文化差异而导致的格式错误。

教师可以通过具体的写作示例和格式训练，让学生掌握不同文化背景下的写作格式规范。例如，在教学生如何撰写学术论文时，教师应详细讲解英语学术写作中的格式要求，尤其是引用格式、段落结构和语法规则。通过这样的训练，学生能够在写作中遵循相应的文化规范，避免因格式问题影响文章的整体质量。规范的写作格式不仅能够提高学生的写作水平，还能够增强其在跨文化交际中的专业性和准确性。因此，教师在教学中应注重写作格式的规范性训练，帮助学生在跨文化写作中做到逻辑严密、表达清晰、格式准确。

5. 跨文化交际思维与大学英语翻译教学融合

跨文化交际思维与大学英语翻译教学的融合策略旨在通过培养学生的文化语言能力、灵活运用翻译策略和优化教学环境，提升学生在多元文化背景下的翻译能力与交际能力。随着全球化进程的加快，翻译不仅是语言的转换，更是文化的桥梁。因此，在翻译教学中，教师需重视文化差异、思维模式以及生活经验的影响，帮助学生在实际翻译过程中实现对文化内涵的深刻理解与有效传达。通过构建一个丰富的学习环境，结合第一课堂与第二课堂的实践活动，学生将更有效地掌握跨文化交际技能，从而在未来的职场中自信地应对各种文化挑战。跨文化交际思维与大学英语翻译教学融合需要注意以下方面。

（1）文化语言能力的培养。在当今全球化的背景下，跨文化交际能力的培养已成为大学英语翻译教学的重要目标。文化语言能力不仅关乎语言的掌握，更涉及对文化内涵的深刻理解。因此，课程设计应侧重于扩大学生的文化视野，增加文化课程，如英美文学、历史背景等，以提升他们的文化意识和翻译能力。教师应在课堂上强调文化差异，通过案例分析和实际应用激发学生的学习兴趣，使他们能够在翻译中自觉融入文化元素。

通过文化的学习，学生可以认识到语言背后的文化背景和社会习俗。例如，在翻译特定的习语或俚语时，学生需理解其文化根源，以便找到合适的译文。教师应引导学生通过讨论、互动及实践，培养他们的文化敏感性，使他们能够在翻译过程中自如地运用所学知识，促进文化间的有效交流。此外，利用多媒体和互联网资源，教师可以为学生提供丰富的跨文化素材，帮助他们在真实的文化情境中提升翻译能力。

（2）文化翻译策略能力。翻译过程中，文化翻译策略能力的运用至关重要。首先，译者在面临文本时，应灵活选择归化与异化策略，以确保准确传达原意。归化策略强调使译文更易于读者理解，而异化策略则注重保留原文的文化特色。具体而言，学生应根据不同文本的特点和受众的文化背景，选择适当的策略，以实现翻译的有效性。例如，在翻译广告语时，往往需要采取归化策略，以迎合当地消费者的认知习惯，而在翻译文学作品时，则更应采用异化策略，以保留作品的文化魅力和情感深度。其次，文化间性策略的运用也是提升翻译质量的关键。译者需接纳多元文化，以灵活的翻译方式实现“信、达、雅”的目标。此策略要求译者不仅关注语言本身，更需深入理解文本所蕴含的文化内涵，通过准确的翻译传达原文的思想和情感。例如，在翻译涉及特定文化符号的文本时，译者可以采用注释或解释的方法，使读者理解其深层含义，从而增强译文的文化连贯性。最后，文化对应策略同样不可忽视。通过在中西文化中寻找相似之处，译者可以利用文化对应策略增强读者的共鸣感。这种方法可以使翻译更具亲和力，帮助读者在理解过程中形成共鸣。例如，一些成语在中西文化中可能具有相似的意涵，译者可以直接使用这些成语，使译文更具文化认同感。

（3）融合发展的优化举措。首先，在跨文化交际思维与大学英语翻译教学的融合过程中，教师需要帮助学生理解中西方文化在思维方式上的差异。这种理解不仅促进学生在翻译时兼顾文化背景，也提升了他们的跨文化交际能力。例如，中国文化强调集体主义，而西方文化则更倾向于个人主义。教师可以通过讨论这些思维模式的差异，引导学生在翻译时关注文化背景的影响，确保译文的准确性与适切性。其次，重视生活环境与经验也是优化翻译教学的重要策略。在不同文化背景下，语言使用和生活经验可能存在显著差异。教师应鼓励学生在具体情境中进行实践，如组织跨文化交流活动，使他们能够在真实的文化情境中提升文化认知能力。这种实践不仅能增强学生的翻译能力，更能提高他们的跨文化交际能力，使他们在未来的职场中游刃有余。最后，合理安排第二课堂活动是提升学生翻译能力的有效途径。教师可以结合第一课堂与第二课堂，创造良好的文化学习环境，通过组织文化沙龙、翻译比赛等活动，激励学生积极参与。此外，邀请外籍教师或学者进行专题讲座，可以让学生直接接触多元文化，增强他们的跨文化交际能力，从而在翻译教学中形成良好的互动与实践。

第四节　大学英语自主学习思维与应用能力培养

在大学英语教学从传统到网络多媒体的转型过程中，教学改革的理想目标是充分发挥学生在教学过程中的主体作用，激发学生主动学习的积极性，培养学生大学英语自主学习的思维和应用能力，这也是衡量大学英语教学改革成功与否的重要标志[①]。

一、大学英语自主学习思维与应用能力培养的内涵

（一）大学英语自主学习的思维能力培养内涵

大学英语自主学习思维能力主要包括认知能力、元认知能力、学习过程以及目标设定与监控等方面。

① 李静. 大学英语自主学习思维和应用能力培养的研究与实践［J］. 科教文汇（下旬刊），2018（30）：172.

第一，认知能力。认知能力是学习者获取知识和解决问题的基础，涵盖听、说、读、写等多种语言技能。有效的认知能力使学习者能够灵活地运用语言进行交流、理解文本和表达思想，从而在不同的语境中自如应对。因此，教师应设计多样化的教学活动，以促进学生在各个方面技能的均衡发展。

第二，元认知能力。元认知能力是指学习者对自身认知过程的调节与反思能力，它强调学生对自身学习活动的认识，促使他们在学习中进行自我监控和评估。通过培养元认知能力，学生能够更清楚地了解自己的学习策略和效果，从而在学习过程中进行有效的调整与改进。这种自我反思的能力对于自主学习至关重要，因为它帮助学生识别哪些方法有效、哪些需要改进，进而提高学习的自主性与有效性。

第三，学习过程。学习过程本质上并不是一个被动接受知识的过程，而是一个积极主动的体验。学习者应当通过实践、交流和反思，主动促进对自身学习活动的理解。在这一过程中，学生通过积极参与各种学习活动，不断探索与发现，从而增强对学习内容的掌握和运用能力。

第四，目标设定与监控。目标设定与监控是自主学习的重要环节。学生在理解知识特点与自身需求的基础上，能够制定符合个人情况的学习目标。同时，他们还应具备监控学习进展的能力，以识别学习中的困难并寻求解决方法。通过这种方式，学生不仅成为学习的主导者，还能有效管理自己的学习过程，实现自主学习的真正价值。这种能力的培养对于学生的终身学习和未来的学术发展均具有深远的意义。因此，大学英语教学应致力于全面提升学生的认知能力和元认知能力，以促进他们在学习过程中主动参与、深度思考与有效反馈，最终实现自主学习能力的提升。

（二）大学英语自主学习的应用能力培养内涵

大学英语自主学习应用能力的培养内涵主要体现在学习者的学生属性与社会属性两个方面。

第一，学习者的学生属性强调对英语综合应用能力、跨文化交际能力、跨文化思辨能力和自主学习能力的培养。这些能力的提升不仅要求学习者掌握英语语言本身，还应能在多元文化环境中灵活运用语言进行有效交流。为了实现这一目标，教师必须结合外语教学理论，采用多样化的教学模式，如任务型教学、项目式学习及合作学习等，促使学生在真实语境中实践所学知识。例如，任务型教学不仅可以增强学生的语言应用能力，还能培养他们的团队合作意识和解决问题的能力。通过参与具体的项目，学生能够在协作中学习，深化对文化差异的理解，并提高跨文化交际能力。

第二，学习者的社会属性则强调终身自主学习能力的培养。在当今快速变化的社会中，终身学习已成为个人发展的必要条件。学生需具备制定学习计划的能力，以明确学习目标并合理安排学习时间。有效的学习计划不仅可以帮助学生高效利用学习资源，还能增强他们的自我管理能力。在此基础上，学生还需学会有效地利用各种学习资源，包括在线课程、学术期刊、语言学习软件等，以丰富其学习体验和提升学习效果。同时，自我学习监控与评估同样是自主学习能力的重要组成部分。学习者需要在学习过程中不断反思自己的学习策略与进展，识别存在的困难，并针对性地调整学习方法。通过定期的自我评估，学生能够更清楚地认识到自己的优缺点，从而有针对性地改进学习策略。这种自我监控不仅提高了学生的学习效率，也为他们的学习成果提供了反馈机制，促进了其持续进步。此外，学习者还应系统性地进行尝试和纠错，将错误视为学习过程中的重要反馈。教师在课堂中应鼓励学生勇于表达，即便可能存在语言错误。在这一过程中，错误被视为学习的机会，学生可以通过分析错误的原因，深入理解语言规则和使用场景。这种积极的错误观念有助于学生克服对犯错的恐惧，增强其自主学习的信心和能力。

二、大学英语自主学习思维与应用能力培养的路径

（一）教学理念的转变

在现代教育背景下，有效培养大学英语自主学习的思维与应用能力，首

要任务是转变教学理念。传统的教师主导式教学模式往往过于强调教师的权威，忽视了学生作为学习主体的积极性与主动性。为了真正激发学生的学习动机，教师应当倡导以学生为中心的教学理念，将学习的主动权交还给学生。这种理念的转变意味着教师的角色从知识的传授者转变为学习的引导者。通过引导式教学，教师不仅需要为学生提供必要的知识和技能支持，还需创造一个鼓励探索与合作的学习环境。

在这一过程中，教师可以通过多种教学方法来激发学生的学习兴趣。例如，使用探究式学习和合作学习的策略，鼓励学生在小组讨论中提出问题、分享观点和解决问题。这样的学习方式不仅能增强学生的参与感，还能培养他们的批判性思维和创造性思维能力。此外，教师应引导学生认识自主学习的重要性，帮助他们意识到自主学习能够提升其语言能力、促进个人发展。这一教学理念的转变不仅提升了学生的学习动机，还促使他们在学习过程中更加积极地思考和实践。研究表明，主动参与学习的学生在学术表现和语言应用能力上往往优于被动学习的学生。因此，通过引导学生主动参与到学习过程中，教师能够培养出更强的自主学习能力，从而促进学生的全面发展。

（二）多样化的学习资源

丰富的学习资源是培养自主学习能力的重要保障，高校应致力于提供多样化的学习材料，以满足不同学生的英语学习需求和兴趣。这些资源包括电子书、在线课程、教学视频和语言学习软件等。多样化的学习资源不仅能够扩展学生的知识面，还能增强他们的自主学习意识。通过选择和利用不同的学习材料，学生能够根据自己的学习风格和进度调整学习策略，提升学习效果。

此外，教师应鼓励学生充分利用互联网这一强大工具，查找相关资料、参加在线讨论、观看教学视频等。通过这种方式，学生不仅能够获取最新的学术信息，还能接触到不同的观点与文化背景，从而增强其跨文化交际能力。

多样化的学习资源为学生提供了广阔的学习空间，使他们能够在真实语境中实践所学知识，提高语言应用能力。

高校还应建立一个资源共享平台，鼓励师生之间的信息交流与学习资源的分享。通过这样的平台，学生可以互相推荐优质的学习资源，形成良好的学习氛围。此外，教师可以根据学生的反馈不断优化学习资源的选择与配置，确保所提供的学习材料能够满足学生的需求，从而有效支持其自主学习的进程。

（三）构建自我监控与反思机制

培养学生的自我监控能力是提高自主学习效果的关键。在教学过程中，教师应引导学生学会制定学习计划、设定学习目标，并定期进行自我评估和反思。通过建立自我监控机制，学生可以更清晰地了解自己的学习进展和存在的问题，从而主动调整学习策略。这种反思不仅能够帮助他们识别并解决学习过程中的困难，还能提升他们的元认知能力，使他们在学习中更加自主和灵活。具体而言，学生可以通过撰写学习日志的方式记录每日的学习内容、遇到的困难及解决方案。这种方式不仅有助于他们总结学习经验，还能够增强他们对学习过程的认识。此外，教师可以定期组织学习成果展示活动，让学生在分享学习经验的过程中互相学习和激励，从而促进反思和进步。

此外，教师还应教授学生有效的自我监控策略，例如，如何评估自己的学习目标是否合理、学习策略是否有效等。通过这样的指导，学生能够在学习过程中不断调整自己的学习方法，提高学习效率。研究表明，具备较强自我监控能力的学生往往在学业上表现更为优异。因此，通过构建自我监控与反思机制，大学英语教学能够有效促进学生的自主学习思维与应用能力的提升。

第三章 大学英语教学设计的优化途径

第一节　大学英语教学体系的设计优化

一、大学英语教学模式的设计优化

（一）基于微课的大学英语教学模式设计

1. 大学英语微课教学模式的认知

在当今教育领域，教育现代化的需求已成为教育工作者的重点研究方向。实现教育现代化、提高教学效率以及促进可持续发展是各级教师亟需关注的课题。随着信息技术的迅速发展，教育形式与方法正在经历前所未有的变革，尤其是在教学实践中，微课的应用愈发受到重视。

微课被定义为利用信息技术与网络技术发展的一种新型教学方法，其主要特征在于专注于特定知识点或技能，并具备清晰的教学目标和短时的授课时长。微课的设计旨在提高学习的针对性和有效性，使其能够迅速传达核心概念和技能，符合现代学生的学习习惯与需求。随着学习者自主性和主动性的增强，微课为学生提供了灵活的学习方式，使其在时间与空间上不再受限。

这种教学模式在大学英语教学中尤为显著，能够有效应对学生的多样化需求。

在大学英语教学中，微课的应用能够针对学生的具体情况和教学目标设置有效内容，满足不同层次的学习需求。通过精心设计的微课，教师可以根据学生的英语水平、学习风格和学习兴趣，提供个性化的学习资源。这种个性化的学习体验不仅促进学生的学习参与感与主导性，还鼓励他们主动探索与掌握新知识。此外，微课能够通过短小精悍的教学视频，帮助学生快速消化重点和难点内容，进而提升学习效果。

微课的教学资源由主要部分和次要部分构成：主要部分通常是课堂教学视频，旨在突出教学的重点和难点，便于学生在有限的时间内获取最关键的信息。辅助部分则包括教学设计、测试练习及学生反馈等，提供必要的教学支持，确保学生能够在学习过程中得到全面的指导与反馈。这样的资源组合使得微课不仅具有高度的针对性，还能在教学实践中形成系统的支持体系。

微课的实施还涉及资源整合与创新，相较于传统教学资源，微课整合了多样化的教学资源，展现出更强的创新性和灵活性，能够有效促进课堂与网络信息的融合。这种融合不仅拓宽了教学资源的渠道，也为教师提供了丰富的教学灵感，使其能够创造出更具吸引力的课堂环境。通过合理利用现代信息技术，教师可以将微课与其他教学手段相结合，形成丰富的多媒体教学体验。

（1）大学英语微课教学模式的特点

第一，主题突出、内容具体。大学英语微课教学模式的一个显著特点是其主题的突出性与内容的具体性。每个微课课程均聚焦于单一主题，围绕教育教学的实际需求进行设计。这种单一主题的聚焦，确保了教学内容的真实性与具体性，使得学习者能够在短时间内掌握特定的知识点。例如，在英语学习中，微课可能专注于语法规则、词汇用法或特定的听说技能。这种针对性的设计使得学生能够更有效地理解和吸收相关知识，从而提高学习效率。

在教学实践中，微课的内容通常基于具体的教学难点和学习策略，通过

简明扼要的讲解与实例分析，帮助学生直观理解复杂概念。教师在设计微课时，应确保内容的准确性与适用性，以满足不同层次学生的学习需求。这种以学生为中心的设计理念，不仅提升了课堂的互动性和参与度，也为学生创造了一个更具针对性和实用性的学习环境。通过这种方法，微课能够有效增强学生的学习兴趣，促使他们在自主学习中更为积极主动。

第二，基层研究、趣味创作。微课的开发门槛相对较低，任何对教育教学有兴趣的个人都可以参与其中，这一特点使得微课的内容能够涵盖广泛的主题，并反映出参与者的独特见解与创造力。教师和学生可以共同创作微课内容，确保其熟悉度与趣味性，从而更好地贴合教学目标与实际内容。这种参与式的创作模式不仅丰富了教学资源，也为课堂教学注入了新的活力。

在微课的开发过程中，教师需要关注内容的趣味性与实用性。通过引入生动的案例、趣味性的实验或互动性的问题，教师能够有效激发学生的学习热情。同时，这种趣味化的内容设计有助于学生在轻松的氛围中掌握知识，从而提高学习效果。此外，微课的制作还可以鼓励教师创新教学方式，结合现代技术手段，如动画、视频剪辑和互动问答等，增强课堂的吸引力与互动性。

第三，资源容量较小。微课视频的资源容量通常较小，通常仅有十几兆，这使得其在网络上传播与分享变得更加便捷。这一特点使得教师和学生能够随时随地在线观摩微课，进行课后反思与学习。由于微课视频的体积小，便于下载与在线播放，教师和学生可以在碎片化的时间段内进行学习，有效利用零散的学习时间。此外，小容量的微课资源还有助于大学英语教师快速反馈和调整教学策略。在微课观看后，教师可以及时收集学生的反馈，了解他们对教学内容的理解和掌握情况。这种反馈机制不仅促进了教师与学生之间的互动，也为教师提供了调整教学内容和方法的依据，从而进一步提升教学质量和效果。

第四，教学内容较少。与传统课堂教学相比，微课的教学内容更加精简，重点强调特定的知识点，这种简单明确的内容设置，使得微课能够在较短的时间内突出主题，快速满足教师和学生的需求。微课的设计理念是通过对教学内容的提炼，确保学生在有限的时间内获取必要的知识信息，这种强调特定知识点的方式，尤其适用于大学英语教学中复杂的语法规则、词汇用法及口语表达等领域。通过聚焦于单一主题，学生能够更好地掌握每个知识点，形成扎实的语言基础。教师在设计微课时，应考虑到学生的学习节奏与认知特点，确保内容既不冗余，也不简略，以便于学生能够全面理解所学知识。

第五，教学时间较短。微课的时间通常为 5～8 分钟，符合学生的认知特点，适合在短时间内集中注意力进行学习。这一时间长度的设计，使得学生能够在有限的时间内获得必要的信息，适应现代快节奏的学习生活。短时间的教学安排也有助于学生在学习过程中保持较高的注意力，提高学习效果。

通过将课堂内容浓缩到短视频中，微课能够有效避免传统课堂教学中因时间过长而导致的注意力分散问题。教师在设计微课时，应考虑如何在短时间内将复杂的知识点简单化、易懂化，以提升学习效果。研究表明，短时间的高强度学习能够有效促进信息的记忆和理解，这一特点恰好与微课的设计理念相契合。

第六，教学方式不“碎片化”。尽管微课课程时间较短，主题单一，但其面向特定的教师和学生群体，传递的知识系统全面，避免了碎片化学习带来的困扰。微课通过对特定主题的深入讲解，使得学生能够系统地掌握相关知识，而不是简单地接受零散的信息。教师在设计微课时，应关注如何将知识点有机结合，形成一个系统性的知识框架，以便学生在学习过程中能够建立起清晰的知识结构。此外，微课也可以通过系列化的设计，将多个微课程进行串联，形成一个完整的知识体系。这样的系列化微课能够帮助学生在学习过程中建立起更为系统的知识联系，避免了知识的孤立性和碎片化。这种系统性学习不仅提高了学生的学习效率，也增强了他们的综合应用能力。

第七，反馈及时、针对性强。微课的剪辑时间较短，便于参与者及时获取反馈。在微课结束后，教师和学生可以迅速进行总结与讨论，听取彼此的

评价和建议。这样的及时反馈机制，不仅增强了教学互动，还为教学内容的改进提供了重要依据。教师可以根据学生的反馈，调整教学策略，优化微课内容，以更好地满足学生的学习需求。及时的反馈机制还有助于学生在学习过程中进行自我反思与调整，这种反馈的及时性和针对性，为学生的学习提供了良好的支持，有助于他们在自主学习的过程中不断进步。

（2）大学英语微课教学模式类型划分

第一，依据教学环节，微课可以划分为五个主要类型：课前复习、新课导入、知识理解、巩固练习和拓展小结。课前复习微课主要用于帮助学生回顾已学内容，为新知识的学习做好铺垫；新课导入微课则通过引入新的概念和主题，激发学生的学习兴趣和动机。知识理解微课专注于对具体知识点的深入讲解，确保学生能够准确掌握相关内容。而巩固练习微课则通过各种练习题和任务，帮助学生巩固所学知识，提升其应用能力；拓展小结微课则旨在总结学习成果，鼓励学生进行深入思考，促进知识的迁移与应用。

第二，微课还可以根据教学方法进行分类，这包括探究学习、合作学习、讲授、讨论、问答、自主学习、启发、演示、练习、实验和表演等多种形式。这种分类不仅反映了教学方法的多样性，也体现了教师在教学过程中可以采取的灵活策略。探究学习强调学生的主动参与与自主探索，合作学习则促使学生在互动中相互帮助、共同成长。讲授与讨论相结合的模式能够兼顾知识传授与学生思维的启发，而自主学习则强调学生根据个人需求进行知识的探索和应用。这些多样的教学方法为微课的设计提供了丰富的选择，使其能够更好地满足不同学习者的需求。

（3）大学英语微课教学模式的评价标准。在评估大学英语微课教学模式的有效性时，必须建立一套系统的评价标准，以确保课程能够有效地支持学生的学习与发展。以下关键点为评价标准提供了重要依据。

第一，微课程的聚焦性。课程内容应针对学生在自主学习中遇到的关键问题，如重点知识、难点和易错点，而不是那些易于自学的内容。这种聚焦策略能够确保学生在学习过程中解决实际问题，增强他们的学习动机和参与感。因此，教师在设计微课时，需深入分析学生的学习需求，明确哪些内容值得在微课中深入探讨，从而提高微课程的针对性和有效性。

第二，微课程的简要性。为保持学生的注意力，微课程的时长应控制在10分钟以内。这一时间限制不仅可以避免信息过载，还能帮助教师在有限的时间内精准总结知识点，突显重点和难点。教师应注重信息的筛选与提炼，确保每一个环节都有助于学生理解并吸收课程内容，从而提高学习的效率。

第三，内容呈现的清晰性。学习内容应通过文字、图片和视频等多种形式进行清晰而系统的呈现，以确保学生能够完整理解所学知识。这种多模态的教学方式不仅能够增强学生的学习体验，也有助于满足不同学习风格的学生需求。教师应合理运用各种教学媒介，确保信息的传递既直观又易于理解，提升学生的学习效果。

第四，合理的技术使用。技术手段的引入应旨在提高学习效率，而非导致学生注意力的分散。教师在设计微课时需谨慎选择合适的技术工具，避免对技术的过度依赖或滥用，从而确保课堂教学的流畅性和有效性。合理的技术使用能够增强互动性，使学生在学习中更加主动参与。

第五，微课程的创新性。课程设计应从多个角度考虑创新因素，以激发学生的学习兴趣，促进对内容的有效理解。这包括引入新颖的教学方法、采用互动式学习活动或运用有趣的案例分析等。创新不仅能够吸引学生的注意力，还能促使他们积极思考，深入探讨课程内容。

（4）大学英语微课教学模式的常用策略。在当今教育环境中，大学英语微课教学模式的实施越来越受到重视。微课作为一种新兴的教学手段，具有灵活性、便捷性和高效性，其教学策略的有效运用能够显著提升学生的学习效果。以下将探讨大学英语微课教学模式的常用策略，以促进教师更好地设计和实施微课程。

第一，创新教学设计。教师需树立正确的微课教学观念，明确教学目标，

充分利用微课的优势，以达到最佳的教学效果。这要求教师不仅要了解微课的基本理念，还要深入挖掘其潜力，运用计算机技术整合丰富的信息资源，传递知识。在设计微课时，教师应明确每个微课所要达成的具体学习目标，以便为学生提供清晰的学习方向。同时，教师还应考虑如何通过精心设计的活动和互动环节，激励学生的参与感和主动性，提升其学习动机。

第二，灵活运用多媒体。教师需要深入研究所使用的教材，识别出重点与难点，并将复杂的知识点进行有效分解。通过制作符合学生需求的微课，教师可以利用多种多媒体元素，如视频、音频、图片和动画，帮助学生在多元化的学习环境中理解和掌握知识。这种多媒体的灵活运用，不仅能够丰富课堂内容，也能使抽象的概念变得更加直观和易于理解，促进学生的深层次学习。此外，教师还应注重选择适宜的多媒体工具，确保其使用能够增强学习效果，而非造成信息的干扰。

第三，创设教学情景。教师可以利用微课激发学生的兴趣，通过声音、图片和影像创建真实的教学情境，从而实现“学中做”“做中学”的目标。情境创设不仅可以使学习内容更加生动有趣，还能让学生在真实的语言环境中进行实践，从而加深他们对知识的理解和应用能力。通过情境化的学习，学生能够更好地将所学知识与实际生活相结合，增强学习的相关性和实用性。

第四，提高教师能力。微课不仅仅是制作简单的视频，它更是资源整合与知识传递的过程。教师需展示专业素养，制作具有深度的教学内容，以促进学生的理解与实践。这要求教师在教学过程中不断提升自身的专业能力与教学技巧，积极参与相关培训与学习，掌握新兴的教育技术，以便更好地适应快速变化的教学环境。

（5）大学英语微课教学模式的注意事项。在大学英语微课教学模式的设计与实施过程中，有若干重要注意事项需要教师予以关注，以确保微课的有效性与学术性。

第一，自我介绍的环节至关重要。教师应在微课开头简要介绍自己的背景与教学理念，以建立与学生的信任关系。这不仅有助于增强学生的参与感，也使他们对教师的专业性产生信心。

第二，微课应以学生为中心，教师在设计课程内容时应充分考虑学生的理解能力和学习需求。这意味着教师需要根据学生的认知水平选择适宜的知识呈现方式，避免使用过于复杂的术语或内容，以确保学生能够顺利吸收所学知识。

第三，明确的评价方法也是微课设计中的一个关键因素。教师需要在课程开始时阐明学习目标和评价标准，以帮助学生了解他们需要达到的具体要求。这种清晰度有助于学生在学习过程中进行自我评估，从而有效跟进学习进度。

第四，微课的时间控制同样重要。每个微课应聚焦于一个单一的知识点，时长最好控制在 10 分钟以内。这种设计能够避免信息的过载，使学生更容易集中注意力，深入理解所学内容。

第五，在教学过程中，逐步讲解的策略尤为关键。教师应避免跳过重要的教学步骤，对于复杂的内容，可以适时提供提示，以帮助学生循序渐进地掌握新知识。

第六，活动空间的设置也是不可忽视的方面。教师应在微课中设置适当的暂停或提示，留出时间供学生进行不同形式的学习活动，促进他们的主动思考与参与。

第七，确保概念的清晰性是另一个重要的注意事项。教师需要通过多种方式确保学生对重要概念及其应用场合有准确的理解。这可以通过举例、类比或图示等方式来实现。

第八，增强师生之间的互动也是微课教学中不可或缺的环节。教师应鼓励学生提出问题，并合理安排互动环节，以提高课堂的活跃度和思维的深度。

第九，在信息呈现方面，补充说明的使用显得尤为重要。通过简洁的字幕来补充难以表达的内容，可以有效降低学生的认知负担，使他们更好地跟

上课程进度。

第十，课程结束时进行总结不仅是对所学内容的回顾，更是帮助学生梳理知识重点的重要环节。教师应有效引导学生回顾学习内容，并强调关键信息，以加深记忆。

第十一，借鉴其他领域的设计经验、关注细节处理及微课的技术实施，都会对课程的质量产生重大影响。避免不必要的技术失误，如鼠标晃动和背景噪声，确保录制环境的安静与专业，是提高微课程效率的重要保障。

2. 基于微课的大学英语教学模式设计优化

（1）精心设计微课教学内容。在现代教育背景下，微课作为一种灵活有效的教学形式，为大学英语教学提供了新的可能性。为了最大化其教学效果，教师必须精心设计微课的教学内容，以确保课程不仅具备知识传递的功能，更能够激发学生的学习兴趣和主动性。

第一，知识点选取。在微课设计的初期，教师需明确选择相关的知识点，包括语法、词汇及听说读写技能。此步骤至关重要，因为所选知识点应符合学生的英语水平与个人目标，并具备挑战性与实用性。

一是，知识点的选择应充分考虑学生的实际英语水平。教师可以通过前期的需求分析、测试和调查，了解学生的知识基础与学习需求，以此为依据确定合适的教学内容。例如，对于初学者而言，教师可以选择基础的语法结构和常用词汇作为微课内容，而对于进阶学生，则可引入更复杂的语法规则和专业词汇。这样的针对性设计能够确保课程内容既不至于过于简单而导致学生失去兴趣，也不会过于复杂而使学生感到挫败。

二是，选择的知识点须具备实用性和挑战性。教师应关注学生在实际交流中常遇到的问题，并根据这些问题设计相应的教学内容。例如，在教授商务英语时，教师可以选择与职场沟通、会议表达等相关的知识点，使学生在掌握语言技能的同时，能够在未来的职场中有效运用。此外，选择具有一定挑战性的知识点能够促使学生积极思考，从而增强其学习的主动性与参与感。

三是，教师在知识点的选取上还应考虑到课程的整体结构与连贯性。微课内容应具有逻辑性，确保每个知识点之间能够有效衔接，形成一个完整的知识体系。例如，教师在教授过去时的用法时，可以先讲解一般过去时的结构与使用场景，然后引入相关的词汇与短语，最后通过实际例句加以巩固。这种循序渐进的方式不仅有助于学生的理解与记忆，也能够为后续的学习打下良好的基础。

第二，学习目标明确。设定清晰的学习目标是优化微课教学内容的另一关键要素。明确的学习目标不仅能够让学生了解将获得的知识和技能，还能激发他们的学习动力，增加参与感。

一是，学习目标应具体且可测量。教师可以采用“SMART”原则（Specific，Measurable，Achievable，Relevant，Time-bound）来制定学习目标。具体而言，教师应避免模糊的表述，而应将目标细化为明确的可操作性指标。例如，教师可以将学习目标设定为“学生在微课结束后能够正确使用五个常见的过去时动词”，而不是简单地表述为“学习过去时”。这种具体的目标设定，能够帮助学生清楚地了解课程的期望，并激励他们努力达成。

二是，学习目标应与学生的个人需求和兴趣相结合。在设定目标时，教师应考虑学生的职业规划和未来发展。例如，对于希望从事国际贸易的学生，教师可以设定与商务沟通相关的目标，以增强学生的学习动力。同时，教师还可以通过调查学生的兴趣点，结合这些兴趣设计学习目标，使学生在学习过程中感受到目标的相关性和重要性。

三是，明确的学习目标还能够促进教师与学生之间的沟通。教师在课堂上应定期回顾学习目标，并在教学过程中不断反馈学生的学习进展。通过这样的方式，教师能够帮助学生认识到自己的进步与不足，从而激励他们继续努力。此外，教师还应鼓励学生根据自身的学习情况，调整和制定新的学习目标，以便更好地适应自身的发展需求。

第三，互动元素引入。在微课教学中，引入互动元素是丰富学习体验、巩固知识以及培养学生批判性思维和问题解决能力的重要策略。通过有效的互动，学生不仅能够在知识的学习中积极参与，还能够提升自身的社交能力与沟通技巧。

一是，教师可以通过设置问题交流环节，促进学生之间的互动。在微课中，教师可以设计开放性问题，鼓励学生思考并分享个人观点。这种问题交流不仅能够激发学生的思维，还能够促使他们从不同的视角理解知识。例如，在教授与文化相关的内容时，教师可以询问学生对某一文化习俗的看法，并鼓励他们分享自己的经历与理解。这种互动的形式，有助于提高学生的参与度，使他们在讨论中获得更深的理解。

二是，练习和讨论也是重要的互动形式。教师可以在微课中设置小组练习，让学生以小组为单位进行讨论与交流。这不仅能够增强学生的团队合作能力，还能够提高他们的表达能力。例如，在教授口语表达技巧时，教师可以安排学生进行角色扮演，模拟真实的交际场景，帮助学生在实践中运用所学知识。这样的互动练习，不仅能够巩固学生对知识的掌握，也能增强他们的自信心。

三是，教师还应重视学生的反馈。通过收集学生在学习过程中的意见与建议，教师能够及时调整教学策略，以更好地满足学生的需求。在微课结束后，教师可以安排学生进行简短的反馈讨论，让他们分享在学习过程中的感受与收获。这种反馈机制，不仅能够促进教师的教学改进，也能够增强学生的自我反思能力，帮助他们更好地理解自己的学习状况。

第四，多媒体应用。在微课设计中，充分利用多媒体元素是提升教学效果的有效方式。通过图像、音频、视频等多种媒体形式，教师能够使微课内容生动有趣，提升学生的理解和实际应用能力，从而激发他们的学习兴趣。

一是，图像和图表的使用可以帮助学生更直观地理解抽象的概念。在微课中，教师可以结合相关的图像、图表或示意图，帮助学生更好地掌握知识。

例如，在教授语法结构时，教师可以通过图示化的方式展示句子的组成部分，帮助学生直观地理解各个成分之间的关系。这种视觉化的呈现方式，有助于学生加深对知识的理解，提高他们的记忆效果。

二是，音频和视频材料的引入能够增强学生的听力和口语能力。在微课中，教师可以播放与教学内容相关的音频或视频材料，帮助学生在真实语境中练习听力理解与口语表达。例如，在教授日常对话时，教师可以播放一段真实的对话录音，让学生听取并进行分析。这种听说结合的方式，不仅能提高学生的听力技能，还能增强他们在实际交际中的应对能力。此外，教师还应考虑到多媒体元素对不同学习风格的适应性。每个学生的学习方式与偏好各不相同，因此，在微课设计中，教师应综合运用多种媒体元素，以满足不同学生的学习需求。例如，对于喜欢视觉学习的学生，教师可以通过生动的图像和视频吸引他们的注意；而对于更倾向于听觉学习的学生，教师则可以通过音频材料帮助他们进行学习。这种多元化的教学方式，能够提高学生的参与度和学习效果。

（2）合理选择英语学习平台

第一，在线学习平台。在线学习平台是支持微课教学的重要基础设施，旨在为学生提供一个集中、便捷的学习环境。通过设立专门的在线平台，教师能够更好地组织微课内容，确保学生能够方便地访问学习资源，并参与互动。

一是，在线学习平台应具备良好的用户体验，确保学生能够轻松导航和使用。平台设计需简洁明了，分类合理，便于学生迅速找到所需的微课内容、互动教材和讨论区。例如，平台可以设置清晰的栏目，如“课程资料”“学习资源”“讨论区”等，使学生在不同的学习环节中能够迅速定位相关内容。此外，平台的界面应兼容各种设备，确保学生在使用手机、平板或电脑时均能获得良好的学习体验。

二是，在线学习平台应提供互动功能，以增强学生的学习参与感。教师

可以在平台上设置讨论区，鼓励学生在观看微课后发表自己的看法，分享学习心得。这种互动不仅能够加深学生对所学内容的理解，还能促进同学之间的交流与合作。同时，教师可以通过在线平台实时监控学生的学习进度，及时给予反馈与指导，从而帮助学生在学习中不断调整与改善。

三是，在线学习平台还应支持丰富的多媒体功能，以提升学习效果。教师可以通过平台上传视频、音频、图像等多种媒体资料，使微课内容更加生动、有趣。例如，教师在讲解某个语法点时，可以通过视频示范其应用场景，同时附上相关练习题，鼓励学生进行实践。这种多媒体的结合，能够有效提高学生的学习兴趣和理解能力。

第二，移动学习应用。移动学习应用的兴起，为大学英语教学提供了更为灵活的学习方式。利用智能手机和平板电脑，学生可以随时随地进行学习，从而提升学习的弹性和可访问性。

一是，移动学习应用应具备便捷的操作界面，以适应学生的日常使用习惯。通过设计直观的应用界面，学生能够轻松找到所需的学习内容，快速进入学习状态。教师可以在移动应用中集成微课视频、练习题和学习社区，使学生在任何时间和地点都能进行有效学习。这种随时随地的学习方式，有助于学生利用碎片化的时间进行知识的积累与巩固。

二是，移动学习应用可以利用推送通知功能，及时向学生传递重要信息与学习提示。这种实时的沟通机制能够有效激励学生进行学习。例如，教师可以通过应用向学生推送即将到来的作业截止日期、重要学习资料更新等信息，帮助学生合理安排学习时间。此外，教师还可以定期通过应用组织在线测试或互动问答，以增强学生的学习参与感和竞争意识。

三是，移动学习应用应注重社交功能的设计，鼓励学生在学习过程中相互交流与合作。通过建立学习小组，学生可以在应用中分享学习资源、讨论问题并互相帮助。这种合作学习的方式，不仅能够提升学生的英语技能，也能够增强他们的团队合作能力。在这种社交互动中，学生能够更好地体验到学习的乐趣，提高学习的积极性。

第三，社交媒体平台。社交媒体平台的普及，为大学英语教学提供了全新的交流与合作空间。通过利用社交媒体，如微信和微博等，教师能够有效建立学习社群，促进学生之间的交流与协作。

一是，社交媒体平台能够为学生提供一个非正式的学习环境，使他们在轻松愉快的氛围中进行学习。教师可以在社交媒体上创建学习群组，发布与微课相关的资料、讨论话题及学习任务，鼓励学生积极参与。在这种互动中，学生不仅能够分享自己的学习经验，还能获取他人的见解，从而丰富自己的知识结构。

二是，社交媒体平台的互动性极强，能够激发学生的学习兴趣。通过设定有趣的学习挑战或活动，教师可以吸引学生的关注并鼓励他们参与。例如，教师可以组织在线英语角，鼓励学生用英语讨论他们的兴趣爱好、时事热点等话题。在这种自由交流的环境中，学生能够自信地表达自己的观点，提升语言表达能力。

三是，社交媒体平台还能够成为学习资源分享的重要渠道。教师可以鼓励学生在社交媒体上分享他们发现的学习资源、文章或有趣的英语视频，促进资源的共享与交流。这种集体智慧的积累，能够为学生提供更加丰富的学习材料，激发他们的学习热情，进而提升他们的英语技能。

（二）基于翻转课堂的大学英语教学模式设计

1. 大学英语翻转课堂教学模式的认知

（1）大学英语翻转课堂教学的要素。在当今教育领域，翻转课堂作为一种创新的教学模式，逐渐成为大学英语教学的重要趋势。该模式强调学生在课前通过自主学习获取知识，在课堂上通过互动与实践加深理解与应用。这一过程的成功实施依赖于多个要素，包括学习环境、学习分析、学习活动和

学习资源。

第一，学习环境。翻转课堂的学习环境是其有效运作的基础，主要依赖于网络学习平台和学生学习终端。这一环境的设计不仅要支持个性化学习资源的推送，还要提供在线测试与师生互动的功能，以确保学生能够在自主学习的过程中获得及时的反馈与指导。

一是，网络学习平台的建设至关重要。平台应具备用户友好的界面，确保学生能够方便地获取学习资源、参与在线讨论和完成课前作业。教师可以在平台上上传课程相关的微课视频、电子教材及其他辅助材料，以支持学生在课前进行自主学习。例如，使用如 Moodle、Edmodo 等在线学习管理系统，可以帮助教师组织课程内容，并为学生提供一个集中学习的空间。此外，平台应支持个性化学习功能，学生可以根据自己的兴趣与需求选择适合的学习内容，进而提升学习的主动性与参与感。

二是，学习终端的多样性也是翻转课堂学习环境的重要组成部分。现代学生普遍拥有智能手机、平板电脑等移动设备，这些设备使得他们能够在任何时间、任何地点进行学习。教师应考虑利用这些终端的便利性，通过开发移动学习应用或优化现有平台，使学生能够随时随地访问学习资源。例如，设计一款专门的学习应用，允许学生在课间、上下课的时间或自习时段进行学习，进而提升学习的灵活性与效率。

三是，师生之间的互动是翻转课堂学习环境的重要组成部分。在传统的课堂教学中，师生互动往往局限于课堂内，而翻转课堂则打破了这一界限。通过在线讨论、实时问答等方式，教师能够与学生保持密切的联系，及时回答学生在学习过程中遇到的问题。这种即时的互动不仅能够增强学生的学习动力，也能够促进师生之间的良好关系，为后续的课堂活动奠定基础。

第二，学习分析。学习分析通过对学生课前学习数据的解读，帮助教师调整教学内容，识别学习问题，进而促进有效学习。学习分析技术的运用能够为教师提供有价值的信息，使其能够做出更加科学的教学决策。

一是，学习分析技术可以通过数据挖掘与分析，提供学生在课前学习过程中的表现指标。教师可以监测学生在学习平台上的活动数据，如视频观看时长、在线测试成绩及讨论参与度等。这些数据能够反映出学生对学习内容的掌握情况以及学习的积极性。例如，如果学生在观看微课视频时的停留时间较短，可能意味着他们对该内容的兴趣不高或理解存在困难。教师可以据此调整相关内容，或通过不同的呈现方式重新激发学生的学习兴趣。

二是，学习分析能够帮助教师识别学习问题，及时提供针对性的支持。在翻转课堂中，学生在课前进行自主学习，但他们的自主学习能力差异可能导致学习效果的不同。通过分析学生的学习数据，教师能够识别出那些在某一知识点上表现较弱的学生，进而针对性地提供帮助。例如，教师可以为这些学生设计额外的辅导课程，或者通过个性化的学习资源推送，帮助他们弥补知识的短板。

三是，学习分析可以为课堂活动的设计提供依据。教师在分析了学生的学习数据后，可以针对学生的需求与兴趣，设计更加合理的课堂活动。这种数据驱动的教学决策，能够提升课堂活动的针对性与有效性，使学生在课堂上更好地参与讨论与实践，从而深化对知识的理解。

第三，学习活动。学习活动是翻转课堂的核心，设计良好的活动能够有效利用课堂时间，增强互动与深度学习。在翻转课堂模式中，课堂不仅是知识传递的场所，更是学生相互交流、合作学习的重要空间。

一是，小组讨论。通过将学生分成小组，让他们围绕特定主题进行讨论，不仅能够提升学生的语言表达能力，还能培养他们的批判性思维。在讨论过程中，学生需要相互倾听、辩论，甚至解决彼此的疑问，这种互动能够加深他们对学习内容的理解。例如，在教授某一文学作品时，教师可以要求学生分组讨论该作品中的主题和人物，进而在课堂上进行分享与总结。这样的讨论不仅提高了学生的参与感，也促使他们在实践中应用所学的语言技能。

二是，探究实验是另一种有效的学习活动形式。在翻转课堂中，教师可

以通过设计探究性任务，让学生在课堂上进行实践操作。例如，在教授语言习得相关的理论时，教师可以让学生通过小组实验，观察语言使用的不同情况，进而总结出规律。这种实践性活动，不仅使学生能够在真实的语言环境中运用所学知识，还能够提高他们的学习动机与兴趣。

三是，课堂活动的设计还应注重多样性。不同的学生具有不同的学习风格，教师可以通过引入多种形式的活动（如角色扮演、案例分析等），满足学生的个性化需求。在课堂上，教师可以安排学生进行角色扮演，模拟真实的沟通场景，使他们能够在实际运用中巩固语言技能。这种丰富多样的活动形式，能够增强学生的学习体验，使他们在互动中实现深度学习。

第四，学习资源。丰富的学习资源是翻转课堂成功的关键要素之一，它支持学生在课前进行自主学习，提升他们的学习效果。在翻转课堂中，教师应提供多样化的学习资源，以满足不同学生的学习需求。

一是，微课视频是翻转课堂中不可或缺的学习资源。教师应根据课程内容设计吸引人的微课视频，使其既能传递知识，又能激发学生的探究欲。视频应当精简、清晰，并结合生动的案例和示范，帮助学生理解复杂的概念。例如，在讲解某一语法点时，教师可以通过实例演示其在实际交流中的运用，增强学生的理解与记忆。同时，教师还应鼓励学生在观看视频后进行总结与反思，以巩固所学内容。

二是，电子教材和扩展资料库也是重要的学习资源。教师可以为学生提供与课程相关的电子教材，使学生在课前学习时能够随时查阅。同时，扩展资料库可以包括学术文章、研究报告和其他相关文献，帮助学生拓宽视野，深化对课程内容的理解。例如，在学习某一文化背景下的语言使用时，教师可以推荐相关的文化读物，促进学生对该文化的深入了解。这种丰富的学习资源，能够满足不同学生的学习需求，提升他们的自主学习能力。

三是，教师应重视学习资源的更新与维护。随着知识的不断发展，教师应定期审查和更新学习资源，确保其内容的时效性与准确性。此外，教师还可以鼓励学生自主推荐学习资源，形成良好的资源共享氛围。在这种共享机制中，学生能够从同伴的推荐中发现更多的学习材料，进而提升学习效果。

（2）大学英语翻转课堂教学模式的创新表现

第一，教学模式创新。翻转课堂的核心在于其创新的教学模式，重组了传统的教学流程。传统教学模式中，教师在课堂上进行知识的讲授，而学生则在课后进行知识的消化和内化。这种模式往往导致学生在课堂上被动接受知识，缺乏主动思考的机会。而翻转课堂则通过将知识传授放在课外、知识内化放在课堂，促使学生在课堂上进行更为深入的讨论与实践，从而实现学习的真正转化。

在翻转课堂模式下，教师先通过网络学习平台或其他在线资源提供学习材料，学生在课前完成这些材料的学习，这一过程不仅包含视频讲解、电子教材的阅读，还包括在线测试和作业的完成。通过这种方式，学生可以根据自身的学习节奏进行知识的预习，教师则能够在课堂上针对学生的学习情况进行调整，实施更为有效的教学策略。

课堂内，教师不再是知识的单一传递者，而是知识的引导者与促进者。教师通过设计小组讨论、案例分析、角色扮演等多种互动活动，鼓励学生分享自己的理解和看法。这种教学模式的创新，不仅增强了学生的参与感，还提高了他们的批判性思维能力与合作能力，使其在实际应用中真正掌握知识。

第二，主体位置互换。翻转课堂教学模式还体现在教师与学生角色的互换上。传统教学中，教师作为知识的主导者，掌握课堂的绝对控制权，而学生则处于被动接受的地位。然而，在翻转课堂中，学生成为学习的核心，教师则转变为引导者，强调学生的主动参与和对教学内容的探讨。这一角色的互换使得学生在学习过程中拥有更多的自主权和选择权。在翻转课堂中，学生可以根据自己的兴趣和需求选择学习内容，教师通过提供多样的学习资源和活动设计，引导学生进行深度学习。教师在课堂上不再是简单的知识传递者，而是充当学习的促进者，帮助学生发现问题、解决问题，并激发他们的

探索欲望。

这种主体位置的互换不仅提升了学生的学习动机，还培养了他们的自主学习能力和团队合作精神。在小组讨论中，学生需要积极参与，分享各自的观点，这种互动式学习环境不仅使学生能够相互学习、共同成长，还能增强他们的语言表达能力与沟通技巧。此外，教师在观察与引导中，能够更好地了解每位学生的学习状态和需求，从而提供个性化的指导与支持。

第三，信息技术提升。信息技术的运用是翻转课堂教学模式创新的另一重要表现。随着网络技术的迅速发展，教师可以利用各种在线学习平台和多媒体资料，极大提升课堂教学的质量。在这一模式中，学生通过在线课程、微课视频、电子教材等进行预习，为课堂学习打下基础。

一是，在线课程的设立使得学生能够灵活安排学习时间与进度。教师可以提前录制课程资料，确保每位学生在课前都能接触到相同的学习内容。这样，教师在课堂上就可以针对学生在预习过程中遇到的问题进行集中讲解，避免了时间的浪费。同时，教师还可以利用在线平台的实时反馈功能，及时了解学生的学习状况，调整教学策略。

二是，多媒体资料的丰富性进一步提升了学生的学习体验。在翻转课堂中，教师可以利用视频、音频、图像等多种形式展示学习内容，使知识的传递更加生动、有趣。通过视频示范、案例分析和互动问答，学生不仅能够更好地理解课程内容，还能提升自己的实践能力。例如，在教授某一语法点时，教师可以通过动画视频展示该语法在实际交流中的应用，帮助学生将理论与实践相结合。另外，信息技术还为教师提供了多样的评估手段。教师可以通过在线测试、学习记录和互动反馈，全面评估学生的学习效果。这种数据驱动的评估方式，使得教师能够更准确地把握学生的学习情况，从而进行针对性的指导。

第四，情境教学。情境教学是翻转课堂模式中的一种重要创新，通过创设真实或模拟的日常情境，增强学生的英语沟通和表达能力。在传统教学中，语言学习往往脱离实际生活，导致学生在真实交流中感到困难。而翻转课堂通过情境创设，将语言学习与实际应用紧密结合，提升学生的口语表达与应变能力。

在大学英语课堂中，教师可以设计与学生生活紧密相关的情境，如购物、旅行、就医等，鼓励学生进行角色扮演和模拟对话。这种情境教学方法不仅让学生在真实的交流环境中使用英语，还帮助他们掌握语言运用中的社交技巧和文化意识。学生在参与角色扮演的过程中，不仅能够提升语言表达能力，还能增强对语言文化的理解，从而培养其跨文化交际能力。此外，情境教学还能够增强学生的学习动机。在生动的情境中，学生的学习兴趣被激发，他们更愿意主动参与到课堂活动中。教师可以通过设置具体的情境任务，如小组合作进行情境表演，促进学生之间的互动与合作，进而提高课堂的活跃度和学习效果。

第五，实践活动补充。翻转课堂模式的创新还体现在引入实际应用的活动，以增强学生的英语运用能力。与传统课堂单一的知识传递不同，翻转课堂强调理论与实践相结合，通过丰富多样的实践活动提升学生的语言能力。

一是，观看英语影视作品。观看英语影视作品能够帮助学生在轻松的氛围中提高听说能力。教师可以在课堂上组织学生观看经典的英语电影或电视剧，通过观看后的讨论、分析和评价，帮助学生更好地理解语言使用的语境和技巧。此外，教师可以鼓励学生进行影评写作，促进他们的写作能力与批判性思维。

二是，游戏化学习。通过设计语言游戏，教师可以增强课堂的趣味性和互动性。例如，教师可以组织单词接龙、角色扮演游戏或小组竞赛等，让学生在游戏中巩固语言知识。游戏不仅能够调动学生的学习积极性，还能提高他们的语言运用能力和团队合作精神。

2. 基于翻转课堂的大学英语教学模式设计优化

（1）使用多样的学习资源。翻转课堂的核心在于将传统的课堂教学模式

进行重构，强调学生在课堂外主动学习，通过多样的学习资源来提升英语学习的有效性。首先，采用丰富的在线资源，如视频讲座、电子书籍、学术期刊及互动平台，为学生提供灵活的学习选择。这些资源不仅包含传统教材内容，还融入了最新的学术研究和实际应用案例，使学生能够从多角度理解英语知识。利用开放教育资源（OER）能够进一步增强学习的可及性和多样性。其次，教师应鼓励学生利用社交媒体和在线论坛等平台进行讨论和交流，增加学生对学习内容的参与度和兴趣。这种互动不仅有助于学生之间的学习共享，还能促进不同文化背景的学生进行跨文化交流，从而丰富他们的语言使用体验。最后，利用学习管理系统（LMS）来整合多种学习资源，提供一站式的学习平台。这种平台能够为学生提供个性化的学习路径，使其在学习过程中可以根据自身的兴趣和能力进行调整，从而提高学习的自主性和效率。

（2）创造互动性学习机会。大学英语翻转课堂强调学生的主动参与，因此创造互动性学习机会显得尤为重要。课堂内外的互动可以通过小组讨论、角色扮演、案例分析等多种形式实现。在小组讨论中，学生可以围绕特定主题进行深入探讨，彼此分享观点，从而拓宽思维的广度。这种合作学习不仅提升了学生的口语表达能力，还增强了他们的批判性思维能力。此外，教师应设计有趣且富有挑战性的课堂活动，以激发学生的参与感。例如，通过情境模拟和项目驱动的学习任务，学生能够在真实的交流环境中运用所学知识。这种实践性学习能够有效提升学生的语言应用能力，同时增强其学习的真实感和成就感。

同时，教师在课堂中应适时引导讨论，鼓励学生提出问题并进行辩论，从而形成良好的学习氛围。这种师生互动不仅有助于教师及时了解学生的学习状态，还能促进学生之间的思想碰撞，激发创新思维。

（3）提供及时个性化反馈。在大学英语翻转课堂模式中，及时的个性化反馈是促进学生学习的关键环节。教师应当利用多种渠道和工具，以实时监测学生的学习进展，并根据其需求提供针对性的反馈。

第一，在线测评系统的使用使得教师能够快速获取学生在各项任务和评估中的表现数据。这种数据驱动的反馈不仅具备时效性，还能具体到每一位学生的学习情况，帮助教师识别其在知识掌握和技能应用方面的不足之处。

第二，个性化反馈的提供应不仅限于简单的正确与否，而应深入探讨学生在学习过程中所展现出的思维方式和策略运用。教师可以通过分析学生的作业、讨论及参与情况，评估其思维过程，并给予相应的建议。例如，在阅读理解任务中，教师可以关注学生的推理能力和文本分析能力，针对性地提出改进建议，促进其深入思考。

第三，反馈的方式应多样化，除了口头和书面反馈外，还可以利用视频反馈的形式，使学生能够更加直观地理解自己的表现。研究表明，视频反馈能够有效提升学生的学习动机和参与感，因为这种方式更具互动性。

第四，反馈的有效性不仅取决于其内容，还与教师与学生之间的互动质量密切相关。教师应鼓励学生主动寻求反馈，并创造一个开放的环境，使学生感到在学习过程中可以自由表达自己的疑问和困惑。通过这种积极的反馈文化，学生能够增强自我反思能力，从而在未来的学习中不断进步。

（4）强调学生学习自主性。大学英语翻转课堂教学模式的核心在于学生的学习自主性，强调学生在学习过程中的主动参与和选择权。为了培养学生的自主学习能力，教师需要设计一系列灵活的学习活动，使学生能够根据自身的兴趣和学习需求自由选择学习内容和方式。

第一，学生的学习目标应当由他们自主设定。在课程开始时，教师可以引导学生根据自己的兴趣和发展需求，制定个性化的学习目标。这种自主性不仅能够提升学生的内在动机，还能够促使他们对学习过程产生更强的责任感和归属感。

第二，教师应提供丰富的学习资源，使学生能够在自主学习中进行多样化的选择。通过整合在线课程、数字图书馆、开放教育资源以及社交学习平台，教师能够为学生提供多元的学习途径。这种资源的多样性将激发学生的

探索欲望，使其能够根据个人的节奏和学习风格进行深入学习。

第三，在大学英语学习过程中，教师应定期组织反思性学习活动，促使学生对自己的学习策略和结果进行评估。这种反思不仅有助于学生识别自己的优劣势，还能够促使他们在学习过程中不断调整和优化自己的学习方法，从而实现更高效的学习。

第四，大学英语教师在课堂上应鼓励学生进行自主学习的实践，如自主选题研究、个人项目汇报等。这些实践活动能够有效增强学生的学习动机和自主性，使其在实际操作中体验到学习的乐趣和成就感。

二、大学英语教学过程的设计优化

（一）大学英语教学过程的形态与功能

1. 大学英语教学过程的形态

教学过程，就是师生之间从教学启动、导入、展示、讲授、训练到评价、反馈等连续展开的结构或形态序列[①]。具体而言，教学过程通常涵盖教学启动、导入、展示、讲授、训练、评价和反馈等多个阶段。这些阶段既是教学活动的具体表现，也是教学目标实现的路径。在教学启动阶段，教师通过设置场景或问题，激发学生的学习兴趣与好奇心，确保学生的注意力集中于即将展开的学习内容。随后，导入环节以引导学生进入新知识的学习，教师在这一阶段需要合理地运用已有知识与新知识之间的连接，以便于学生理解。在展示与讲授阶段，教师则是知识的传递者，通过系统的讲解与示范，使学生获得必要的信息与技能。然而，单纯的知识传递并不足以促进学生深层次的理解，故此，训练环节的引入尤为重要。在此阶段，学生通过实践与反思，将

① 张金焕. 高校英语教学设计优化与模式改革研究［M］. 长春：吉林人民出版社，2020：39.

所学知识转化为实际能力。评价和反馈环节则是教学过程的关键组成部分，通过对学生学习情况的评估，教师能够及时调整教学策略，优化教学效果。因此，教学过程不仅是教师的单向传授，更是师生之间互动与相互影响的动态过程。

教学过程的形态可以主要分为以“教”为中心和以“学”为中心两种模式。在以“教”为中心的教学过程中，教师主导知识的传授，设计环节以确保内容直接、高效、有序地传递。这种模式强调了教学的有序性和系统性，教师在课堂上的权威地位使得知识能够高效地传递给学生。然而，这种以教师为中心的模式在一定程度上可能限制学生能力的发展，因为学生的主动性和参与感较低，往往导致学习效果的单一和浅薄。

相对而言，以“学”为中心的教学过程更加强调学生的学习过程。这一模式关注学生的起始水平和学习风格，教师的角色转变为引导者。教师需要根据学生的需求和反馈，灵活调整教学内容和方法，以促进学生的学习与发展。在这一过程中，教师需设计多样化的学习活动，鼓励学生主动探索、合作学习，并在此过程中提升其学习能力与自我管理能力。这一转变并不意味着教师在课堂中失去主导地位，反而要求教师在教学设计和实施中结合学生特征和需求，确保教学目标的实现。这种以“学”为中心的模式能够有效地提升学生的学习动机与参与感，使其在教学过程中扮演更加积极的角色。

2. 大学英语教学过程的功能

（1）知识传递功能。在大学英语教学过程中，知识传递功能是其核心功能之一。教师通过系统、全面、有计划地传授陈述性知识，旨在快速有效地传承社会实践经验。这一过程不仅涵盖语言知识的传授，还包括文化背景、思维方式及交际策略等多方面内容。教学过程的设计通常遵循从简单到复杂、从具体到抽象的原则，以确保学生能够逐步掌握所需的语言能力。

第一，知识传递的有效性依赖于教师的专业素养。教师须具备深厚的语

言知识和教学技能，能够将复杂的语言现象以简洁易懂的方式呈现给学生。通过采用多样化的教学方法，如讲授、示范和任务驱动，教师能够使学生在不同的学习情境中体验和内化新知识。此过程中的互动不仅有助于知识的深入理解，更增强了学生的参与感和主动性。

第二，知识传递还需关注学生的背景和需求。教师应根据学生的学习水平和兴趣，调整教学内容与策略。通过设定明确的学习目标和评估标准，教师可以帮助学生清晰地理解学习的方向和重点。这种以学生为中心的知识传递模式，不仅提升了学习的有效性，还增强了学生对知识的认同感和价值感。

第三，教学内容的选择亦至关重要。教师需结合社会发展的需求，适时更新和调整教学内容，以确保学生获得与时俱进的知识和技能。在全球化的背景下，英语作为国际通用语言，其教学内容应涵盖多元文化及跨文化交际的相关知识，促进学生对不同文化的理解与尊重。

第四，知识传递功能不仅局限于课堂内的知识传授，更应延伸至课外学习的指导。教师可以利用学习管理系统、在线资源及社交媒体等多种平台，为学生提供丰富的学习资源和支持。这种知识的延展性使学生能够在课外自主学习，进一步巩固和拓展所学知识。

（2）能力培养功能。大学英语教学过程的另一重要功能是能力培养。通过知识传递，教学不仅促进学生语言能力的发展，还全面提升其多种能力，包括认识能力、语言表达能力、思维能力、观察能力、分析能力和解决问题能力等。能力的培养旨在塑造具备社会适应能力和创新能力的人才，以应对未来复杂的社会挑战。

第一，语言能力的培养是能力发展的基础。在英语教学中，教师通过听、说、读、写等多种形式，帮助学生提高其语言运用能力。通过情境模拟、角色扮演和实际交流等实践活动，学生不仅能够增强语言表达能力，还能提升其交际能力和应变能力。这些能力的培养为学生未来的学术研究和职业发展奠定了坚实基础。

第二，思维能力的培养至关重要。教师应设计能够激发学生批判性思维和创造性思维的教学活动，例如，鼓励学生进行讨论、辩论和项目研究。在这些活动中，学生需要分析问题、提出解决方案，从而培养其逻辑思维能力和创新意识。此外，教师应引导学生进行自我反思，促使其对思维过程进行评估与调整，以提升其思维的深度与广度。

第三，能力的培养还应关注学生的综合素质发展。在教学过程中，教师可以通过团队合作、项目管理等方式，提升学生的协作能力和组织能力。这种能力的培养不仅有助于学生在学习中实现知识的应用，更能提升其在未来职场中的竞争力。

第四，能力培养需要与实际生活和社会需求相结合。教师应引导学生关注社会问题，通过实际案例分析和社会调研，使学生能够将所学知识与现实生活相联系，培养其社会责任感和实践能力。这种与社会的紧密联系使学生能够更好地理解和适应未来的社会环境。

（3）素养发展功能。大学英语教学过程不仅限于知识和能力的传递，更在于促进学生的素养发展。这一过程中的互动——无论是师生之间、学生与内容之间，还是学生之间的互动——都在促进学生思想情感、道德品质和价值观等多方面的全面发展。素养的发展是学生全面成长的重要体现，关乎其未来的生活、学习与工作。

第一，思想情感的培养在教学过程中至关重要。教师应通过创设良好的学习氛围，鼓励学生自由表达自己的观点和情感。通过小组讨论、情境模拟和角色扮演等活动，学生能够在互动中发展自我意识，增强自信心和表达能力。此外，教师还应关注学生情感体验的引导，帮助学生在学习中找到乐趣，培养积极的学习态度。

第二，价值观的培养是素养发展的核心。在英语教学中，教师应引导学生思考语言背后的文化和价值观，通过对比不同文化背景下的思想观念，使学生理解并尊重多元文化。这种文化意识的提升，不仅有助于学生的个人成

长，也促进了社会的和谐与包容。

第三，教师在教学过程中还需重视道德品质的培养。通过引导学生参与社会实践活动、志愿服务等，教师能够帮助学生在真实的社会环境中锻炼其责任感和奉献精神。这种实践经历不仅提升了学生的道德判断能力，也培养了其良好的社会适应能力。

第四，素养的发展应与终身学习的理念相结合。教师在教学过程中应强调学习的重要性，引导学生树立终身学习的意识和能力。通过培养学生的自我学习能力和自我管理能力，使其能够在未来不断适应变化、更新知识与技能。

（二）大学英语教学过程设计优化

1. 大学英语 PWP 教学过程设计

（1）学习前阶段（Pre-Learning）。学习前阶段是 PWP 教学模型中的首要环节，主要涉及教师与学生在教学活动开始前的准备工作。这一阶段旨在激活学生的语言知识和能力，为后续的新内容学习奠定坚实的基础。有效的学习前准备不仅能提升学生的学习动机，还能增强他们对新知识的接纳度。

第一，大学英语教师应通过课堂导入活动，引导学生进入学习状态。这一过程通常包括引导性问题、情境设定或相关主题的讨论。通过这些活动，教师能够激发学生的兴趣，使其在心理上为新知识的学习做好准备。例如，教师可以通过播放与学习主题相关的视频片段，促使学生进行小组讨论，从而激活他们的背景知识和语言能力。

第二，复习已有知识是学习前阶段的重要组成部分。教师可以设计一系列的复习活动，如问答游戏、小测验或互动式练习，帮助学生回顾之前所学的内容。这不仅能加深学生的记忆，还能让学生在面对新知识时更加自信。此外，大学英语教师应关注学生的不同学习需求，调整复习内容的难度与深度，以确保每位学生都能在适合自己的节奏中进行复习。在这一阶段，教师还应明确学习目标，让学生了解本次学习的重点内容和预期成果。通过清晰的目标设定，学生能够更有针对性地进行学习准备，同时提高他们对学习活动的参与感和责任感。教师可以通过课前小册子、课程大纲或学习目标展示等方式，向学生传达这些关键信息。

第三，学习前阶段可以通过设定小组合作任务，增强学生之间的互动与合作，这一方式不仅能促进学生之间的沟通与交流，还能帮助他们在协作中发现自身的不足，进一步激发其学习动力。通过这些多样化的准备活动，学习前阶段为新知识的学习创造了良好的环境。

（2）学习中阶段（While-Learning）。学习中阶段是 PWP 教学模型的核心部分，主要集中在课堂上进行教师对新知识的呈现与学生的语言能力训练。在这一阶段，大学英语教师的角色转变为知识的引导者，旨在通过多样的教学活动促进学生对新知识的理解与应用。

第一，在学习中阶段，大学英语教师需要系统地呈现新知识。教师可以通过讲解、示范、视频播放等方式，向学生传递知识的核心要点。在展示新知识时，教师应注重将知识与实际生活相结合，使学生能够理解知识的应用场景和重要性。这种情境化的教学不仅能够增强学生的学习兴趣，还能帮助他们更好地理解和记忆新知识。

第二，学生通过参与各种语言训练活动，掌握大学英语新知识和语言能力，这一过程包括听、说、读、写等多项技能的训练。例如，大学英语教师可以设计听力练习，通过听取相关材料，促进学生的理解与记忆。在口语训练中，教师可以组织角色扮演、小组讨论等活动，增强学生的口语表达能力。通过这种互动式的学习方式，学生能够在实践中巩固所学知识，并提高其语言运用能力。

第三，学习中阶段还应重视对学生个体差异的关注。大学英语教师应根据学生的学习水平和学习风格，灵活调整教学内容和活动设计。对于不同水

平的学生，教师可以提供多样化的学习材料和活动选择，以满足他们的学习需求。这种个性化的教学策略不仅有助于提升学生的学习效果，还能增强他们的学习动机和自信心。

第四，大学英语教师在学习中阶段的反馈至关重要。在进行新知识的训练过程中，教师应及时观察学生的表现，给予具体的反馈和指导。通过纠正错误、鼓励进步，教师能够帮助学生不断提升语言能力。此外，教师还可以鼓励学生之间进行同伴评价，促进他们的反思与自我学习能力的提升。这种多元化的反馈机制，能够有效增强学习中阶段的教学效果。

（3）学习后阶段（Post-Learning）。学习后阶段是 PWP 教学模型的重要环节，主要涉及学习新语言后的评价和运用活动，通常发生在课堂外。在这一阶段，教师的目标是帮助学生巩固所学知识，并促进其在实际情境中的应用能力。

第一，在学习后阶段，教师应设计有效的评价活动，以评估学生对新知识的掌握情况。这可以通过书面测试、口头汇报或项目展示等形式进行。通过多样化的评价方式，教师能够全面了解学生的学习成果，识别其在学习中的优点和不足。这一反馈过程不仅有助于学生自身的学习反思，也为教师后续的教学调整提供了依据。

第二，学习后阶段应重视知识的实际运用。教师可以鼓励学生将所学知识应用于实际情境中，例如，进行语言交流、撰写报告或参与社会实践等。这种知识的应用不仅能够增强学生的实际操作能力，还能提升其自信心和语言运用能力。例如，教师可以组织学生参与外语角、文化交流活动等，促进他们在真实环境中实践所学知识。

第三，学习后阶段的互动与反馈活动同样重要。教师可以组织讨论会，让学生分享学习心得和体会，从而促进他们对知识的深化理解。在这一过程中，学生之间的相互评议也能够增强学习的深度和广度。教师应设定明确的标准，帮助学生理解如何进行有效的反馈与评价。这种互动与反馈机制不仅提升了学生的写作能力，还促进了他们的批判性思维能力的发展。

第四，学习后阶段还应关注学生的持续学习。教师可以引导学生制订后续学习计划，鼓励他们在课外继续探索与实践。通过提供额外的学习资源、推荐阅读材料或在线学习平台，教师能够激励学生保持学习的热情。这种持续的学习过程，不仅有助于巩固所学知识，更能够促进学生的终身学习能力的培养。

2. 大学英语任务教学过程设计

（1）任务呈现阶段。在任务呈现阶段，大学英语教师的首要任务是通过设计清晰且富有吸引力的任务，引导学生深入理解任务的目标与内容。有效的任务呈现不仅需要明确任务要求，还要通过多样的教学方式激发学生的兴趣与参与感。教师可以利用图像、视频或情境模拟等多媒体资源，创建真实的语言环境，使学生能够在具体情境中感受到任务的实际意义。通过这种方法，学生能够在认知上建立新的知识框架，从而激励他们积极参与后续的学习活动。此外，教师在任务呈现中应适当考虑学生的背景知识，以增强其对任务的认同感与投入度。

（2）任务准备阶段。在任务准备阶段，学生需要为任务的完成做好全面的准备。教师可以组织小组讨论、信息检索等互动活动，以帮助学生更好地理解任务要求和相关知识。通过鼓励学生进行语言与内容的准备，他们能够熟悉所需的语法结构和词汇，同时提高语言运用的灵活性。教师应引导学生探索不同的语言表达方式，并提供相关的学习资源，从而帮助他们在任务完成过程中更有效地使用语言。这一阶段的充分准备不仅有助于学生在后续执行任务时的表现，还能提高他们的学习信心和语言运用能力。

（3）任务完成阶段。在任务完成阶段，学生依据教师的指导实际执行任务。教师的角色转变为观察者和支持者，关注学生在任务执行中的语言使用和合作情况。通过与同伴的协作，学生能够在实践中运用所学知识，发展创

造性思维。在此过程中，教师应及时提供反馈，帮助学生识别并纠正语言错误，同时鼓励他们进行自我评估与反思。这种任务执行的真实体验，不仅促进了学生的语言技能提升，还培养了他们的自主学习和问题解决能力。

（4）任务反思阶段。在任务反思阶段，作为学生反思和总结整个任务执行过程的重要环节，教师的引导在此时显得尤为重要，学生需要回顾并评估自己在任务中的表现。通过关注语言的准确性和文化适宜性，学生能够识别出自身的优缺点，进而增强对语言规范的理解和跨文化交际能力。教师应鼓励学生分享彼此的反馈，促进同伴间的互动与交流。这种反思不仅深化了学生对语言学习的理解，还为他们未来的学习与交流做好准备，提升了其应对复杂语言任务的能力。

第二节　大学英语教学设计优化的现代延伸

一、数字化教学资源的利用

（一）数字化教材

数字化教材相比于传统纸质教材，具有即时更新、互动性强和资源丰富等显著优势。首先，数字化教材可以随时随地进行内容的更新，确保学生获取最新的知识与信息。这种灵活性使得教师能够根据课程进度与学生需求，迅速调整教学内容，确保教学的时效性与相关性。其次，数字化教材通常结合了多媒体元素，如音频、视频和互动练习，这不仅丰富了教学形式，也有效提高了学生的参与感和学习兴趣。例如，通过视频案例分析和音频材料的听力训练，学生能够在真实语境中感知语言的运用，加深对语言结构和文化背景的理解。最后，数字化教材还具备集成在线测试与评估功能的潜力。这一功能不仅为教师提供了实时监测学生学习进度的工具，更为学生提供了及时反馈的机制。教师可以利用数据分析工具，了解学生在学习过程中的薄弱环节，进而针对性地调整教学策略和方法，提升课堂教学的有效性。

（二）资源的筛选与整合

在数字化教学资源日益丰富的背景下，有效的资源筛选与整合成为优化大学英语教学设计的关键环节。教师应根据课程目标与具体需求，系统地评估与选择合适的数字化资源。大学英语教师应对教材内容的匹配度进行深入分析，确保所选资源与教学大纲相符合，能够满足课程的学习目标。同时，资源的可靠性和使用的便捷性也应纳入考量，以避免因信息来源的不当而影响教学效果。在筛选过程中，教师还需关注资源的文化背景与适用性，特别是在跨文化交际能力培养方面。通过选择具有多元文化背景的教学资源，教师可以帮助学生理解不同文化下的语言运用方式与交际习惯，从而提升其跨文化交际的能力。此外，教师可以利用资源整合工具，将不同类型的数字资源（如文本、视频和音频）进行有效整合，形成系统化的学习材料，以提升学习的连贯性与深度。

二、注重学术英语能力的提升

在全球化的背景下，学术英语能力的提升愈显重要。高校英语教育必须注重培养学生在学术环境中的语言运用能力，以满足其未来学术研究与国际交流的需求。构建科学合理的学术英语课程体系、强化学术诚信教育，都是提升学生学术英语能力的关键举措。

（一）学术英语课程体系的构建

构建系统化的学术英语课程体系是提升学生学术语言运用能力的基础。在这一体系中，课程应涵盖学术英语阅读、写作与演讲等多个模块，以全方位提升学生的学术能力。

第一，在阅读方面，教师应引导学生深入理解学术论文的结构与特征。学术论文通常遵循特定的格式，包括引言、文献综述、方法、结果与讨论等部分，学生需要掌握这些结构要素，以便于对学术文献的快速定位与有效解读。此外，文献综述的写作技巧同样重要。教师可以通过实例分析，帮助学生学习如何对相关研究进行综合评估与总结，从而提升其批判性思维能力。

第二，在写作模块中，教师应注重培养学生的逻辑思维能力与批判性分析能力。高水平的学术写作不仅要求语言表达的准确性，更强调思想的严谨性与逻辑性。学生应学会构建合理的论证框架，清晰表达自己的观点，并能够通过合适的证据支持其论点。教师可以设计不同主题的写作任务，鼓励学生进行独立研究与撰写，进而提升其学术写作能力。

第三，演讲能力的训练在学术英语课程中同样不可忽视。学生需要通过多样化的演讲练习，提高其在学术场合中的表达能力和自信心。教师可以组织模拟学术会议，让学生在真实的交流环境中进行演讲与讨论，增强其应对学术交流的能力。此外，通过对演讲技巧的指导，帮助学生掌握如何有效地进行信息传递与观点表达，将对其未来的学术生涯产生深远影响。

（二）学术诚信教育的引入

学术诚信是学术研究的基石，尤其在当前信息爆炸的时代，学术诚信教育显得尤为重要。大学英语教学中，应加强对学术诚信的教育，培养学生正确的学术引用、研究方法和伦理观念。教师可以通过案例分析与讨论，引导学生认识抄袭的严重性及其潜在后果，从而增强其对学术诚信的认同。

在大学英语教学过程中，教师应强调合理引用他人研究成果的重要性。通过介绍不同引用格式（如 APA、MLA 等），学生可以学习如何在学术写作中正确引用他人的观点与数据。这不仅有助于培养学生的严谨态度，也能有效避免学术不端行为的发生。此外，教师还应鼓励学生在研究过程中尊重他人的知识产权，树立良好的学术道德观念。通过开展学术诚信专题讲座和研讨会，增强学生的责任感和道德意识，推动其在学术活动中的自我约束。

三、信息技术与英语教学的深度融合

信息技术的迅速发展为大学英语教学带来了前所未有的机遇与挑战。在这一背景下，信息技术工具的有效应用和线上线下混合教学模式的实施成为提升英语教学质量的关键。

（一）信息技术工具的应用

智能教学系统、移动学习 App 和社交媒体等信息技术工具在大学英语教学中的应用，不仅丰富了教学形式，也极大地增强了教学的互动性和灵活性。智能教学系统作为一个综合性的平台，能够实时监测学生的学习进度与理解程度。教师通过这些系统提供的分析工具，可以迅速获得学生的反馈，针对性地调整教学策略。例如，系统可以生成个性化的学习报告，帮助教师识别每位学生的优势与不足，从而实施更具针对性的辅导。

移动学习 App 的引入，使得学习不再局限于课堂。学生可以随时随地利用这些工具进行学习，巩固所学知识。App 内通常包含丰富的学习资源，如词汇练习、听力材料和视频讲解等，方便学生根据自己的学习节奏进行自主学习。这种学习方式不仅提高了学生的学习主动性，还能有效提升其语言运用能力。通过移动设备，学生可以利用碎片化时间进行学习，最大化地利用其闲暇时间。

社交媒体的使用为学生提供了一个拓宽交流平台的机会，鼓励他们在真实语境中运用所学语言。在社交媒体上，学生可以参与各类话题讨论，分享学习经验，甚至与外语母语者进行交流。此种真实情境的语言实践，有助于提升学生的语言表达能力和跨文化交际能力。教师在此过程中可以引导学生如何在不同的社交平台上进行有效的语言交流，培养其灵活运用语言的能力。

（二）混合教学模式的实施

线上线下混合教学模式为学生提供了灵活的学习时间与空间，满足其个性化需求，这种教学模式将传统课堂与在线学习相结合，教师不仅能够更好地利用课堂时间进行互动和讨论，还可以为学生提供丰富的在线学习资源，极大地提升了教学的有效性。通过在线平台，学生可以自由选择学习内容，制定个性化的学习计划，激发学习兴趣。

在大学英语的混合教学中，教师的角色也随之转变，成为学生学习的引导者和支持者。在课堂上，教师可以设计更多的互动活动和小组讨论，鼓励学生表达自己的观点，提升其口语表达能力。同时，教师还可以利用在线学习平台发布学习任务和资源，学生则可以在课后自主学习，巩固课堂知识。这种灵活的学习安排，提升了学生的自主学习能力，促使他们在学习过程中形成积极的学习态度。

此外，混合教学模式还促进了不同学习风格的学生之间的协作与交流。在线学习为视觉和听觉学习者提供了多样的学习材料，例如，通过视频讲座和动画演示，学生可以直观地理解复杂的语言结构和语法规则。例如，在学习英语时，教师可以使用短视频展示语法点的实际应用，使学生能够在真实语境中看到语言的运用。而对于听觉学习者，音频材料和播客则能帮助他们通过听觉刺激加深理解。与此同时，课堂活动则特别适合动手操作和互动学习的学生。例如，在小组讨论中，学生可以通过角色扮演模拟真实的对话场景，实践语言技能。在这种互动环境中，学生不仅能提高口语表达能力，还能增强团队合作精神和批判性思维能力。这样的多元化教学方式有助于满足不同学生的需求，提升整体教学效果。比如，在一次英语写作课程中，视觉学习者可以在在线平台上观看关于学术写作结构的视频，而动手操作的学生则可以在课堂上共同参与一个写作工作坊，通过互评和小组讨论提高写作技能。通过这种方式，各种学习风格的学生能够在各自擅长的领域发挥优势，同时也学习如何适应和支持其他学习风格的同伴，从而提升整体学习体验。

四、教师专业发展与团队建设

（一）教师角色的新要求

现代大学英语教师在教学过程中承担着多重角色，已不再单纯是知识的传递者，而是学生学习的引导者、支持者和评估者。随着教育理念的不断更新，教师需不断更新自己的知识储备，以适应教育的变化与发展。参与专业培训是提升教师素质的重要途径，例如，教师可以参加针对新教材或新教学法的研讨会，获取前沿的教育理念与方法。此外，开展科研项目不仅有助于教师深入研究自己的教学领域，还能够激发其对教育的热情和创新思维。以某高校英语教师为例，通过参与国家级科研项目，教师不仅提升了自身的学术能力，也将研究成果应用于课堂，促进了学生的语言学习效果。

国际合作也是教师专业发展的一个重要方面，通过与国外院校的交流与合作，教师能够了解不同国家的教育模式和教学方法，开阔视野。例如，高校的英语教师与美国高校的同行进行合作，开展跨文化的课程研究，进而改进本校的教学实践，这不仅提升了教师的专业能力，也为学生提供了更丰富的学习资源与视角。综上所述，教师在不断适应教育需求的同时，也要积极主动参与各类专业发展活动，以实现自我提升与职业发展的双重目标。

（二）团队建设的重要性

大学英语教师团队的建设对提升整体教学水平至关重要。在现代教育环境中，教师应当通过团队合作实现共同成长。集体备课是一种有效的团队合作方式，通过这种方式，教师可以分享各自的教学经验，探讨教学中的难点与挑战，从而形成更为完善的教学设计。例如，在一次集体备课中，英语教师共同探讨如何提高学生的听力理解能力，通过分享各自的教学方法与资源，

最终制订出了一套适合全班学生的听力训练计划。

教学研讨同样是促进教师团队建设的重要环节，通过定期的教学研讨会，教师可以就不同的教学主题进行深入讨论，分享自己的教学反思和学生反馈，从而不断优化教学策略。以某高校的外语学院为例，教师们每月举行一次教学研讨，围绕“如何提高学生的口语表达能力”展开讨论，教师们通过案例分析、互相观摩等方式，最终形成了一套系统的口语训练方法，极大地提升了学生的口语表达水平。

此外，资源共享也是团队建设的重要组成部分。教师可以通过共享教学资源、课件、作业设计等，节省备课时间，提高教学效率。例如，某高校的英语教师们建立了一个在线资源库，教师们可以在其中上传和下载教学资源，彼此分享最有效的教学材料，从而形成良好的合作氛围。

第三节　大学英语教学设计优化的策略实践

一、大学英语教学传递优化策略及实践

（一）大学英语教学传递优化策略

1. 大学英语教学传递的展示策略

语言输入指在语言学习过程中，学习者接触作为学习目标的语言内容的过程[①]。语言输入是语言学习的核心条件，因此，大学英语教师必须深入研究心理学的基本原理，以有效利用语言知识和功能展示策略，进而促进学习者对语言输入信息的理解和运用。在大学英语教学中，听、说、读、写四种语

① 夏珺. 高校英语教学设计优化与模式创新研究［M］. 长春：吉林人民出版社，2022：24.

言技能不仅是学生开展交际活动所需的重要能力，更是他们认知世界、获取知识、发展能力、传递情感的基本途径。有效的语言输入能够帮助学生在多维度上掌握英语，从而实现全面发展。总而言之，大学英语教学传递的展示策略主要包括以下内容。

（1）展示“听”的技能。在大学英语教学中，听力是口头交际的基本形式之一，承载着信息传递和交流的核心功能。听力不仅涉及对语言信息的接收，更是理解、思考和重组这些信息的过程。有效的听力能力使学习者能够准确捕捉说话者的意图，理解交际的背景与上下文，进而在实际交流中作出恰当的反应。听力的这一重要性体现在多个层面。首先，在学术交流中，听力能力直接影响到学习者对讲座、讨论和课堂教学内容的理解，从而影响其学习效果。其次，良好的听力能力能够帮助学习者在跨文化交际中克服语言障碍，增强沟通的流畅性。因此，大学英语教学必须重视听力的培养，通过有效的展示策略，使学习者能够在真实语境中发展其听力技能。为了更好的展示“听”的技能，大学英语教学需要注意以下方面。

第一，听力材料的真实性。真实的听力材料是提升听力技能的关键要素之一。材料应当来源于自然语言环境，体现本族语者的真实语言习惯与交际方式。这不仅有助于学习者适应各种真实交际情境，还能增强其对语言的感知能力。例如，真实的对话、演讲和广播等材料，能够让学习者感受到语言的自然流动和语境的细微变化。通过展示这些真实材料，教师能够引导学习者深入理解语言背后的文化和情感内涵，帮助其在真实交际中更好地应用所学知识。此外，展示真实材料还能有效提升学习者的听力兴趣和参与度，促进其主动参与学习过程。

第二，听力材料的可理解性。听力材料的可理解性是确保学习者能够有效接收信息的又一重要因素。教师应根据学习者的现有知识水平，选择适宜的听力材料，使其难度略高于学习者的能力。这种“可理解的挑战”能够促进学习者的语言理解能力，推动其在听力技能上的进步。为了实现这一点，

教师应对学习者的语言基础和学习背景进行全面评估，选择那些能够在适当挑战与可理解性之间取得平衡的材料。同时，教师可以通过提供必要的背景知识和上下文信息，帮助学习者更好地理解材料内容，提高听力理解的有效性。

第三，听力材料的多样性。多样化的听力材料是丰富学习者语言体验的有效途径。大学英语教学中，材料的题材与体裁应尽可能多样，以让学习者接触到不同的语言使用方式，尤其是在各类交际场景中的应用。这包括新闻报道、访谈、广告、影视片段等不同形式的材料。通过接触多样的听力材料，学习者能够拓宽其语言视野，了解不同文化背景下的交际方式和语言特点。这种多样性不仅能提升学习者的语言适应能力，还能培养其对不同语境的敏感性，从而在实际交流中更加灵活和自信。

（2）展示“说”的技能。在大学英语教学中，听力被视为有效交流的核心技能。听力不仅是语言获取的第一步，更是交流中不可或缺的基础。通过听力，学习者能够接收和理解他人的信息，形成有效的沟通基础。听力的培养不仅涉及语言知识的运用，更是学习者大脑积极思维的体现。通过听，学习者不仅接收了声音信号，更在此过程中进行信息的分析、综合和重组。这一过程对于培养学习者的思维能力和创造性表达能力至关重要。因此，教师在教学中应重视听力的培养，采用多种策略帮助学习者提升其听力技能，以便在未来的交际中更加自信和从容。展示“说”的技能需要注意以下方面。

第一，“先听后说”。“先听后说”的教学理念是提升听力能力的重要策略。教师应强调理解优先，通过听清、模仿和大量接触语言信息，帮助学习者内化语言规则。有效的听力训练应以真实的语言材料为基础，使学习者在听的过程中逐步掌握语言的语音、语调及其语法结构。通过反复听取真实对话、讲座和讨论，学习者能够更好地理解语言的使用情境和交际目的。这一过程不仅帮助学习者建立起语言的结构意识，还促进其在实际交流中的灵活运用。因此，教师应设计相应的听力活动，以帮助学生在听的过程中自然习得语言规则，为后续的口语表达奠定良好的基础。

第二，听力活动的多样化。在大学英语教学中，听力活动的多样化是提升学习者听力技能的重要途径。教学应包含不同类型的听力活动，如听力理解测试、角色扮演、情境模拟等。这些活动能够使学习者在多样的语境中体验语言的使用，提升其对不同语音、语调和语速的适应能力。通过多样化的听力材料，学习者能够接触到丰富的语言表达形式，从而更好地理解和运用所学知识。教师应根据学习者的具体情况和需求，精心设计听力活动，使其既具有挑战性，又能确保学习者的积极参与。此外，多样化的听力活动还能增强学习者的学习兴趣，激发其主动参与学习的热情，从而促进其听力能力的全面发展。

第三，学习者语言水平的考虑。在展示听力活动时，教师需充分考虑学习者的语言能力和语用能力。这不仅包括学习者的听力理解能力，还涉及其语音、词汇和语法基础。教师应根据学生的实际水平，选择适宜的听力材料和活动，以确保其既具有挑战性，又不至于让学生感到过于困难。通过精准的材料选择和活动设计，教师能够有效提升学习者的听力理解能力，使其在实际运用中更加自信。同时，教师还可以通过分层次的听力练习，满足不同学习者的需求，帮助所有学生在适合自己的水平上进行听力训练。

第四，学习者的情感状态。学习者的情感状态在听力理解中扮演着重要角色。焦虑可能会显著影响学习者的听力表现，导致其在理解语言时感到紧张和不安。因此，教师应致力于创造一个积极的学习环境，帮助学习者树立自信。通过鼓励性的话语、适当的反馈和支持，教师能够有效提高学习者的自信心，使其在听力活动中能够更加放松和自然。此外，教师还可以通过小组合作和互动练习，促进学习者之间的积极交流，增强其参与感，进而提升听力理解的有效性。

（3）展示“读”的技能。展示“读”的技能不仅是帮助学生获取信息的过程，更是提升其理解和分析能力的关键。语言输入在此过程中至关重要，

因为它为学习者提供了必要的语言素材。通过采用多样的文本，如文学作品、学术文章和实用材料，教师能够让学生在不同语境中锻炼其阅读能力。同时，设计互动性强的阅读活动，如小组讨论和文本分析，能够帮助学生在理解信息的基础上，增强批判性思维能力与文化背景知识的运用，从而实现多维度的语言掌握。

（4）展示“写”的能力。在展示“写”的能力方面，语言输入的有效性同样不可忽视。写作活动不仅需要学生运用已有知识，更需要他们在听、说、读的基础上进行综合应用。因此，大学英语教师应鼓励学生在完成阅读和听力任务后进行写作练习，这样可以帮助他们将所接触的语言内容转化为自己的表达。教师可以设计各种写作任务，包括论述文、应用文及创意写作，以适应学生的不同需求和兴趣。通过反馈与评估，教师能指导学生在写作中有效运用语言知识，提升其语言组织能力和表达技巧。总而言之，有效的语言输入结合多样化的写作练习，将帮助学生全面掌握英语，推动其认知和情感的发展。

2. 大学英语教学传递的吸收策略

在大学英语教学中，理解语言输入与语言吸收之间的区别至关重要。语言输入是学习者接触目标语言内容的过程，通常指学习者在听、说、读、写等活动中接收到的各种语言信息。然而，语言吸收则更为复杂，它涉及学习者对这些输入信息的理解和内化。由于学习者的理解能力存在限制，例如，当语速过快或内容难度较大时，学习者可能无法完全理解所接收到的语言输入，这直接导致了语言信息的吸收不全。这一现象强调了语言的双重性质：语言不仅是社会交际的手段，还是知识的体现，反映了人类行为的内化结果。因此，教师在教学过程中必须充分考虑这些因素，以优化教学效果。

此外，英语知识结构包括语言的基本组成部分，如语音、词汇、句法和语篇，以及相应的语言规则（语法）。掌握这些结构和规则对于学习者的语言运用至关重要。语言训练不仅帮助学习者理解和使用这些结构与规则，还能提高其语言使用的正确性，促进更加灵活和有效的表达方式。有效的语言训练应当结合实践与理论，通过丰富的教学活动和多样的练习，使学习者能够在实际交流中灵活应用所学知识。

因此，大学英语教学应当采用有效吸收策略，以加速学习者的语言吸收过程，这些策略可以包括提供适当难度的语言材料、营造互动性的学习环境以及实施针对性的反馈机制。通过这些措施，教师能够帮助学习者在语言学习中实现更高效的输入与吸收，从而提高其综合语言运用能力。下面以促进吸收的语音教学活动、词汇教学活动、口语教学活动为例进行阐述。

（1）促进吸收的语音教学活动。在大学英语教学中，语音教学活动对促进学生的语言吸收具有重要意义。对于中国学生而言，英语语音学习的一个主要难点在于对节奏的掌握，节奏包括重音、长短和连读等要素。其中，重音在句子的节奏中起着决定性作用，它与句子重音和词重音密切相关。在英语中，许多单词由两个或多个音节组成，其中一些音节会受到重音的强调，这种重音的变化不仅影响发音的准确性，还可能改变词义。例如，“record”作为名词时重音在前（RE-cord），而作为动词时重音在后（re-CORD）。因此，在教学中，教师应注重帮助学生识别和掌握重音模式，从而增强其语音的自然流畅性。

此外，连读现象在英语口语中普遍存在，这一特点常常对非母语学习者造成理解障碍。连读不仅影响学生的听力理解，也在一定程度上限制了其口语表达的流利性。因此，教师在语音教学中应引入大量的实际语音材料，通过模拟练习和角色扮演，帮助学生掌握连读的技巧，提升他们的语言感知能力。同时，教师还可以使用现代技术，如语音识别软件和在线发音工具，以提供即时反馈，从而促进学生对语音的深刻理解和吸收。

（2）促进吸收的词汇教学活动。词汇是语言学习的基石，掌握词汇的音、形、义三种结构要素是进行有效词汇教学的核心内容。首先，音是词汇的物质外壳，学习者在口语交际中通过词的声音来理解和表达意义。因此，教师应重视词汇的发音教学，鼓励学生通过听、说、模仿等多种形式，巩固对词汇发音的记忆与理解。其次，形是词汇的书面形式，它是在口语基础上记录语音的符号。在教学中，教师可以通过视觉辅助工具，如图像、视频等，帮助学生建立音与形之间的联系，增强其对词汇的记忆。此外，教师还应引导学生通过词根、词缀等构词法的学习，理解词汇的构成和变化，从而提升其词汇使用的灵活性。最后，义是人类对事物进行概括反映的结果。词义分为具体意义和中心意义。具体意义是指词汇与其所代表的客体之间的关系，而中心意义则是词汇与概念的直接联系。在词汇教学中，教师应引导学生不仅理解词汇的字面意义，还要探索其在不同语境中的隐含意义和用法。这种深层次的理解能够帮助学生在实际交际中更加自如地运用词汇，提升其语言表达能力。

（3）促进吸收的口语教学活动。培养口语技能的活动应遵循循序渐进的原则。初期阶段，应侧重于形式操练，通过模仿、朗读和对话练习等形式帮助学生掌握基本的发音和句型结构。随着学习的深入，教师应逐渐引入更具交际性的活动，如小组讨论、角色扮演和情境对话等，使学习者能够在真实的交流环境中应用所学知识。此外，为学习者创造开口讲英语的情境至关重要。教师可以通过设定真实的交流场景或主题活动，鼓励学生在轻松愉快的氛围中自信表达。教师应正确对待口语表达的流利性与准确性，强调在真实交流中，流利性与准确性并非对立，而是相辅相成的。通过有效的反馈机制，教师能够帮助学生认识到自身的优点与不足，从而进一步优化其口语表达能力。

3. 大学英语教学传递的输出策略

在大学英语教学中，输出策略是指学习者生成语言成果的过程，这一过程不仅包含语言知识的输出，还涉及技能的应用与提升。输出策略的有效性在于其能够促进学生语言能力的全面发展，从而提升其在真实交际环境中的表现。语言知识的组成是理解输出策略的基础，主要包括语音、词汇和语法规则，这三者是构建语言表达准确性的核心要素，学习者必须掌握这些知识，才能在交流中有效传达思想。

（1）语音和语调是语言输出的重要环节。正确的语音不仅能确保信息的有效传达，还能增强交际的清晰度和可理解性。语调则在传达情感和语气方面发挥着不可或缺的作用。学习者在进行口语输出时，应当关注语音的准确性，避免因发音不清而导致信息的误解。此外，语调的运用能够丰富表达的层次，使交流更具感染力。因此，教师在教学中应设计针对性的训练活动，以提高学生的语音和语调能力。

（2）词汇的重要性同样不容忽视。丰富的词汇量是学习者准确表达思想的基础，直接影响到其语言输出的质量。教师应通过多样化的词汇教学活动，帮助学生扩展其词汇量，并提高其运用词汇的灵活性和准确性。在实际交际中，学生需要能够快速调动相应的词汇，以适应不同的语境和话题，从而实现有效沟通。通过词汇的系统学习，学生能够在语言输出时，选择更合适的词汇，以确保信息传递的准确性和有效性。

（3）语法规则的作用体现在语言结构的组织上。语法知识是学生组织词汇和构建句子的基础，对交际的有效性产生重要影响。掌握语法规则使学习者能够正确地连接词汇，形成结构合理的句子，并有效表达其观点。在大学英语教学中，教师应重视语法教学，通过实例分析和练习，使学生对语法规则的理解深入且扎实，从而提高其语言输出的准确性与流畅度。

（4）书面表达的复杂性也值得关注。在书面语中，语言知识的运用往往要求更加正式和复杂，学习者需要避免冗余和模糊的表达。书面表达不仅要清晰、连贯，还需符合学术规范和逻辑结构。因此，教师在设计写作任务时，应强调结构的重要性，并提供相关的写作指导与反馈，以帮助学生提升其书面表达能力。

（二）大学英语教学传递实践途径

1. 实践与理论结合

大学英语教学应当在理论学习的基础上，强调实践应用的重要性。语言学习不仅是对语法规则、词汇和发音的掌握，更是如何将这些知识灵活运用于真实情境中的能力。因此，将课堂学习与实际应用结合起来，能够有效提高学生的语言运用能力。例如，项目工作、实习和模拟练习等实践活动，可以让学生在真实或近似真实的环境中，运用所学知识进行有效的交流。

项目工作是一种极具价值的学习方式，通过小组合作完成特定的任务，学生不仅可以深化对语言的理解，还能提升团队合作和沟通能力。在这一过程中，教师应设计与课程目标相关的项目，例如，让学生进行市场调研，撰写报告并进行展示。这种活动能够让学生在真实的交流中运用英语，增强其实际交流能力。同时，教师应确保学生在项目中接触到多样化的语言输入，以促进其语言技能的全面发展。

实习则提供了一个更为直接的语言运用平台，通过在实际工作环境中的英语应用，学生能够体验语言在专业领域中的实际用法。例如，学生在国际公司进行实习时，可以通过与同事、客户进行英语交流，提升其专业英语的运用能力。此外，实习过程中积累的真实工作经验，也为学生今后的职业发展打下良好的基础。

模拟练习同样是实践与理论结合的重要途径，教师可以通过角色扮演、情景模拟等方式，创建出真实的语言使用场景。这些活动不仅能够提高学生的语言表达能力，还能增强其对跨文化交际的理解。在模拟国际会议、商务谈判等场景时，学生需要运用他们的语言知识进行有效沟通，从而在实践中不断完善自己的语言能力。

2. 开展跨学科教学

在大学英语教学中，跨学科教学是一种有效的实践途径。传统的英语教学往往仅限于语言技能的培养，然而，现代社会对复合型人才的需求日益增长，这要求学生能够将语言能力与其他学科知识相结合。教师应与其他学科的教师合作，将英语教学与其他学科领域融合，帮助学生理解知识的跨学科应用。例如，在教授商务英语时，可以将商业课程的内容与英语语言教学结合起来。教师可以引入市场营销、管理等领域的案例，帮助学生理解如何在商务环境中运用英语进行有效的沟通。在这个过程中，学生不仅学习到专业术语和表达方式，还能提高其在真实商业情境中的语言应用能力。这种跨学科的教学模式不仅能够增强学生的学习兴趣，还能为他们的未来职业发展奠定坚实的基础。此外，跨学科教学还可以促进学生的批判性思维和创新能力。通过将不同学科的知识整合，学生能够从多角度分析问题，提出独特的解决方案。例如，在科学课程中引入英语的讨论，学生不仅需要理解科学概念，还要用英语进行解释和表达。这种方法能够培养学生的综合素质，使他们在今后的学习和工作中更具竞争力。

3. 终身学习意识的培养

在快速变化的全球化时代，大学英语教学应当重视培养学生的终身学习意识。教师不仅是知识的传递者，更是学生自主学习的引导者。通过激励学生主动参与英语学习，教师能够帮助他们建立起终身学习的良好习惯。

教师可以通过设置多样化的学习活动，如英语俱乐部、在线课程、学术研究等，鼓励学生在课堂之外持续提高他们的语言水平。通过参与英语俱乐部，学生能够在轻松的氛围中练习口语，增加语言使用的机会。而在线课程的丰富性则为学生提供了灵活的学习选择，学生可以根据自己的兴趣和需求，选择适合自己的学习内容。同时，教师应当引导学生认识到，语言学习不仅

限于课堂，实际的生活和工作中同样需要不断提升语言能力。鼓励学生参与国际交流项目、暑期实习等，能够为他们提供更多的实践机会。在这样的环境中，学生不仅能够提升语言技能，还能培养跨文化交际的能力。

二、大学英语教学管理优化策略及实践

（一）大学英语教学管理优化策略

1. 大学英语教学的时间管理优化策略

（1）大学英语教学课堂时间的类型划分。在大学英语教学中，课堂时间的有效管理是实现教学目标的重要保障。根据不同的功能和特点，课堂时间可以划分为几种类型，其中包括分配时间、教学时间、投入时间以及学业学习时间。这些时间类型的合理安排与利用，将直接影响学习者的语言学习效果与参与度。

第一，分配时间。分配时间是指在课程表中为特定学科设定的学习时间，具体而言，即为英语这门科目所设计的时间段。分配时间不仅包括课堂教学的时间，还涵盖了课外学习和练习的时间安排。合理的分配时间能够确保学习者在学习英语的过程中，有足够的时间进行听、说、读、写等各项语言技能的训练。此外，教师应根据课程的进度和学习者的需求，灵活调整分配时间，以适应不同阶段的学习目标。通过优化分配时间，教师能够提高课堂的教学效率，确保学生在规定时间内达到预定的学习成果。

第二，教学时间。教学时间是指在完成课堂管理任务（如考勤、处理课堂行为问题等）后，实际用于传授知识的时间。这一时间类型的有效利用至关重要，因为它直接影响教学内容的传递和学习者的理解能力。教师在设计课程时，应充分考虑教学时间的长度和内容的深度，确保在有限的时间内传达关键知识点。同时，教师还应尽量减少课堂管理事务对教学时间的占用，

以便为学习者提供更多的互动与实践机会。通过优化教学时间的利用，教师能够提升课堂的活跃度和学习者的参与度。

第三，投入时间。投入时间是学习者在学习过程中实际专注于学习的时间，这部分时间通常被视为教学时间的一部分。投入时间的长短与学习者的学习动机、课堂氛围以及教师的教学方法密切相关。有效的教学策略可以激发学习者的学习兴趣，从而延长其投入时间。在大学英语教学中，教师应设计多样化的课堂活动，如小组讨论、角色扮演等，以吸引学生的注意力，提升其投入学习的积极性。提高投入时间不仅有助于学习者的语言能力提升，也能增强他们对学习过程的认同感。

第四，学业学习时间。学业学习时间是指学习者在学习中以高度的成功率完成学业功课的时间。这一时间类型不仅体现了学习者在课堂上的学习效果，也反映了其学习策略的有效性。为了提高学业学习时间，教师需要提供系统的指导与支持，包括明确的学习目标、有效的反馈机制以及合适的学习资源。通过提升学业学习时间，教师可以帮助学生在学习过程中积累知识、锻炼技能，从而实现学习的持续进步。

（2）大学英语教学的时间管理优化策略的内容。为了提高课堂时间的利用率，教师可采用以下时间管理策略。

第一，提高学习者参与课堂教学活动的积极性。提高大学英语课堂时间利用率的最有效途径之一，就是通过教学活动激发学习者的兴趣，从而提升其参与程度。教师在这一过程中应主动提供更多积极参与学习活动的机会，特别是鼓励学习者形成并参与结构完善的合作学习。合作学习不仅可以增强学习者之间的互动，还能促进知识的深度理解与应用。通过小组讨论、角色扮演等形式，教师可以引导学习者在真实的交际情境中运用所学知识，增强其学习的主动性和积极性。此外，教师应注重课堂氛围的营造，激励学习者表达自己的观点与疑问，使其在参与中感受到成就感与自信心，从而进一步提升课堂时间的利用效率。

第二，保持课堂活动安排的紧凑性。大学英语课堂活动的紧凑性是保证学习者高度参与学习活动的关键。大学英语教师应尽量避免在上课时打断或放慢教学进度，以确保教学流程的流畅。保持良好的课堂紧凑性可以有效减少学习者的注意力分散。例如，教师若在课堂上突然中断讲授，去处理可在课后完成的琐事，势必会打断学习者的思维，降低其参与度。因此，教师应做好课堂准备，将不必要的事务安排在课后，以最大限度地利用课堂时间。有效的时间管理不仅能提高学习者的学习效率，还能增强他们对课堂活动的投入感与参与感，从而形成良性的学习循环。

第三，保持课堂活动安排的流畅性。大学英语课堂活动的流畅性体现在教师合理且技巧地将学习者从一项活动引导至另一项活动，而不是无序跳跃。教师在课堂教学中，若能通过清晰的逻辑和过渡语将不同学习活动有机连接，将有效提升学习者的参与程度。例如，在讲解完一项新知识后，教师可以通过提问或小组讨论的方式，自然过渡到应用环节。若教师频繁重复已经掌握的知识，或在课堂上停顿思考下一个问题，这将严重影响学习者的学习动机和效率。因此，教师需保持课堂活动的连贯性，以确保学习者在每个学习环节中都能充分参与，从而提高单位时间的学习效果。

第四，形成课堂活动之间的良好过渡。大学英语课堂活动之间的良好过渡是促进学习者顺利从一项活动转向另一项活动的关键。教师在引导学习者完成活动转变时，应给予明确的信号，使学习者理解即将进行的活动或内容。例如，从小组讨论到个人发言，教师可以通过总结讨论要点，引导学习者进入新的表达环节。过渡被视为课堂管理的“缝隙”，是最容易出现问题的时刻。因此，教师应精心设计每个活动的过渡环节，以避免因活动间的突兀变化而导致学习者注意力的分散或困惑。良好的过渡不仅提升课堂的流畅性，还能增强学习者的参与感，确保学习活动的有效性。

第五，鼓励学习者进行自我管理。自我管理能力的培养对学习者的长远发展至关重要。大学英语教师应鼓励学习者参与课堂规则的制定，并反思这些规则的合理性及其对不良行为的影响。通过引导学习者思考如何计划、监督和调整自己的学习行为，教师能够帮助他们建立自我管理的意识。例如，学习者可以在每堂课后反思自己的表现，评估是否遵循了制定的规则，并思考改进策略。尽管这种引导过程可能需要额外的时间和精力，但从学习者的整体发展角度来看，投资于自我管理能力的培养是十分值得的。长远来看，这种能力不仅能提高学习者在课堂中的参与度，还能增强他们在未来学习和生活中的自主性与自信心。

2. 大学英语教学的纪律管理优化策略

课堂纪律管理是确保有效教学的基础，它不仅通过维持课堂秩序来促进学习者的参与，还在更深层次上反映了社会功能，内化了道德规范，并促进学习者的健康成长。大学英语课堂纪律可以被视为评判学习者行为适当性的标准，其核心在于通过合理的管理方式，营造和谐的教学氛围。要想保持良好的课堂秩序，大学英语教师可采取以下纪律管理策略。

（1）从教师自身角度出发采取的策略。教师在课堂纪律管理中发挥着至关重要的作用。首先，教师应事先了解学习者的姓名，这不仅可以增强师生之间的互动，还能在提问时采用姓名而非座次顺序，这种方式能够让学习者感受到被重视，从而提高他们的课堂参与感。其次，教师应明确要求学习者在其讲话前保持课堂安静，避免无序的讨论和打扰，这有助于营造一个专注的学习环境。最后，教师还应周密规划课堂活动，确保学习者在课堂期间始终有事可做，避免无聊和分散注意力的情况。例如，可以将课程内容与实际应用相结合，通过角色扮演和小组讨论等方式增强课堂的互动性和参与感。教师还需公平对待每一个学习者，消除课堂中的不平等感，避免因偏见而导致的纪律问题。

（2）从学习者角度出发采取的策略。学习者在课堂纪律的维持中也扮演着重要角色。教师可以利用集体的作用来促进纪律管理，例如，组织小组活

动，让学习者在活动中相互监督，这不仅有助于培养学习者的自我管理能力，还能促进良好课堂秩序的形成。同时，教师在设计课堂活动时，应充分考虑学习者的个性差异，利用多元智力理论，设计出符合不同学习者需求的活动，以提高学习者的参与感和自觉性。此外，实施值日班长制度可以有效增强学习者的自我约束意识。通过让学习者承担一定的管理责任，可以促进他们对课堂纪律的重视，同时也能培养其团队合作精神和责任感。

（3）从学习任务角度出发采取的策略。学习任务的设计对于促进良好纪律策略至关重要。大学英语教师应根据所学内容，设计富有趣味性和挑战性的学习任务，例如，开展游戏活动，激发学习者的学习兴趣和积极性。通过将知识与趣味结合，教师可以有效提升学习者的参与度，进而维护良好的课堂秩序。任务的多样性也是关键因素。教师可以采用不同形式的任务，如小组讨论、案例分析等，让学习者在参与中体会到学习的乐趣，从而主动参与到课堂活动中，降低纪律问题的发生率。

（4）正确处理课堂管理和教学之间的关系。大学英语课堂管理与教学密不可分。教师在课堂上若只关注教学而忽视课堂管理，将可能导致教学效果的下降。因此，教师需要平衡这两者的关系，既要关注学习者的认知发展，也要教会他们有效利用和控制自己的社会行为。另外，教师应通过建立明确的课堂规则和期望，帮助学习者理解纪律的重要性。通过适当的激励措施，如表扬守纪律的学习者，教师可以进一步增强学习者对课堂规则的遵守意识。

（二）大学英语教学管理实践途径

在当今迅速发展的教育环境中，大学英语教学管理的实践途径不断演变，以适应新技术和学生需求的变化。下面主要探讨三种主要的教学管理实践途径：利用虚拟现实和增强现实技术、灵活进行游戏化英语学习，以及应用社交媒体进行互动教学。这些途径不仅提升了英语教学的有效性，还为学生提供了更加丰富的学习体验。

1. 利用虚拟现实和增强现实

虚拟现实（VR）和增强现实（AR）技术在教育领域的应用，为高校英语教育带来了前所未有的创新机会。通过创建沉浸式学习环境，这些技术能够增强学生的英语语言能力和文化理解能力。例如，在虚拟现实环境中，学生可以身临其境地体验不同的语言场景，如模拟机场、餐厅或商务会议等。这样的实践不仅能够帮助学生提高听说能力，还能让他们在真实情境中运用所学知识。

具体而言，一些高校已经开始利用 VR 技术开发英语学习课程。例如，通过 VR 技术模拟伦敦的街头场景，让学生在虚拟环境中与“当地人”进行对话，这种互动不仅提高了学生的口语表达能力，也增强了他们对英国文化的理解。此外，增强现实技术也可以通过移动设备在课堂上实现。例如，教师可以使用 AR 应用程序，让学生通过手机扫描教材上的图片，从而获得与之相关的英语对话和文化背景资料。这种互动不仅使学习变得更有趣，也有助于学生在理解语言的同时，增强对文化细节的关注。

2. 灵活进行游戏化英语学习

游戏化学习作为一种创新的教育方法，已经在高校英语教学中得到了广泛应用。设计有趣而有教育性的英语学习游戏，不仅能够提高学生的语言能力，还能激发他们的学习兴趣。例如，教师可以设计“英语拼字游戏”，让学生在竞赛中拼写单词。这种游戏通过竞争激发了学生的参与感，使他们在愉快的氛围中学习。

部分高校还开发了基于网络的英语学习游戏，如“语言冒险”游戏，学生可以在游戏中完成各种任务，从而练习听说读写能力。这种形式不仅提高了学生的学习积极性，还促使他们主动参与到语言实践中。研究表明，游戏

化学习能够显著提高学生的学习动力和效果，特别是在语言学习中，能够帮助学生在轻松愉快的环境中掌握复杂的语言规则。此外，教师还可以利用现有的教育游戏资源，如 Quizlet 和 Kahoot 等应用程序，通过线上竞赛的方式，增强学生的学习动力。这些游戏不仅使学生在竞争中学习，也使他们在互动中巩固知识，有助于提高语言的使用能力和应变能力。

3. 应用社交媒体进行互动教学

社交媒体平台的广泛使用为高校英语教育提供了新的互动教学方式。利用如微信、脸书等社交媒体，教师可以促进学生之间的互动与合作，增强学习社群的建立。在高校英语教学中，社交媒体的应用可以起到多重作用，既能作为学习资源的分享平台，也能促进学生间的交流与讨论。例如，教师可以在微信上建立英语学习群组，鼓励学生分享学习资料、进行讨论和提出问题，这种形式的互动不仅打破了传统课堂的局限，使学习延续到课堂之外，也能够增强学生的学习动力和团队合作精神。此外，社交媒体平台还可以用于发布任务和反馈，教师可以通过这些平台进行实时的课堂管理与评价。例如，教师可以在社交媒体上发布每周的学习任务，并鼓励学生在平台上分享自己的学习成果，这种做法不仅增强了学习的透明度，还提高了学生的参与感。

第四节　大学英语教学评价设计的优化策略

一、使用多元化的评价方法

在大学英语教学中，评价设计的优化对于提升学生的综合语言能力至关重要。采用多元化的评价方法不仅能全面反映学生的学习状况，还能促进其自主学习与发展。

（一）口语表现评价

口语作为语言交流的重要组成部分，其评价对于了解学生的语言应用能力至关重要。通过口语表现评价，教师能够评估学生的发音、语调、流利度以及语言组织能力。此类评价可以采用多种形式，如一对一的口语测试、小组讨论以及课堂演讲等。在这些活动中，教师可以根据学生在交流中的表现进行即时反馈，从而促进其口语能力的提升。例如，在课堂上，教师可以设计一个以实际情境为基础的角色扮演活动，要求学生运用所学的语言知识进行即兴对话。通过这种方式，学生不仅能够在实践中锻炼口语表达能力，还能增强听力理解能力。此外，教师在评价时应注重过程性评价，即关注学生在交流中的积极参与和表达方式，而非仅看重结果，这将有效提升学生的自信心和交流能力。

（二）撰写写作作业

写作是学生用书面形式表达思想和观点的重要技能。在英语教学中，通过写作作业可以深入检验学生的书面表达能力、语法和词汇使用，以及创造性思维。教师可以要求学生撰写短文、报告、评论、论文等多种文体，以此鼓励学生在写作中进行批判性思考和逻辑组织。例如，教师可以安排学生撰写关于某一社会热点问题的观点文章，要求他们在文中使用适当的论据和例证。这种作业不仅考察了学生的语言运用能力，更培养了他们的批判性思维。此外，教师应定期提供反馈，帮助学生认识到自己在写作中的优缺点，并指导他们如何改进，这将对学生的写作能力发展产生积极影响。

（三）小组讨论和课堂参与

小组讨论是促进学生合作能力与批判性思维的重要方法。在这种评价方式中，教师可以根据学生在小组活动中的参与情况、发言频率和质量进行评

价。通过小组讨论，学生不仅能够分享彼此的观点，还能在互动中激发灵感，提高语言表达能力。例如，教师可以组织围绕某一主题的辩论赛，要求学生在小组中进行充分讨论并形成一致的观点。这不仅考验了学生的语言能力，还促进了其团队协作能力和逻辑思维能力。在评价过程中，教师应关注每位学生的贡献，确保每个成员都有机会参与，进而提高其课堂参与感。

（四）在线学习日志

在线学习日志是一种极富价值的评价工具，它为学生提供了一个记录学习过程、反思学习成果和制定学习计划的平台。通过这种方式，学生能够对自己的学习历程进行深入思考，明确自身的优劣势，进而调整学习策略。教师可以定期要求学生提交在线学习日志，记录他们在学习过程中的观察、思考和感受。例如，学生可以在日志中反思某次口语活动的表现，分析自己的进步与不足，制定下一步的学习目标。这种反思性评价不仅能增强学生的自主学习意识，还能帮助教师了解学生的学习动态，为后续教学提供参考。

二、提高评价可靠性和效度

在大学英语教学中，评价的可靠性和效度是确保教育质量的重要基石。可靠性指的是评价结果的一致性和稳定性，而效度则指评价是否真实反映学生的语言能力和学习成果。因此，提高大学英语评价的可靠性和效度，对于促进学生的语言学习与发展至关重要。

（一）提高评价的可靠性

第一，多评价者独立评价。采用多个评价者独立对同一作品进行评价，是提高评价可靠性的重要策略。通过将同一学生的作品交给不同的评价者，教师可以计算各评价者之间的评分一致性，从而减少主观误差的影响。例如，在口语能力的评估中，教师可以邀请多位同事对学生的口语表现进行评分。

这样，若评分结果高度一致，则说明该评价具有较高的可靠性。若出现评分差异，教师可以进一步分析评分标准的使用情况，确保评价的一致性。这种方法不仅能够减少个人偏见对评分的影响，还能提高教师的专业素养。在独立评价的过程中，教师将更清晰地理解评价标准的应用，从而在日后教学中更加注重对这些标准的贯彻和落实。

第二，具体明确的评价标准。评价标准的清晰与具体性对提高评价的可靠性至关重要。模糊或宽泛的标准往往导致不同评价者对同一学生作品的理解存在差异，进而影响评分的一致性。因此，教师应制定详细且具体的评价标准，明确各个评分维度及其相应的评分标准。例如，在写作评价中，可以将评分标准细分为内容、结构、语言运用和语法等多个维度，并为每个维度设定明确的评分等级和具体的要求。这不仅有助于学生理解如何达到成功标准，还能确保评价者在评分时具有一致的理解。

第三，教师还应定期组织培训，确保所有评价者对评价标准有统一的理解与认同。在此过程中，教师可以通过案例分析和互评活动，加强评价者之间的沟通与交流，从而提高整体评分的一致性。

（二）提高评价的效度

第一，与学习目标一致。确保评价内容与学习目标和教学内容相符，是提高评价效度的重要手段。评价应围绕课程所设定的学习目标展开，涵盖学生在课程中应掌握的各个方面。例如，在英语口语课程中，教师可以根据具体的学习目标，设计与学生交流能力、发音准确性、语法使用等相关的评价任务。这种与学习目标一致的评价方式，不仅能够真实反映学生的能力，还能帮助学生明确学习的重点与方向。另外，大学英语教师还应定期审视评价工具与课程目标之间的匹配度，确保评价内容的更新与调整，以适应学生的学习需求和变化。通过定期的课程评估与反思，教师可以有效地提高评价的效度，从而更好地促进学生的学习。

第二，深度和区分度。提高评价工具的深度和区分度，是确保评价效度的重要策略。有效的评价工具应具备足够的深度，以涵盖学生能力的各个层面，尤其是在语言学习的不同层次上。例如，在英语写作评价中，教师可以设计不同难度的写作任务，以考查学生在不同语境下的写作能力。这种深度的评价工具能够帮助教师更全面地了解学生的实际能力。

第三，评价工具还应具备较强的区分度，即能够有效区分不同水平的学生。通过设计多样化的评价项目，教师可以为不同能力层次的学生提供挑战和支持。例如，教师可以将学生分为不同组别，针对不同组别设置不同难度的评价任务，从而更好地评估每位学生的潜力与发展方向。

三、促进评价结果有效运用

评价的结果应该被有效地运用来改善教学和指导学生。为了实现这一目标，教师和学校应该制定明确的行动计划，以回应评价结果。

（一）教师灵活运用评价结果

在大学英语教学中，教师对评价结果的有效运用是提升教学效果和促进学生发展的关键。通过对学生表现和需求的分析，教师可以灵活调整教学方法和教材，提供个性化教育，进而促进评价结果有效运用。

第一，增加口语练习。大学英语教师可以定期安排小组讨论，让学生在小组中互相交流，分享彼此的观点。这种互动不仅能促进学生之间的合作学习，还能提供一个相对轻松的环境，帮助他们克服口语表达的紧张感。同时，通过角色扮演等情境模拟活动，学生能够在真实或模拟的场景中练习口语，这种实践性的练习将极大地提高他们的表达能力和语言运用的自信心。

第二，提供高级写作任务。对于表现优秀的学生，教师应给予更具挑战性的写作任务，如研究论文和创意写作，这不仅能够激发学生的学习兴趣，还能进一步提升他们的写作技能。在此过程中，教师可以设计一系列循序渐进的写作任务，从基础的短文写作到较为复杂的学术论文撰写，帮助学生逐步提升写作能力。此外，教师还应提供详细的写作指导和反馈，让学生了解自己的优缺点，进而在写作上实现更大的突破。

第三，学术支持服务。设立学术支持中心也是提升学生学术能力的重要途径。通过提供辅导、写作指导和练习材料，学术支持中心能够帮助学生解决学术困难。大学英语教师可以引导学生积极利用这些资源，特别是对于那些在特定学科或技能上遇到挑战的学生。通过提供额外的辅导和支持，学生能够在个性化的学习环境中获得帮助，从而有效提升他们的学术水平。

第四，利用评价结果提供针对性反馈。大学英语教师应在评价后及时与学生进行反馈沟通，帮助他们识别自身的优缺点，并提供具体的改进建议。例如，教师可以在口语或写作评价后，详细指出学生在表达、结构、语法等方面的不足，同时提供改进的方向与方法。这种及时、具体的反馈将使学生更容易理解自己的问题，并在之后的学习中采取有效措施进行改进。

（二）与学生一起制订学习计划

在现代教育背景下，促进评价结果有效运用的重要性日益凸显，而与学生共同制定学习计划的方式则成为实现这一目标的有效途径之一。通过教师与学生之间的合作，学习计划不仅能满足学生的学术需求，还能够增强他们的学习动机与自觉性，进而促进学生对学术目标的深刻理解。

1. 合作制订学习计划

学校和教师在制订学习计划时，与学生的合作是至关重要的。这一过程不仅涉及教学目标的设定，还包括学生的个体差异和需求的识别。通过这种协作，教师能够更好地理解学生的学习风格、兴趣以及潜在的学习障碍。例如，教师可以通过问卷调查、面谈等方式收集学生的意见与反馈，从而在制订学习计划时充分考虑学生的实际情况和需求。此外，这种合作的过程能够

提升学生的主动参与感，使他们对学习计划有更高的认同感，进而增强他们的学习动机与自觉性。

2. 参与评价结果解释

教师与学生之间的互动不仅限于制订学习计划，还应包括对评价结果的深入讨论。通过这种讨论，教师能够帮助学生更清晰地理解他们的表现，意识到自身的潜力与不足。例如，教师可以在评价结果发布后，与学生进行一对一的反馈会议，分析学生在各项指标上的表现，明确哪些方面做得较好，哪些方面需要改进。这种方式不仅增强了学生的自我认知能力，也促使他们在未来的学习中更有针对性地设定个人目标，从而不断提高学习效果。

3. 共同设定学习目标

教师和学生在制订学习计划时，共同设定明确的学习目标是另一个关键环节。这些目标应具体、清晰，并且与学生的学术发展息息相关。例如，教师可以与学生共同制定短期和长期目标，短期目标可以是完成某个单元的学习任务，而长期目标则可以是提升整体的英语水平或达到某个语言能力的标准。通过共同设定目标，学生能够增强对学习的责任感和动力，明确自己在学习过程中的角色与任务。

4. 制订具体学习计划

在制订学习计划时，具体性、可衡量性、时间表、所需资源及支持等方面都需被充分考虑。具体性要求学习计划明确目标和衡量标准，例如，学生可以设定每周完成一定数量的阅读任务，或是每月进行一次口语能力测试。可衡量性则要求设定可度量的进展标准，如每周测验分数或完成作业的数量。时间表则为任务的完成设定时间安排，确保学生能够有条不紊地进行学习。此外，制订学习计划时，教师还应帮助学生列出实施计划所需的资源，包括参考书籍、学习材料以及网络课程等，确保学生能够顺利获取所需的学习支持。最后，明确可获得的支持类型，如教师的辅导、同伴学习小组等，能够帮助学生在学习过程中更好地应对挑战。

5. 定期跟进与反馈

保持定期的联系是确保学习计划有效实施的重要环节。教师应定期对学生的学术进展进行跟踪与反馈，这一过程可以通过每周的学习回顾会、阶段性的测评等方式进行。在这些活动中，教师可以根据学生的表现，及时调整学习计划，并提供相应的支持与指导。此外，持续的沟通与合作能够促进学生对学习目标的坚持，帮助他们在实现学术成功的过程中保持动力与信心。

第四章 文化视域下的大学英语教学

第一节 大学英语教学的中西文化融合原则

在全球化日益加深的今天，大学英语教学不仅是语言知识的传授，更是文化交流的重要途径。中西文化的融合在英语教学中显得尤为重要，这不仅有助于学生提高语言能力，还能增强他们的跨文化理解能力。下面探讨大学英语教学中的中西文化融合原则，从尊重与理解差异、适时性与适度性、系统性与深入性三个方面进行深入分析。

一、尊重与理解差异的原则

第一，文化的多样性与差异性。文化是一个国家或民族的精髓，涵盖了其价值观、信仰、习俗、艺术等各个方面。在大学英语教学中，先要认识到中西文化的多样性与差异性。西方文化强调个体主义，重视个人自由与权利，而东方文化则更强调集体主义与家庭观念。这种文化差异在教育理念、学习方式、思维模式等方面都表现得尤为明显。教师应引导学生理解这些差异，以培养他们的跨文化意识。

第二，尊重不同文化的独特性与价值。在尊重与理解中西文化差异的过程中，教师必须强调尊重每种文化的独特性与价值，这种尊重不仅体现在语言教学中，还应体现在对文化背景的解释和讨论中。例如，在讲解英语文学作品时，教师应结合作品的文化背景，让学生体会作品中所蕴含的文化内涵与价值观。此外，通过组织文化交流活动，如中西文化节、跨文化研讨会等，学生可以在实践中加深对不同文化的理解与尊重。

第三，增进文化理解的方法与途径。为了增进学生对中西文化的理解，教师可以采取多种方法与途径。例如，利用多媒体技术，引入电影、音乐、文学作品等，让学生在真实的文化情境中学习和感受。通过讨论与辩论，鼓励学生表达对中西文化的看法和感受，帮助他们更深入地理解文化差异。此外，教师可以邀请不同文化背景的嘉宾讲座，分享他们的文化体验与思考，从而拓宽学生的文化视野。

二、适时性与适度性的原则

第一，融合时机的选择。中西文化的融合需要把握适时性。在大学英语教学的不同阶段，教师可以根据学生的学习进度和认知能力，选择适当的时机引入文化内容。例如，在基础阶段，教师应重点教授语言的基本用法，而在学生具备一定语言能力后，可以逐步引入文化背景知识，以增加他们对语言使用场景的理解。通过逐步推进，避免学生在面对文化差异时产生困惑或抵触情绪。

第二，融合内容的适度控制。在进行文化融合时，教师应注意内容的适度控制。过多的文化内容可能会导致学生的认知负担加重，从而影响学习效果。因此，教师需要精心设计课程内容，选择具有代表性且易于理解的文化元素，以确保学生能够在较轻松的环境中吸收和理解。此外，教师还应根据学生的反馈和学习效果，灵活调整文化内容的深度和广度，以满足不同学生的需求。

第三，避免文化冲突与误解。中西文化的融合过程可能会面临文化冲突

与误解的风险。教师应在教学中强调文化的相对性，帮助学生理解不同文化之间的差异，而不是将其视为对立或冲突。在讨论中西文化时，教师可以鼓励学生批判性思考，分析文化现象背后的原因与影响，从而减少误解的发生。通过培养学生的文化敏感性，增强他们对不同文化的包容性。

三、系统性与深入性的原则

第一，系统讲授中西文化精髓。中西文化的融合不能是片面的，而应当是系统性的。在大学英语教学中，教师应对中西文化的主要特征、核心价值观进行系统讲授。通过对历史、哲学、艺术等方面的全面分析，帮助学生理解中西文化的精髓。例如，在讲解中西文学时，可以通过对比分析不同文化背景下的文学作品，揭示其中的文化内涵与表达方式。这样的系统讲授有助于学生全面把握文化知识，形成更为深刻的文化理解。

第二，深入解析文化现象背后的价值观。文化现象的背后往往蕴含着深刻的价值观和社会背景。教师在讲授文化内容时，应引导学生深入解析这些现象背后的价值观。例如，在讨论西方节日（如圣诞节）时，可以探讨其与个体主义、物质主义的关系；而在讨论中国节日（如春节）时，则可以分析其反映的集体主义和家庭观念。通过这种深入的文化解析，学生不仅能理解文化现象本身，更能领会到其背后的社会心理与文化逻辑。

第三，提升学生文化素养的深度与广度。提升学生的文化素养是中西文化融合的重要目标。在英语教学中，教师应设计多样化的学习活动，激发学生的文化探索兴趣。例如，组织中西文化交流小组，让学生自主研究和分享不同文化的特点与价值；或开展跨文化项目，促使学生在实际交流中运用所学的语言与文化知识。通过这些活动，学生不仅能加深对文化的理解，还能提升自身的跨文化交际能力，为将来的国际交流与合作奠定良好的基础。

第二节　文化自信导向下的大学英语教学实践

在高校教育中，英语作为文化的载体，也是高校教育阶段中重要的学科，具有一定的文化教育优势[①]。因此大学英语教学需要进行改革，将其文化价值发掘出来，以提升学生的文化认同感和文化自信心。

一、文化自信导向下大学英语教学的现实意义

（一）借助英语平台展现中国文化魅力

在全球化的背景下，文化自信已成为我国教育的重要内容，特别是在大学英语教学中，如何借助英语这一平台展现中国文化的无穷魅力，愈发显得重要。

第一，英语作为国际通用语言，承载着全球文化的多样性，而中国文化则蕴含着深厚的历史底蕴和独特的价值观。通过英语教学，不仅可以帮助学生掌握一门语言，更可以作为桥梁，促进对中国传统文化、现代文化以及当代社会发展的理解。具体而言，教师在课堂上可以通过多种方式将中国文化融入英语教学。例如，利用中英文对照的方式，讲解古典文学作品，如《红楼梦》《三国演义》等，帮助学生理解其中的文化精髓与哲学思想。此外，通过对中国传统节日、习俗、艺术形式的介绍，学生可以在学习语言的同时，感受到中国文化的独特魅力。这不仅增强了学生的文化认同感，还使他们在国际交往中能够自信地表达和传播中国文化。

第二，借助现代技术，教师还可以利用网络平台、社交媒体等方式，将中国文化推广至更广阔的国际舞台。例如，组织线上文化交流活动，让国外

---

① 别俊玲. 基于文化自信导向的高校英语教学改革［J］. 英语广场，2020（36）：90.

的学习者通过英语学习了解中国的美食、艺术、历史等。这种跨文化交流不仅增进了中外文化的理解，也为学生提供了展示自我的机会。综上所述，文化自信导向下的大学英语教学，不仅有助于学生语言能力的提升，更为展现中国文化的魅力提供了广阔的平台。

（二）提升青年学生的文化水平和素养

在文化自信的引领下，大学英语教学的现实意义还体现在增强青年学生的文化水平和素养方面。当代大学生正处于价值观形成和世界观建构的重要阶段，英语作为一门重要的交流工具，其教学不仅限于语言的传授，更要着眼于文化素养的提升。

通过对西方文化与中国文化的比较分析，学生可以更好地理解自身文化的特征和价值，从而增强文化自信。教师在课堂中引导学生进行中西文化的对比，如探讨中西方的教育理念、家庭观念、社会价值等，帮助学生形成全面的文化视野。同时，这种比较分析也促使学生批判性思考，提升他们的文化辨识能力和综合素养。此外，教师在课程设计中可以注重多样化的教学方式，以培养学生的文化敏感性与适应能力。例如，通过小组讨论、文化活动、角色扮演等方式，鼓励学生积极参与并表达对文化的理解和见解。这样的参与式学习不仅提高了学生的语言应用能力，也增强了他们的文化理解力和自信心，使其在面对多元文化时能够从容应对。

二、文化自信导向下大学英语教学实践改革路径

（一）将英语教学与文化教学有机结合

在文化自信导向下，大学英语教学的改革应强调将英语教学与文化教学有机结合，以促进学生的全面发展。传统的英语教学往往侧重于语言知识的传授，忽视了文化背景的融入，导致学生在掌握语言的同时，对相关文化缺

乏深入理解。因此，在课堂教学中，教师应有意识地将语言学习与中国文化和西方文化的比较结合起来，从而使学生在语言学习中体验文化的多样性与丰富性。例如，在教授英语阅读时，教师可以选择包含中国文化元素的文学作品，如海明威的《老人与海》和鲁迅的《呐喊》，引导学生分析其中的文化背景和价值观。通过对文本的深入解读，学生不仅能够提高英语阅读能力，还能增强对中国文化的认同感和自信心。同时，教师应鼓励学生在学习过程中提出与文化相关的问题，促进课堂讨论，以便更好地理解语言背后的文化内涵。

（二）开展实践活动，创设良好文化氛围

为了使文化自信的理念在大学英语教学中得以有效落实，开展实践活动是不可或缺的环节。通过多样化的实践活动，可以为学生提供一个真实的语言使用环境，进一步增强他们的文化意识与实践能力。例如，可以组织“文化周”活动，让学生通过展览、表演、演讲等形式展示各自对中国文化和外国文化的理解。这样的活动不仅能激发学生的学习兴趣，还能增强他们的文化自豪感和自信心。另外，教师可以结合社会资源，组织学生参观博物馆、文化展览、历史遗址等，亲身体验和感受文化的魅力。在这些实践活动中，学生能够通过语言交流与文化学习，深化对不同文化的理解，增强其跨文化交际能力。同时，教师在活动中应发挥引导作用，帮助学生将实践体验与理论知识结合，提升他们对文化自信的认识和理解。

（三）提升教师能力，展现其引导作用

教师在文化自信导向下的大学英语教学改革中，扮演着至关重要的角色。因此，提升教师的专业能力与文化素养，是推动教学改革的核心路径之一。首先，教师应主动参与专业培训和文化交流活动，提升自身的语言能力和文化素养，以更好地适应新时代的教学需求。例如，教师可以通过参加国际会

议、文化研讨等活动，扩展视野，了解不同文化的特点与趋势，从而丰富自己的教学内容。此外，教师还应关注教学方法的创新，结合现代信息技术，运用多媒体、网络平台等工具，创造更为生动和互动的课堂氛围。同时，在实际教学中，教师应积极引导学生探索文化问题，鼓励他们提出自己的看法与见解，促进思维的碰撞与交锋。通过这样的引导，教师不仅帮助学生掌握语言技能，还培养他们的文化敏感性和批判性思维能力，最终实现文化自信的内化与外化。

第三节　数字赋能大学英语本土文化教学实践

在全球化背景下，高校英语本土文化教育的重要性愈发凸显。培养具备国际视野和交际能力的人才，已成为高校英语教育的核心任务。然而，传统英语教学模式往往对文化与交际能力的培养缺乏足够的重视，导致学生在实际交流中面临诸多挑战。为了应对这一问题，数字赋能作为一种新兴的教学手段，逐渐受到教育界的关注。数字技术的创新为英语教学提供了前所未有的机遇，不仅能够提升学生的自主学习能力，还能为他们创造个性化的学习体验，提高信息素养和交际能力，进而拓宽其国际视野。

数字赋能的特点体现在多个方面：首先，数字技术的应用使得教学内容可定制化，教师可以根据学生的需求和兴趣，设计个性化的学习计划，从而提高学习的有效性；其次，自由灵活的教学形式使得学生能够在不同的时间和地点进行学习，这种灵活性满足了现代学生的生活和学习节奏，有助于他们自主安排学习时间；再次，多元化的学习场景为学生提供了丰富的学习资源，包括在线课程、虚拟课堂，以及社交媒体平台等，这些资源的多样性极大地激发了学生的学习热情与探究欲；最后，互联互通的教育资源使得学生能够获取全球范围内的优质教育内容，这不仅促进了信息的快速流通，也为跨文化交流提供了便利条件。

一般而言，数字赋能大学英语本土文化教学实践策略主要包括以下方面。

一、教育技术工具在数字赋能中的运用

在数字化时代，教育技术工具的运用为大学英语本土文化教学提供了前所未有的可能性。教育技术工具不仅提升了教学效果，还为学生创造了丰富的学习体验，促进了本土文化的传播和交流。在线学习平台通过提供互动式学习环境，允许学生在学习过程中进行自主探索和讨论。这种平台不仅使教师能够设计灵活的课程内容，还能够为学生提供个性化的学习资源，从而满足不同学生的学习需求。例如，高校利用 Moodle 平台实施一项关于中国传统节日的在线课程。课程中，教师通过多媒体资源，包括视频、音频以及图文资料，介绍了春节、中秋节等重要节日的文化背景、习俗及其象征意义。学生可以在平台上自主选择学习内容，进行在线讨论和作业提交。通过这样的方式，学生不仅提高了英语语言能力，还加深了对中国传统文化的理解和认同。

二、积极建立数字化本土文化资源库

积极建立数字化本土文化资源库是数字赋能应用的重要内容之一。数字化资源库通过将本土文化信息进行数字化整理和分类，构建一个全面的本土文化资源库，为文化交际提供更加丰富多彩的素材和支持。资源库的构建不仅有助于保存和传承本土文化，还为大学英语教学提供了丰富的教学材料和研究资源。资源库的构建需要注意以下方面。

第一，需要系统的调研和分类。高校应通过调研当地的文化特色、历史背景和传统习俗，收集相关的文献、图像、视频等多种形式的文化资料。这些资料经过数字化处理后，可以按照主题、时代、地域等进行分类，形成一个结构清晰、易于检索的数字化本土文化资源库。例如，高校在建立本土文化资源库时，将其分为传统文化、民俗文化、现代文化等几个主要板块。在

每个板块下又细分为各个子主题，如传统节日、地方戏曲、民间艺术等，为师生提供了全面的参考资料。

第二，数字化本土文化资源库应具备良好的互动性和开放性。通过建立在线访问平台，师生可以随时随地访问和利用资源库中的文化资料。同时，教师和学生也可以在平台上进行讨论、评论和反馈，形成良好的互动氛围。这种开放性不仅促进了文化资料的共享与传播，也增强了学生对本土文化的参与感和归属感。

第三，资源库还可以与其他高校和研究机构建立合作，通过资源共享和交流，进一步丰富文化资源的内涵。例如，高校可以与其他院校共同建立一个跨校的本土文化资源网络，各校的学生可以互相访问和利用彼此的资源库。这种合作不仅提升了资源的利用效率，也为不同地域的文化交流提供了平台。

第四，数字化本土文化资源库的建立还应注重更新和维护。随着时代的发展和文化的变迁，新的文化现象和材料不断涌现，因此，资源库必须保持动态更新，以确保其内容的时效性和适用性。定期对资源库进行评估和调整，将有助于保持其在教学中的实用价值。

三、通过数字赋能提升本土文化课程的吸引力和实效性

通过数字赋能，大学英语本土文化课程的吸引力和实效性得到了显著提升。数字赋能不仅为传统课程注入了新的活力，还使课程内容更加丰富和多样化，满足了不同学生的学习需求，从而提升了整体教学效果。为了实现这一目标，课程设计应融入现代教育技术的应用，使学生在参与课程的过程中，能够真实地感受到本土文化的魅力。

第一，利用数字技术优化课程内容和教学方式是提升课程吸引力的重要途径。通过引入多媒体教学，教师可以将文本、图像、音频和视频等多种形式结合在一起，形成丰富的课程内容。例如，在讲解中国的传统文化时，教师可以通过播放相关的纪录片，展示传统节日的庆祝活动，增强学生的视觉

和听觉体验。这种多感官的学习方式，不仅提升了课程的趣味性，还能加深学生对本土文化的理解和记忆。

第二，开展基于项目的学习（Project-Based Learning，PBL）也是数字赋能的一种有效实践。通过设计具有实际意义的项目，学生可以在完成项目的过程中，深入研究本土文化的某个方面。例如，某高校开展了一项名为“我的家乡文化”的项目，要求学生通过调研、采访和实地考察，制作关于自己家乡文化的多媒体展示。这样的项目不仅增强了学生的实际操作能力，还提高了他们的团队合作意识和解决问题的能力，同时让他们在实践中领悟和传播本土文化。

第三，教师应通过建立在线学习社区，促进学生之间的互动与交流。在这个社区中，学生可以分享他们的学习体验、观点和感受，鼓励他们在不同文化背景下进行深入的讨论。这种互动不仅能够提升学生的语言表达能力，还能增强他们的跨文化交流能力，使其在面对多元文化时更加自信与从容。

第四，定期评估和反馈机制也是提升课程实效性的重要环节。通过收集学生对课程内容、教学方式和学习效果的反馈，教师可以不断改进课程设计，以更好地满足学生的需求。同时，教师应鼓励学生参与课程的改进过程，使他们在学习中有更多的发言权和参与感。这种共同参与的方式，将有助于增强学生对课程的认同感和积极性。

第四节　文化视域下的大学英语教学创新融合

文化视域下的大学英语教学创新融合，旨在通过有效整合语言学习与文化教育，培养学生的跨文化交际能力和全球视野。下面从文化自信的塑造、语言能力与文化素养的结合两个方面探讨文化视域下的大学英语教学创新融合。

第一，文化自信的塑造。在进行大学英语教学的过程中，培养学生的文

化自信至关重要。文化自信不仅是对本民族文化的认同，也是对其他文化的尊重与包容。在英语教学中，教师应当引导学生在学习外语的同时，回顾和思考自身文化的独特性。通过对比分析中西文化的异同，学生能够更加深刻地理解文化背后的价值观、思维方式和行为习惯。例如，在教授“时间观”这一文化概念时，可以引导学生讨论中西方对时间的不同看法，从而促进他们对本土文化的理解与自豪感。教师还可以通过引入当地文化元素和传统节日，丰富课程内容，使学生在真实的文化语境中感受和学习英语。例如，通过组织与当地社区合作的文化活动，让学生在实践中使用英语，既增强了语言技能，又提高了他们对自己文化的认同感。这种文化自信的塑造，不仅有助于提升学生的学习动力，还能培养他们在国际交流中更为自信的态度。

第二，语言能力与文化素养的结合。文化视域下的大学英语教学应注重语言能力与文化素养的结合。语言学习不仅是词汇和语法的积累，更是对文化背景、情境和人际关系的理解。在课堂教学中，教师应当设计多样化的任务，鼓励学生在真实的语境中运用语言，同时深入探索与语言相关的文化现象。例如，教师可以采用项目式学习，让学生围绕某一文化主题进行研究，并用英语进行展示和交流。在这个过程中，学生不仅能够提高英语表达能力，还能够深入理解文化背景与社会现实。这种任务驱动的学习方式，使学生在探索过程中主动参与，增强了对语言的理解和运用能力。此外，课堂讨论和辩论也是提高语言能力与文化素养结合的重要方式。通过组织关于文化差异、国际热点话题的讨论，学生可以在自由交流中提高语言表达能力，同时增进对其他文化的理解和认同。这种语言与文化的结合，不仅提升了学生的综合素质，也为他们将来参与国际交流打下了良好的基础。

第五章
大学旅游英语人才培养模式与实践

第一节　新文科背景下旅游英语人才培养理念

新文科是在原有旧文科的基础上，将各个专业重新组合，形成文文交叉、文理交叉、文工交叉、文医交叉，为学生提供跨学科、跨专业学习，将各学科、各专业的知识进行交叉融合、创新发展，同时倡导将现代信息技术融入课程教学中[①]。新文科背景下旅游英语人才培养理念主要包括以下方面。

一、以新文科需求驱动跨学科创新培养模式

（一）专业知识融合方式

在当今迅速变化的社会和经济环境中，传统的学科界限逐渐模糊，跨学科的知识融合成为高等教育中培养复合型人才的重要途径。以新文科需求驱动的跨学科创新培养模式，特别是在旅游英语人才培养领域，强调将不同学科的专业知识进行有效融合，以适应日益复杂的市场需求和社会发展趋势。

旅游英语作为一个新兴的复合型学科，其人才培养不仅需要扎实的英语语言能力，还需具备旅游管理、文化交流、市场营销等多方面的知识。这一

① 高国凤．“新文科”背景下应用型本科院校英语人才培养理念创新研究［J］．重庆电子工程职业学院学报，2023，32（4）：129.

领域的专业特性要求培养体系必须充分体现不同学科的优势，以提升学生的综合素质和实际应用能力。通过专业知识的融合，学生能够在旅游英语的学习中，不仅掌握语言技能，还能深入理解旅游行业的运作机制，掌握市场趋势与消费者行为。

具体而言，采用专业知识融合方式，可以通过课程设计、项目实践和团队合作等多种形式来实现。例如，在课程设计方面，可以设置“旅游英语与文化交流”课程，结合英语语言学习与目的地文化的介绍，培养学生的跨文化交际能力。在项目实践中，鼓励学生参与实际的旅游策划与推广活动，通过真实案例的分析和实践，提升其解决实际问题的能力。这种跨学科的学习方式，不仅增强了学生的学习动力，还提高了其就业竞争力。

此外，学校可与行业企业、文化机构等建立合作关系，通过校企合作项目，为学生提供实践机会，使其在真实的工作环境中应用所学知识。这种理论与实践相结合的培养模式，有助于学生更好地适应未来的工作需求，并在实际操作中巩固和深化所学的知识。

（二）双专业融合方式

在新文科背景下，采用英语专业+第二专业的双专业融合方式，成为旅游英语人才培养的重要途径。这一培养模式不仅有助于学生拓宽知识面，还能增强其就业竞争力，使其在日益多元化的职场环境中具备更强的适应能力。

第一，英语专业与第二专业的结合，使学生能够在语言能力的基础上，获得其他专业领域的深厚知识。例如，结合英语专业与旅游管理、酒店管理、市场营销等领域的学习，学生可以全面了解旅游产业的运营模式、市场需求及客户服务等关键因素。这种双专业融合的方式，使得学生在学习英语的同时，能够掌握必要的行业知识，形成完整的职业素养。

第二，双专业融合的培养模式促进了学科之间的互动与协同。通过课程设计，可以设置“旅游英语与市场营销”课程，鼓励学生在学习英语的过程中，理解市场营销的基本原则与策略。此外，学校可以组织跨学科的研讨会、实习项目和社会实践活动，让学生有机会与不同专业的同学合作，共同解决实际问题。这种合作学习的方式，不仅提高了学生的团队合作能力，也为他们提供了多元化的视野。

第三，在课程实施中，学校应充分考虑不同专业的特点与优势，灵活设计课程内容和教学方法。例如，对于旅游英语与文化研究的结合，教师可以引导学生深入探讨不同文化背景对旅游行为的影响，从而提高他们的跨文化理解能力和沟通能力。这种深度的专业融合，能够帮助学生在旅游英语领域中形成独特的视角与见解。

第四，采用双专业融合的培养模式，也为学生提供了更多的职业发展选择。随着旅游行业的迅速发展，对复合型人才的需求日益增加，掌握多种专业技能的学生无疑在就业市场中占据更为有利的位置。通过这一模式的培养，学生不仅可以选择传统的旅游行业岗位，还能进入酒店、航空、文化交流等多个相关领域，提升自身的职业灵活性与适应性。

二、新文科指引下课程体系调整与教学内容拓展

（一）新文科背景下课程体系的调整

在新文科理念的指导下，课程体系的调整是旅游英语人才培养的首要任务。课程体系不仅是知识传授的载体，更是培养学生综合素质与能力的基础。因此，必须通过调整课程设置，使其更加符合行业需求与学生发展的需要。

第一，课程内容的整合与优化。旅游英语课程应强调跨学科知识的整合与优化。传统的旅游英语教学往往侧重于语言的学习，而忽视了旅游行业的专业知识及其发展动态。在新文科的指引下，课程设置应融入旅游管理、市场营销、跨文化沟通等相关学科的知识，形成多学科交叉的课程体系。例如，增设“旅游市场营销”课程，使学生不仅掌握旅游英语的基本语言技能，还

能了解旅游产品的推广与市场运作，这样的知识整合将极大提升学生的综合素质。

第二，课程模块的灵活化设计。课程模块的设计应更加灵活，以适应不同学生的需求。根据学生的兴趣和特长，设置不同的课程模块，如“文化旅游英语”“商务旅游英语”“导游英语”等，帮助学生根据自身职业规划选择相应的学习方向。这种灵活的课程设计不仅能够激发学生的学习兴趣，还能促进其个性化发展，从而提高教学效果。

第三，强化实践环节的设立。新文科背景下的课程体系调整还应注重实践环节的设立。将理论与实践相结合，通过实习、项目研究和情境模拟等方式，让学生在真实的工作环境中应用所学知识。例如，可以与旅游企业合作，开展“实践+理论”的课程项目，让学生参与到实际的旅游策划中，从而提高其实际操作能力。这种实践导向的教学方法，不仅能提升学生的综合素养，也能增强其就业竞争力。

（二）新文科背景下教学内容的拓展

除了课程体系的调整，教学内容的拓展也是旅游英语人才培养的重要环节。新文科强调以人为本，注重学生的全面发展，因此，在教学内容上应更加丰富和多样化。

第一，引入多元文化的内容。在教学内容中应引入多元文化的视角，以拓宽学生的国际视野。旅游行业本质上是文化交流的载体，了解不同文化背景下的旅游现象，将有助于学生在未来的职业生涯中更好地与来自不同文化背景的人沟通与合作。例如，在课堂上引入不同国家和地区的旅游案例，分析其文化特色与旅游发展模式，帮助学生在跨文化交际中形成更全面的认知。

第二，加强社会热点话题的讨论。教学内容中应加强社会热点话题的讨论，培养学生的批判性思维与创新能力。在新文科的教育理念下，教师可以围绕旅游行业的最新发展趋势、政策变化和市场动态等话题进行深入探讨，引导学生进行批判性分析与思考。这不仅能激发学生的思维活力，还能帮助他们在复杂多变的市场环境中保持敏锐的洞察力。

第三，强化实践案例的分析。教学内容中应强化实践案例的分析，以提高学生的实际操作能力。通过对成功与失败的旅游案例进行深入剖析，学生不仅可以了解行业的实际运作方式，还能从中吸取经验教训，提升自身的实践能力。例如，可以选择一些具有代表性的旅游项目，让学生进行案例研究，分析其成功因素与面临的挑战，帮助他们在实践中总结经验，提升自身的综合素养。

第二节　大学旅游英语人才培养的模式

人才培养，即指对人才进行教育、培训的过程。旅游英语的首要功能就是进行人才培养，其根本任务就是为企业的生产发展培养专门的应用型人才[①]。

一、大学旅游英语人才培养模式的主要类型

（一）以就业为导向的人才培养模式

1. 以就业为导向人才培养模式的基本条件

以就业为导向的人才培养模式，旨在通过系统化的教学安排，培养符合市场需求的高素质旅游英语专业人才。实现这一目标的基本条件包括：明确的行业需求分析、科学的课程体系设计、有效的教学资源配置以及良好的校

① 沈红. 旅游英语人才培养模式研究［M］. 北京：中国纺织出版社有限公司，2023：47.

企合作机制。

（1）明确的行业需求分析是基础。学校需要深入调研旅游行业的发展动态、用人单位的需求变化及就业市场的趋势，通过数据收集和分析，制定合理的人才培养目标。例如，结合国家对旅游业的政策导向与行业协会的反馈，学校能够及时调整专业设置和培养方案，以确保培养的人才能够快速适应市场变化。

（2）科学的课程体系设计是关键。课程设置应围绕旅游行业需求进行系统构建，包括专业基础课程、专业核心课程及相关实践课程的综合安排。课程内容不仅应包括传统的英语语言能力训练，还应融入旅游管理、市场营销、文化交流等多学科知识，形成一个多元化、立体化的课程体系。此外，课程的灵活性和适应性也至关重要，教育机构应定期评估和调整课程内容，以适应行业的变化和新兴职业的出现。

（3）有效的教学资源配置能够确保人才培养的高质量。在这一过程中，教师的素质和教学能力是核心因素。教师不仅应具备扎实的学科知识，更应具备丰富的行业实践经验。因此，学校应鼓励教师参与行业交流与实践，提升其专业素养。同时，教学资源的多样性也非常重要，学校应通过引入现代信息技术，利用线上与线下相结合的教学方式，丰富学生的学习体验。

（4）良好的校企合作机制是实现就业导向人才培养的有效途径。通过与行业企业的紧密合作，学校能够及时获取行业需求信息，并借助企业的实践平台，为学生提供实习和就业机会。此外，校企合作还能够为课程设计和教学提供实际案例，使教学内容更具实用性和前瞻性。这种合作模式不仅能够提高学生的实践能力，还能够增强他们的就业竞争力。

2. 以就业为导向人才培养模式的注意事项

（1）根据就业需要设置专业。以就业为导向的人才培养模式的首要特征是根据就业需要设置专业。这一特征强调专业设置必须与实际市场需求紧密对接，确保培养的人才能够满足行业发展的需求。在此背景下，学校需根据旅游市场调研和行业反馈，适时调整和增设专业，尤其是新兴旅游市场所需的专业。

第一，学校应设立多样化的专业方向，以应对不同细分市场的需求。例如，在旅游行业中，随着生态旅游、文化旅游和智慧旅游等新兴领域的崛起，相关专业的设置应涵盖这些新的方向。通过建立多层次、多元化的专业体系，学生能够在专业选择上有更大的灵活性，进而提高他们的就业匹配度。

第二，专业设置不仅要关注硬技能的培养，还应加强软技能的教育。现代旅游行业对人才的要求不仅限于专业知识的掌握，还包括良好的沟通能力、团队合作精神和跨文化交际能力。因此，专业设置应结合这些软技能的培养，确保学生在专业能力和综合素质上都能满足用人单位的需求。

（2）根据就业需要开设课程和组织教学。以就业为导向的人才培养模式的第二个特征是根据就业需要开设课程和组织教学。这一特征强调课程内容的实用性和针对性，旨在通过教学安排直接提高学生的就业能力。

第一，课程设置应紧密围绕行业需求进行调整。课程内容不仅要包含语言知识的传授，还应融入行业相关的专业知识与实践技能。例如，课程可以涵盖旅游市场分析、客户关系管理、目的地营销等领域的内容，通过理论与实践的结合，提升学生的实战能力。此外，学校应积极引入案例教学、项目导向学习等创新教学方法，让学生在真实情境中学习，增强他们的实际操作能力。

第二，教学组织形式也应与就业需求相适应。除了传统的课堂教学，学校还应开展多样化的教学活动，如实习、行业讲座、企业参观等，增强学生的实践经验。在教学过程中，教师可以邀请行业专家来校授课，分享最新的行业动态与实践经验，帮助学生了解就业市场的变化。此外，学校可以与企业合作，组织学生进行短期实习，通过真实的工作环境，让学生在实践中提升专业技能。

（3）定期评估课程效果和学生就业情况。学校应建立反馈机制，通过收集毕业生就业信息和用人单位的评价，定期对课程设置和教学方法进行调整，确保培养方案始终与市场需求相一致。这种动态调整的机制能够确保教育质量的持续提升，为学生的职业发展提供更有力的支持。

（二）订单式人才培养模式

订单式人才培养模式是一种基于校企合作的教育模式，旨在为学生提供清晰的就业方向，这一模式的实施不仅能增强学校与企业之间的信任关系，还能激发学校在人才培养方面的积极性。近年来，这种模式成为我国旅游英语领域人才培养改革与创新的重要趋势。

1. 订单式人才培养模式的实施条件

在当今经济高速发展的背景下，教育体系与产业需求之间的对接愈发显得重要。订单式人才培养模式的实施，为学校与企业之间建立有效的合作机制提供了新的思路。

（1）学校与企业合作。学校与企业的合作是订单式人才培养模式成功实施的基础。有效的合作关系能够为学校提供实时的行业信息和技术动态，使其在课程设置、教学内容和实践环节上能够更好地与行业需求相匹配。为此，学校需要主动寻求与区域内企业的对接，通过建立合作联盟，定期举办校企洽谈会、行业研讨会等形式，增进了解、加强沟通，及时掌握企业对于人才的具体需求，从而使学校的人才培养计划能够准确契合市场需求。在这一过程中，学校应当积极参与到区域经济发展中，融入地方经济结构的调整与产业升级之中。通过与企业的深入交流，学校可以了解新兴产业的特点、发展趋势以及对人才的特殊需求，这对于专业设置及课程安排都有着重要的指导意义。例如，若某一地区正在发展高新技术产业，学校则应在相应专业中引入更多与此产业相关的课程，以培养符合该行业需求的人才。

（2）专业设置与课程设计。在订单式人才培养模式的实施中，专业设置与课程设计是至关重要的环节。学校在设置专业时，必须充分考虑到自身的优势与地方经济的实际需求，努力实现专业设置与产业发展的有机结合。具体而言，学校需要对现有的专业进行审视，必要时进行调整，增设与企业需求紧密相关的新兴专业，确保培养方向与市场需求一致。另外，课程设计方面，学校应以企业的人才需求为导向，制定出科学合理的课程体系。课程内容要兼顾理论与实践，不仅要传授专业知识，还应加强实践环节的设置，以提高学生的实践能力和动手能力。例如，可以通过校企合作建立实习基地，让学生在真实的旅游工作环境中锻炼，增强其就业竞争力。此外，课程内容要及时更新，跟进行业前沿动态，使学生能够学习到最新的技术与知识，真正实现与市场的无缝对接。

（3）完善校企合作机制。为了有效实施订单式人才培养模式，学校还需构建完善的校企合作机制。校企双方应当建立长效的合作关系，形成稳定的合作平台，促进资源的共享与信息的互通。为此，学校可通过签订合作协议、建立合作委员会等方式，明确双方的权责与利益，确保合作的顺利进行。同时，学校还应定期评估与企业的合作效果，根据评估结果及时调整合作策略，以不断提高校企合作的深度与广度。通过这样的机制，学校能够更好地了解企业对于人才的要求，并根据实际情况不断优化自身的人才培养方案。

2. 订单式人才培养模式的注意事项

（1）学校与企业签订人才培养协议。订单式人才培养模式的基础在于学校与企业之间签订的人才培养协议。这一协议不仅是一种法律文件，更是双方建立合作关系的基础。在签订协议时，大学旅游英语专业需要充分考虑以下方面。

第一，协议的内容必须详细、明确，涵盖双方的权利与义务。学校应明确自身在人才培养中的职责，包括课程设置、教学安排、师资力量等方面，

同时，企业也应在协议中清楚说明其对学生实习和就业的具体要求。这种双向的责任明确能够有效减少未来可能出现的矛盾和争议。

第二，协议的签订需要结合当前旅游行业的发展趋势和市场需求。大学旅游英语专业应与企业充分沟通，了解其对人才的具体需求，确保培养的目标与行业标准相一致。此外，协议中应设定定期评估机制，以便校企双方能够在合作过程中及时调整和优化培养方案，确保培养质量的持续提升。

第三，法律条款的设定至关重要。双方在协议中应包括违约责任、解约条款及争议解决机制等内容，以保障双方的合法权益。尤其是在现代社会，企业的变动频繁，协议的灵活性和适应性显得尤为重要。

（2）校企双方共同制订人才培养计划和培养人才。订单式人才培养模式的核心在于校企双方共同制订人才培养计划。这一过程要求学校和企业之间的紧密合作，以确保培养方案的科学性和有效性。在这一过程中，需要重点关注以下方面。

第一，校企双方应共同分析区域经济的发展状况、市场需求和旅游英语教学规律，这一分析为人才培养计划的制定提供了科学依据。大学旅游英语专业在设定课程时，必须结合当地旅游业的发展现状，确保学生所学知识与实际工作需求相符合。这种需求导向的培养模式能够提高学生的就业竞争力，确保其所学知识能够在实际工作中得到应用。

第二，培养计划的制定应考虑到三方利益的平衡。学校、企业和学生三者的利益往往存在一定的矛盾，因此，制订计划时需要进行充分的沟通与协调。学校应关注学生的学习需求，企业则应重视对人才的实际需求，只有在三者之间找到平衡点，才能制订出切实可行的人才培养计划。

第三，实施过程中应设立反馈机制，确保校企双方能够及时掌握培养计划的实施效果。定期召开校企会议，分析学生的学习情况和实习反馈，及时调整培养方案，以适应市场的变化和需求。这种动态的管理方式能够有效提高人才培养的针对性和实效性。

（3）企业按照协议安排学生就业。订单式人才培养模式的一个显著特点是企业在协议中承诺按照规定为学生提供就业机会。这一环节的有效实施，对于保障学生的就业和提升学校的社会声誉至关重要。大学旅游英语专业在这一过程中需要注意以下方面。

第一，企业在安排学生就业时应严格遵循协议的约定。这意味着，企业需要在培养计划实施结束后，按时为符合条件的学生提供就业岗位，并确保岗位与学生的专业背景和能力相匹配。这种匹配不仅能够提高学生的工作满意度，也有助于企业的业务发展。

第二，企业在就业安排过程中应注重对学生的职业发展规划。大学旅游英语专业可以与企业共同制定职业发展指导方案，帮助学生在就业过程中更好地适应职场环境，提升其职业素养和能力。这种指导不仅有助于学生的个人发展，也能够增强企业的人才留存率，形成良性循环。

第三，校企双方应保持良好的沟通，及时反馈就业情况和学生的工作表现。这一反馈机制不仅有助于学生的职业发展，也能够为学校未来的人才培养提供重要参考。通过不断优化培养计划和就业安排，校企双方可以实现共赢，推动订单式人才培养模式的可持续发展。

二、大学旅游英语人才培养模式的改革策略

（一）确立以人为本的教育思想

在现代教育体系中，“以人为本”的教育思想日益受到重视，强调对个体价值的尊重与关注，这一理念在大学旅游英语人才培养模式的改革中尤为重要，要求教师关注每位学生的独特性与发展潜力。在旅游英语教学中，应坚持以学生为中心，充分尊重学生的个性与特长，承认其自主性与创造性。教育的核心任务在于促进学生的全面发展，尤其是在快速变化的旅游行业中，培养具备适应能力和创新精神的人才显得尤为迫切。

第一，大学旅游英语课程应当重视学生的动手能力与综合素质，鼓励学生主动参与课程设计与实践活动。在课程设置中，可以引入项目式学习和案例分析等教学方法，让学生在真实的情境中进行实践，提升其解决实际问题的能力。同时，个性发展也是课程设计的重要目标，应当根据不同学生的需求和兴趣，创造个性化的学习空间，使每位学生都能在学习中找到自己的定位与方向。

第二，教师在教学过程中需严格把关，既要尊重学生的自主学习权利，又要有效管理课堂。教师的角色不仅是知识的传授者，更应成为学生学习的引导者和支持者。在课程分层、选修制等改革措施的实施中，教师应根据学生的不同能力和学习进度，提供适宜的教学支持和资源。同时，校园文化建设也应与以人为本的教育思想相结合，创造积极向上的学习氛围，激发学生的学习动力与创造力。

（二）加大学校教育经费投入

教育经费的投入对于旅游英语人才培养模式的改革至关重要。充足的教育经费不仅能够保障教学设施的完善和课程内容的更新，更能为教育创新提供必要的资源支持。在旅游英语的教学过程中，教育经费的增加可以用于多个方面，从而促进整体教学质量的提升。

第一，学校应加大对教学设施的投入，建立现代化的多媒体教室、语言实验室和实训基地。这些设施的建设能够为学生提供更好的学习环境，支持更为多样化的教学活动。例如，通过配备先进的语言学习软件和设备，学生可以在更为丰富的学习情境中提高其语言能力。同时，实训基地的建立也能为学生提供真实的工作环境，使其在实践中更好地理解理论知识，并提升实际操作能力。

第二，增加教育经费还应体现在师资队伍的建设上。高水平的教师是教育质量的保证，学校可以通过加大薪资、提供进修机会等方式，吸引和留住优秀的教学人才。同时，教师的专业发展也应得到重视，通过定期的培训和学术交流，提升教师的教学能力与专业素养，使其能够更好地适应旅游英语教育的需要。

第三，教育经费的增加也可以用于课程内容的开发与更新。随着旅游行业的迅速发展，市场需求和职业技能的变化要求课程内容不断调整与优化。学校应加大对课程开发的投入，引入行业专家参与课程设计，确保教学内容的前沿性与实用性。同时，结合实际案例与行业动态，更新教材和教学资源，为学生提供更为贴近市场需求的学习材料。

（三）以市场需求为导向

在当前全球经济一体化与旅游产业迅速发展的背景下，大学旅游英语专业的培养模式必须以市场需求为导向，强调职业针对性。这一策略不仅是适应市场变化的必要手段，也是提升旅游英语专业学生就业竞争力的重要途径。因此，教育机构需要通过深入的市场调查和行业分析，准确把握旅游行业的人才需求，从而设置相应的课程体系和培养方案。

第一，针对市场需求设置相应专业是高校的重要任务。在这方面，院校应加强与旅游企业的合作，通过定期的行业调研和座谈会，了解企业对于人才的具体要求与岗位技能需求。这一过程可以帮助院校调整和优化专业设置，使培养的学生能够更加符合市场的期待。例如，在快速发展的数字化旅游领域，院校可以增设相关课程，如数字营销、旅游数据分析等，以培养能够适应新兴职业需求的复合型人才。

第二，对于已有的旅游英语专业，院校必须严格把控教育质量，以“以质取胜”的理念为核心，致力于形成具有品牌特色的专业。通过建立科学的评估与反馈机制，院校可以定期检查课程内容的有效性和学生的学习效果，从而确保教育质量持续提升。同时，院校应当鼓励教师进行专业发展与学术研究，提升教学水平，使得课程更具前瞻性与实用性，这种品牌化的专业发

展策略，不仅能够增强院校的吸引力，也能够提升毕业生的社会认可度。

第三，针对那些具有独特专业特色的旅游英语课程，学校应明确其培养目标、模式和教学管理，从而形成自身的办学特色。这种特色化的培养策略能够在激烈的教育市场竞争中占据优势。例如，一些学校可以重点培养具备外语能力与地方文化知识的旅游导游，或是专注于生态旅游与可持续发展等领域的专业人才。通过明确的培养方向，院校不仅能够满足市场的特定需求，也能够为学生提供明确的职业发展路径。

（四）坚持为区域经济服务思想

旅游英语教育的本质在于为社会和地区提供应用型技术人才，因此，大学的旅游英语人才培养模式必须坚持为区域经济服务的思想，这一理念强调教育的社会责任，要求学校结合地方经济发展状况，设置相应的专业和课程体系，以实现教育与经济的紧密结合。

第一，在人才培养模式改革中，学校应根据地方经济状况，合理设置相应专业与课程体系。在区域经济发展水平不同的背景下，旅游行业的需求与特征也各不相同。例如，在旅游资源丰富的地区，学校应注重培养具有地方文化背景的旅游导游、市场营销等专业人才，而在经济较为发达的城市，专业则应更侧重于管理与策划，以适应高端旅游市场的需求。因此，学校应深入调研地方经济，灵活调整课程设置，以形成符合区域特点的人才培养方案。

第二，学校在人才培养模式改革中，应构建与区域经济发展相适应的人才培养模式，这要求在课程设计、教学内容与实践环节中充分融入地方经济特色。例如，课程中可以引入地方的旅游案例与企业合作项目，使学生能够在真实的环境中锻炼技能，提高其适应性。同时，通过建立校企合作机制，学校能够为学生提供实习与就业机会，促进学生与当地企业的深度融合，增强学生的就业能力。

第三，学校应深入行业与企业调研，科学预测人才需求，与用人单位共同确定人才培养规格。这一过程不仅有助于明确教育目标与方向，也能够使课程内容与市场需求保持一致。通过定期与用人单位沟通，学校可以及时获取行业动态与人才市场变化的信息，调整培养策略，从而实现教育服务区域经济的目标。

第三节　大学旅游英语人才培养的实践

一、改革大学旅游英语实践教学课程

（一）确立合理旅游英语课程目标

在旅游英语教学中，确立科学合理的课程目标是开展有效教学的前提。旅游英语实践课程的教学目标应明确包括以下方面。

第一，提高学生的英语整体运用水平，尤其是口语表达能力。考虑到旅游行业的特殊性，学生需要具备在复杂环境中灵活运用英语的能力。课程中应设计多样化的口语训练活动，例如，模拟导游讲解、客户接待等，帮助学生在真实场景中进行练习。

第二，提高学生对旅游行业的认识。旅游英语课程不仅是语言学习，更是行业知识的传授。教师应引入旅游行业的相关背景知识，包括行业结构、服务流程和客户需求等，使学生在掌握语言的同时，对行业有深入理解。例如，可以通过案例分析的方式，引导学生研究不同类型的旅游公司，了解其运营模式和市场定位，从而提升学生的职业敏感性。

第三，着眼于学生未来工作与社交过程中的英语应用能力。旅游行业的工作通常涉及与客户的沟通、跨文化交流等，学生需要掌握适合于不同场合的交流技巧。通过角色扮演、团队合作等教学方式，培养学生的沟通能力和应变能力，以适应未来职业发展所需。

（二）构建旅游英语一体化教材

在旅游英语实践教学中，构建一体化的教材是实现教学目标的重要保障。教师需要对旅游英语工作的职业要求有清晰的认识，明确该课程所需知识、能力和素质。在此基础上，可以设计针对不同职业角色的课程模块，例如导游、酒店管理、旅行社运营等，每个模块应涵盖与该角色相关的专业知识和英语应用。同时，教材的内容设计应强调课程的通用性和地域性。教师应根据所在地区的旅游特色和市场需求，结合当地的文化、历史及地理信息，编写相应的案例与练习题，使学生在学习中感受到地方文化的独特魅力。例如，在教材中可以加入本地著名旅游景点的介绍，帮助学生掌握与地方旅游相关的专业术语和表达方式。同时，考虑到不同地区旅游市场的多样性，教材应具备一定的灵活性，以便教师根据实际情况进行调整。

此外，教材中应包含实用的语言技巧和职业技能的培养内容。教师可针对不同场景设计相应的对话和情境模拟，如客户投诉处理、产品推介等，使学生在实践中学习应对策略和交流技巧。这种一体化的教材设计，能够有效提高学生的综合素质，帮助其在未来的职业生涯中游刃有余。

（三）提高学生学习精度与深度

旅游行业是一个涵盖多个学科的综合性行业，学生在短暂的学习周期内必须掌握大量的理论和实践知识。因此，在进行人才培养时，必须防止只注重理论、不注重实践的教学现象。改革旅游英语实践教学课程，应注重建立一个具有特色的、与本土文化结合的系统实践课程体系。这样的课程体系不仅应包含丰富的实践活动，还要与行业标准和职业需求紧密对接，以提高学生的学习精度与深度。

1. 完善学分置换的方案

为了进一步提高学生学习的精度与深度，学校应构建并完善学分置换方案。学分置换是指通过实践活动获取学分的方式，可以激励学生积极参与到实践中去。学校可以与企业合作，建立实习基地，让学生在真实的工作环境中进行实践，获取相应的学分。这种学分置换的模式，有助于激发学生的学习兴趣，使他们在实践中获取知识和技能。例如，学生在旅行社实习期间，可以参与到客户接待、行程安排等实际工作中，通过实践提升语言运用能力和专业操作技能。通过这种方式，学生不仅能获得实际工作经验，还能在实践中巩固课堂上所学的知识，从而提高学习的精度与深度。

2. 实施课程体系系统化和模块化

为实现有效的学习，课程体系应当系统化和模块化，涵盖从基础知识到专业技能的各个方面。大学英语教师可以根据课程的不同模块，设定不同的学习目标。例如，在基础模块中，可以通过基础的英语口语训练和旅游专业术语的学习，提高学生的语言运用能力；在中级模块中，结合实际案例进行角色扮演和场景模拟，使学生在实践中掌握与客户沟通的技巧。

为了增强学生的学习深度，课程中应引入多样化的实践活动。教师可以设计与当地旅游文化相关的项目，如组织学生参与本地旅游景点的调研与策划，或进行民俗文化的调查与分析，帮助学生在实践中深入理解文化与旅游的关系。例如，学生可以组成小组，研究本土传统文化与旅游产业的结合，通过实地考察与数据分析，提出相应的建议与方案。这种项目式学习不仅增强了学生的学习深度，也锻炼了他们的团队合作能力与自主学习能力。

（四）整合旅游英语课程教学内容

在大学旅游英语实践教学中，应重视“英语+旅游+技术”的综合特征，整合教学内容，以提高学生在旅游行业中的实际应用能力。首先，课程内容应明确将重点放在语言学习上，但必须与旅游行业的实际操作紧密结合。通过有机整合语言学习与行业知识，确保学生在掌握语言的同时，深入了解旅

游业的运作与特点。

教师应根据旅游行业的最新发展动态，不断更新和整合教学内容。例如，在课程中，可以引入新的旅游趋势，如生态旅游、文化旅游等，并针对这些领域的英语表达和行业术语进行系统培训。通过设置相关的案例分析和实操练习，帮助学生理解如何在不同的旅游场景中有效沟通。此外，教师还应关注技术在旅游行业中的应用，整合相关的技术培训内容。例如，可以引导学生学习如何使用旅游管理软件、在线预订系统等，帮助他们掌握现代旅游业所需的技能。在此过程中，可以通过组织技术培训、邀请行业专家讲座等形式，使学生不仅能学到英语，还能掌握实用的技术知识。

二、建立大学旅游英语实践教学机制

在当前全球旅游业迅速发展的背景下，大学旅游英语的教育不仅应重视理论教学，更需注重实践教学机制的建立。通过有效的实践教学，学生不仅能够掌握英语语言技巧，还能在真实的行业环境中应用这些技能，培养应变能力、跨文化沟通技巧以及行业特定的专业知识。

（一）构建多层次的实践教学模式

在旅游英语的教学中，传统的课堂教学模式常常无法全面满足学生对实践技能的需求。旅游行业的复杂性、多样性要求学生能够适应各种不同的工作场景和文化环境。因此，旅游英语实践教学必须建立多层次、多样化的教学模式，以全面提升学生的能力。多样化的实践模式不仅涵盖校内的实验课程与虚拟模拟平台，还应包括校外实地考察和行业项目的参与。

1. 推进实地考察与调研项目

尽管虚拟平台的运用在一定程度上提升了实践教学的灵活性，但真实的旅游场景依然是学生实践学习的重要组成部分。通过组织实地考察和调研项目，学生能够亲身体验旅游目的地的文化、服务流程和语言使用环境，从而更好地掌握行业内的实际需求和挑战，这类项目能够有效地将课堂中的理论学习与真实的行业应用结合起来，使学生在实际工作环境中锻炼其英语沟通能力和文化理解力。实地考察的具体实施方式主要包括以下方面。

（1）旅游目的地的文化调研。学校可以组织学生前往热门旅游景点或文化名胜地，进行语言调研和文化体验。例如，学生可以在旅游景点与当地居民、导游以及游客互动，通过收集和分析不同语言场景下的沟通特点，提升其在不同文化背景下的语言运用能力。这不仅让学生有机会深入了解当地的历史文化和旅游产业，同时也让他们体会到旅游英语在跨文化交流中的重要性。

（2）服务流程观摩与体验。在实地考察过程中，学生可以观察和体验不同类型旅游服务的具体流程。例如，学生可以亲身体验导游讲解、酒店前台服务、游客中心咨询等环节，并通过这些实践活动来加强对课堂所学内容的理解。这种观摩式的学习让学生将理论知识与实践相结合，从而培养他们的实际操作能力和职业敏感度。又如，学校可以组织旅游英语专业的学生前往国内一线旅游城市进行为期一周的实地考察，学生们在实地考察期间与旅游企业进行深度交流，并观察从导游服务到酒店管理的各个环节。通过这次考察，学生们不仅加强对旅游行业的整体认知，还提高在真实旅游场景中的语言沟通和应变能力。实地考察中，学生与外国游客的语言互动尤其有助于锻炼其跨文化交流技巧。

2. 开展短期海外交换项目

旅游英语课程的核心目标之一是培养学生的跨文化沟通能力。因此，通过短期海外交换项目，能够让学生深入体验英语国家的文化与旅游行业运作模式。这种交换项目通常为期几周到几个月，学生有机会进入国外的旅游企业、酒店或旅行社，亲身体验国际化的旅游服务流程和标准，同时进一步提

升其语言技能。

（1）语言环境的沉浸式体验。学生在英语国家的旅游企业或文化机构工作，可以在实际工作中不断实践和改进他们的英语表达能力。例如，学生可以参与导游工作、客户接待、服务咨询等，通过面对外国游客的真实需求进行口语训练。在此过程中，学生的语言技能会有显著提升，特别是对于旅游专业术语和常见交流情境的掌握。

（2）跨文化交流能力的培养。短期海外交换项目不仅是语言能力的提升，更重要的是培养学生的跨文化适应力和沟通能力。旅游行业本质上是一个跨文化的服务行业，学生通过面对不同文化背景的游客和客户，可以更加深刻地理解文化差异对沟通的影响，学会在跨文化交流中灵活调整自己的沟通方式。

（二）鼓励课程与行业认证的结合

在旅游英语的实践教学中，将课程与行业认证相结合是提升学生就业竞争力的有效手段。这不仅能够帮助学生在学习过程中掌握必要的职业技能，还能使他们在毕业时获得旅游行业认可的资格证书，增加其在就业市场中的竞争优势。

1. 引入国际认可的旅游业资格认证

在大学旅游英语教学中，学术教育与职业技能培训的结合至关重要。为了让学生在毕业时具备更加全面的职业能力，学校应与国际旅游行业的认证机构建立合作，引入全球认可的资格认证。这些认证不仅是学生专业能力的证明，也是他们进入国际化旅游市场的重要通行证。

引入行业资格认证，如导游证、酒店管理认证和旅行社运营管理资格证等，能够为学生提供专业技能的客观认可，这些资格认证不仅提升了学生的职业素养，也增强了他们在全球旅游市场中的就业竞争力。例如，获得国际导游证书的学生在求职时能够脱颖而出，因为这一证书证明了他们不仅具备扎实的语言能力，还掌握了全球通行的导游技巧和文化知识。

通过将行业认证与旅游英语课程紧密结合，学生能够在理论学习的同时，系统性地掌握行业中需要的实操技能。例如，在导游相关课程中，学生不仅学习如何讲解文化历史，还可以通过实际模拟导游场景，接受行业认证考试。这种“学业+认证”的模式，使学生毕业时不仅具备学术背景，还拥有了相应的职业技能认证，提升了其就业市场的竞争力。

2. 设置职业技能考核与模拟考试

为了确保学生能够顺利通过行业资格认证，学校应在实践课程中设置职业技能考核与模拟考试。这不仅能够帮助学生更好地掌握核心技能，还能让他们熟悉行业资格认证的考试流程和要求，从而降低考试的压力并提高通过率。

在大学旅游英语实践课程中，职业技能考核是确保学生具备实际操作能力的关键环节。考核的内容应涵盖旅游行业的核心技能，如语言表达、客户服务、文化沟通、市场调研报告写作等。例如，在导游模拟考试中，学生可以通过模拟不同国家的旅游团接待，来展示其跨文化沟通技巧和专业知识的运用。此外，服务模拟测试也可以让学生模拟酒店前台接待或旅行社的客户咨询服务，帮助他们熟悉服务流程，提高实际操作能力。这种技能考核的设置，不仅让学生掌握行业所需的核心技能，还让他们在实践中不断提升自我能力。例如，在市场调研报告写作的考核中，学生需要通过实际调研旅游市场、分析数据并撰写报告，这不仅提升了他们的分析能力，还培养了其在实际工作中撰写专业报告的技能。

为了确保学生能够顺利通过行业资格认证，模拟考试的设置至关重要。通过模拟考试，学生可以提前了解行业资格认证的考试流程、考试形式以及常见的难点问题。对于一些技能性较强的考试，如导游证书考试或酒店管理

认证，模拟考试能够帮助学生熟悉具体的操作流程，避免在正式考试时因不熟悉而产生紧张和压力。例如，旅游英语专业在导游课程的结业考试中设置导游模拟考试。学生通过模拟带领旅游团，现场进行导游讲解和问题答复。教师会根据学生的表现给出反馈，指出其在语言表达、文化讲解、与游客互动等方面的不足。这种考核模式使学生能够在实践中不断改进，最终顺利通过实际的行业资格认证考试。

3. 对接行业认证与就业市场需求

为了确保学生所获得的行业认证符合市场需求，学校应密切关注旅游行业的发展动态，并与企业和行业协会保持紧密联系。通过定期更新课程内容和认证要求，学校能够确保学生获得的资格认证在就业市场中具有实际价值。

旅游行业是一个快速变化的行业，学生所需的职业技能也在不断更新。为了保证课程内容的时效性，学校应定期与旅游行业的企业、行业协会及认证机构进行沟通，确保其教学内容和认证要求能够反映市场的最新需求。例如，随着全球旅游业对可持续发展和绿色旅游的重视，学校可以将相关的认证内容引入课程，并通过行业认证的方式让学生掌握绿色旅游管理技能。这种与行业对接的模式确保了学生在校期间学习到的技能与市场需求高度契合，使他们在毕业后能够迅速适应行业中的具体工作需求。例如，某旅游学院通过与大型国际酒店集团的合作，定期更新课程中的服务流程和标准，使学生不仅具备传统的酒店管理知识，还能够掌握符合国际标准的可持续酒店管理技能。这种行业认证与市场需求的紧密对接，使学生在毕业后更加具有职业竞争力。

另外，学校可以通过调整和优化旅游英语课程的教学内容，使其与行业资格认证的考核标准高度一致。例如，在导游课程中，教师可以根据导游资格认证的要求，设置相应的语言讲解和文化沟通课程。这样，学生在课堂上不仅学习到了导游行业的基础知识，还能够提前准备资格考试的内容，这种课程内容与行业认证的无缝衔接，不仅能够提高学生通过资格认证的成功率，还能够增强学生在就业市场中的竞争力。学生通过这一系列的认证考试，不仅获得了学位证书，还拥有了相应的行业资格证书，这将大幅提升他们在就业市场中的竞争优势。

第四节　大学旅游英语人才培养的创新

随着全球旅游业的快速发展，对旅游行业专业人才的要求日益提升。作为服务于全球化需求的语言学科，大学旅游英语的教育必须与时俱进，通过创新的教学理念与模式，为行业输送具备跨文化交流能力和专业技能的高素质人才。在这一过程中，生态教育理念和基于问题的学习方法成为两种重要的创新方向，它们不仅丰富了旅游英语教学内容，还为学生提供了更加实际和多样化的学习体验。

一、生态教育理念下的大学旅游英语人才培养

生态教育理念强调人与自然、社会之间的和谐关系，主张通过教育培养学生的可持续发展意识。在旅游英语人才培养中，融入生态教育理念不仅能够提升学生的语言能力，还可以帮助他们认识到旅游业对环境、文化的深远影响，进而为未来的行业发展贡献出更多具有社会责任感的人才。在生态教育背景下，旅游英语教学应当重视以下方面的创新。

第一，生态旅游与可持续发展的课程设置。在全球范围内，生态旅游已成为一个重要的旅游市场细分领域。基于这一发展趋势，大学在旅游英语人才培养过程中，可以将生态旅游的理念与内容纳入课程体系。具体而言，课程可以涵盖生态旅游的定义、类型、实践模式及其对环境保护和文化保育的积极作用。这些内容不仅能够培养学生对可持续旅游的理解，还能够帮助他们在未来职业生涯中以更具责任感的态度参与行业发展。例如，学生可以被

要求完成生态旅游目的地的案例研究，分析这些目的地如何通过旅游活动推动环保和文化保护。这一任务不仅提高了学生的分析能力，还让他们认识到旅游英语在环保宣传和跨文化交流中的作用。

第二，生态语言学习与环境认知的结合。在旅游英语的教学过程中，教师可以将生态系统与环境保护相关的语言学习内容融入课堂。例如，在讲解特定景区或旅游项目时，教师可以引导学生讨论该地区的生态系统以及旅游对该地区环境的影响，进而拓展学生的词汇范围，帮助他们掌握描述自然环境和可持续发展的专业术语。通过这样的教学设计，学生不仅学习到与生态相关的英语表达，还能进一步培养其环保意识。这有助于学生在未来的工作中，特别是与国际游客互动时，能够将生态保护的理念通过英语传播给更多人。

第三，体验式学习与生态教育结合。生态教育理念下的旅游英语教学应注重体验式学习，通过实地考察、自然环境中的沉浸式体验，让学生在真实的场景中学习和应用旅游英语。例如，学校可以组织学生到自然保护区、生态旅游区等地方进行调研，学生通过与当地社区、环保组织或游客的交流，提升其语言表达和跨文化沟通能力。这种体验式的教学方式不仅能够加强学生对旅游英语的实际应用能力，还能培养其对环境保护的责任感。通过体验自然环境中的旅游活动，学生能够更加直观地理解旅游与自然的关系，并在此过程中提升自身的语言技能。

二、基于问题学习下的大学旅游英语人才培养

基于问题的学习（PBL）是一种以实际问题为导向的教学模式，注重培养学生的批判性思维、团队协作能力以及解决问题的能力。PBL 作为一种教育创新方法，在旅游英语教学中能够很好地应用，通过设置与旅游行业相关的实际问题，帮助学生将理论学习与实际应用相结合。

第一，真实行业问题的导入。基于问题的学习模式要做到的是将真实的

行业问题引入课堂。例如，教师可以设计一些与旅游业运营、市场推广、跨文化沟通等相关的实际问题，要求学生通过团队合作，进行深入分析并提出解决方案。这样的问题可以包括如何为一个新兴的旅游目的地设计市场推广计划，如何为跨文化背景的游客设计旅游服务等。学生在解决这些问题的过程中，不仅需要运用其英语语言能力，还要结合旅游业的专业知识与实践经验。这种学习方式能够帮助学生加深对行业的理解，并锻炼他们的语言应用、团队协作和问题解决能力。

第二，小组合作与跨学科学习。PBL 强调学生之间的合作与交流。在旅游英语人才培养中，教师可以根据问题的复杂性，组织学生进行小组合作。通过团队协作，学生不仅能够相互学习，还能够将不同的观点和知识背景结合在一起，产生更加多元化的解决方案。同时，旅游业是一个涉及多学科的行业，PBL 为跨学科学习提供了良好的平台。例如，学生在分析旅游市场或设计旅游产品时，可能需要运用经济学、社会学、文化研究等领域的知识。通过跨学科的合作，学生不仅能够掌握更广泛的知识体系，还能够提升其综合应用能力。

第三，解决方案的展示与反馈。PBL 模式下的大学英语教学不仅要求学生解决问题，还要求他们能够清晰地表达自己的解决方案。因此，展示与反馈是 PBL 不可或缺的环节。在旅游英语课程中，教师可以要求学生在完成问题分析后，进行团队展示，向全班或评审团队阐述他们的解决方案。展示的过程不仅是对学生语言表达能力的考验，还能够锻炼他们在公众场合进行演讲和答辩的技巧。同时，教师和其他学生对展示的反馈也是重要的学习环节。通过批判性反馈，学生可以发现自己解决方案中的不足，进一步改进其思维和表达方式。

第四，案例教学与行业需求的结合。在基于问题的学习中，大学英语教师可以运用真实的行业案例，帮助学生更好地理解旅游行业的复杂性。例如，教师可以引入国内外知名旅游企业的案例，分析这些企业如何应对市场变化、

跨文化沟通、服务创新等挑战。通过这些案例，学生能够深入理解行业发展趋势，并将所学知识应用到实际工作中。此外，教师可以与企业合作，邀请企业代表参与到 PBL 项目的设计与评价中。这种模式不仅能够帮助学生了解行业的最新需求，还能够提高课程内容的实用性和针对性。

第六章 大学英语“双创”人才培养研究

第一节　大学英语专业“双创”人才培养

一、“双创”教育的认知

“双创”（创新创业教育）概念的提出代表了中国高等教育改革发展的重要方向，其理论意义在于承认每个学生都具有创新创业潜能，其实践意义在于引导每个学生都成为创新创业人才并促进高校教育教学范式转型[①]。

（一）创新教育与创业教育

1. 创新教育

创新教育是一种适应当今社会快速发展需求的教育模式，其定义与目的明确指向培养学生的创新思维和实践能力，它不仅是一种知识传授的方式，更是一种通过启发和引导学生探索未知领域，从而激发其创业与创新潜力的教育体系。创新教育的核心在于提升学生的综合能力，帮助他们适应复杂多变的经济和社会环境，并通过创造性思维的培养，为未来的个人发展和社会

① 王洪才. 创新创业教育：中国特色的高等教育发展理念［J］. 南京师大学报（社会科学版），2021（6）：38.

进步奠定基础。其目标是培养能够应对未来挑战、具备创新能力的多领域人才，最终推动社会、经济和科技的进步。

在创新教育的核心内容中，有两个方面尤为重要：首先，创新教育要求学生具备对经济环境的理解与分析能力，这不仅包括对当下市场环境的敏锐洞察，还需培养学生预测未来经济趋势和发现潜在商机的能力。其次，创新教育涉及多个领域的能力培养，如创新活动的实施、风险管理、资源整合与合作。学生不仅需要在理论上掌握这些技能，还需在实践中应用这些知识，从而在复杂多变的市场环境中做出灵活应对。创新教育的目标不仅是让学生能够发现创新点，更是培养他们的实践能力，使他们具备将创新构想转化为实际成果的能力。

教师在创新教育中的作用至关重要。他们不仅是知识的传递者，更是创新能力的引导者和激发者。教师需紧跟创新教育的政策导向和发展趋势，及时调整自己的教学内容和教学方法，不能仅局限于传统的课堂授课方式。为了有效推动创新教育的发展，教师需要不断更新自身的知识储备，熟悉创新教育的前沿理论和实践，并根据学生的个性化需求提供针对性的指导。同时，教师还应结合当前国家和国际的创新教育政策，制定合理的教学计划，促进教育变革，从而为学生的创新能力发展提供强有力的支持。

2. 创业教育

创业教育作为教育体系中的重要组成部分，旨在为学生提供所需的理论基础和实践应用能力，进而为其未来的创业活动奠定坚实的基础。近年来，创业教育的成效显著，逐渐被视为继学业教育和职业规划教育之后的第三种重要教育形式，这一教育模式不仅关注学生的学业成绩和职业技能，还特别强调学生在面对复杂经济环境时所需的创新能力和创业精神。创业教育的核心目标是培养学生具备适应新时代经济环境所需的基本素质，包括创造性思维、风险管理能力和自我驱动力等。

在创业教育的广义与狭义定义中，广义上，创业教育旨在培养具备更强创新能力、独立精神和探索意识的创业人才，这种教育形式不仅局限于提供商业知识和管理技能，还包括如何在不确定性中寻找机遇，如何通过创新来解决实际问题，这种教育理念鼓励学生发展独立思考能力和自主决策能力，进而在未来的创业实践中具备更强的竞争力。从狭义上来看，创业教育更专注于提升学生的基础素质，特别是创新思维和批判性思考能力。这一层面的教育旨在通过课程设置、案例分析和实践活动来激发学生的创造力，使他们在面对现实挑战时能够提出独特的解决方案。通过系统化的教学方法，创业教育为学生提供了思考和行动的框架，帮助他们在未来的创业道路上建立起自信与能力的基础。

此外，创业教育还强调思维模式的转变，旨在引导学生从传统的求职观念向积极的创业意识转变。这一转变不仅关系到个体的职业选择，更影响到社会的经济发展和就业结构。通过创业教育，学生被鼓励从寻找就业机会的被动角色转变为创造工作岗位的主动参与者。这一教育理念强调全面和综合的教育方式，结合理论与实践，使学生能够在真实的商业环境中锻炼和应用所学知识。

3. 创新教育与创业教育的关系

（1）创新教育与创业教育在内容上相互贯通，目标一致，功能上相辅相成。在当今快速发展的经济环境中，创新教育与创业教育作为教育改革的重要组成部分，已经引起了广泛的关注。二者在内容上不仅相互贯通，而且在目标设定和功能实现上也展现出强烈的一致性和互补性。创新教育致力于激发学生的创造力，培养其批判性思维和解决复杂问题的能力，而创业教育则旨在将这些创新能力转化为实际的商业实践，以实现经济价值和社会效益。因此，二者在教育目标、课程设置及教学方法等方面都显示出明显的交集与互动。

第一，创新教育与创业教育在教育目标上高度一致。两者都追求培养具有创新意识、实践能力和社会责任感的复合型人才。创新教育强调学生在面对新问题时能够独立思考，提出独特的解决方案，而创业教育则侧重于如何将这些解决方案落实到具体的商业实践中，创造出实际的价值。在这一过程中，学生不仅需要掌握相关的知识和技能，更需培养出积极的探索精神和敢于实践的勇气。因此，创新与创业教育相辅相成，共同构成了现代教育体系中不可或缺的部分。

第二，创新教育与创业教育在内容上具有明显的贯通性。两者都强调实践的重要性，创新教育通过项目式学习和实验活动，促使学生将理论知识应用于实际情境，而创业教育则通过商业计划的撰写、市场调研的进行和产品原型的开发等，进一步深化了学生的实践经验。这种实践导向的教育模式不仅提高了学生的动手能力，也增强了他们对知识的理解和应用能力。此外，创新教育在培养学生的创新思维和创业教育在培养商业意识的过程中，双方的内容和方法相互渗透，形成了一个良性的互动循环。

第三，创新教育与创业教育的结合为学生提供了更为全面的素质教育。创新教育旨在培养学生的创造性思维和综合素质，使其能够在各种复杂的情境中进行有效的判断和决策。而创业教育则为这些创造性思维提供了一个具体的应用场景，使学生能够将其所学的知识转化为实际的经济效益和社会价值。在这种相互作用下，学生不仅能够掌握创业所需的实用技能，还能在创业过程中继续锻炼和发展他们的创新能力，形成一个良性的教育生态。

第四，创新教育与创业教育的结合不仅对学生个人的发展具有重要意义，也为社会经济的发展注入了新的活力。在当今全球化和信息化的背景下，社会对高素质、创新型人才的需求日益增加。通过创新与创业教育的有机结合，教育机构能够培养出既具备创新能力，又能在实际商业环境中有效应用这些能力的人才，为经济发展提供了坚实的人力资源支持。

（2）创业教育是创新教育的延伸和加强。创业教育可以被视为创新教育的重要延伸和加强，两者之间存在着密切的内在联系。创业教育不仅是对创新教育理念的具体化和实用化，更是对其核心目标的进一步深化。在这一过程中，创业教育通过对创新教育的内容进行实际应用，使学生能够在真实的市场环境中检验和验证其创新能力，从而实现理论与实践的有效结合。

第一，创业教育通过提供实际的商业环境，强化了创新教育的实用性。创新教育注重激发学生的创造力，然而，仅具备创造性思维并不足以确保成功的创业实践。创业教育为学生提供了一个可以检验和实施其创新想法的平台。在这一过程中，学生不仅要考虑如何构思创新产品或服务，还需要面对市场竞争、资源配置和风险管理等实际问题。这种实战经验的获取，不仅提升了学生的实践能力，更为其未来的职业生涯奠定了基础。

第二，创业教育强调团队合作与跨学科的合作，进一步拓展了创新教育的视野。在现代商业环境中，单一学科的知识和技能往往无法满足复杂的创业需求。因此，创业教育倡导通过跨学科的团队合作，促使学生在创新的同时，也能学习如何与不同领域的专家合作，从而增强其综合素质和适应能力。这种跨学科的合作不仅有助于拓宽学生的视野，还能激发出更多的创新灵感与想法，推动他们在创业过程中实现更大的突破。

第三，创业教育注重对风险的管理与应对，这也是对创新教育的重要补充。在创新过程中，风险和不确定性是常态，创业教育教会学生如何识别、评估和管理这些风险，从而增强他们在面对失败和挑战时的应变能力。这种风险管理的意识与能力，是创新教育所未必充分强调的部分，但却是成功创业的关键因素之一。

第四，创业教育在促进经济发展和社会进步方面，进一步体现了创新教育的价值。随着全球经济的快速变化，企业对创新型人才的需求不断增加。通过创业教育的实施，学生不仅能够将创新思想转化为实际的商业价值，还能推动社会的可持续发展和经济的转型升级。这种将个人发展与社会进步紧密结合的教育模式，为新时代的人才培养提供了新的思路与方向。

（二）“双创”教育的特征与功能

1.“双创”教育的特征

（1）整合性与跨学科性特征。“双创”教育，即创新与创业教育，强调整合多学科的知识与技能，以培养适应现代社会需求的综合型人才。这一教育模式不仅关注学生在某一特定学科领域的专业知识，还鼓励他们跨越学科界限，综合运用来自不同学科的理论和实践经验。这种跨学科的学习方式为学生提供了更为广泛的视角，使他们能够在面对复杂的现实问题时，采取更加灵活和创新的解决方案。

在“双创”教育中，学生不仅需要掌握基本的专业知识，如经济学、管理学、市场营销等，还需了解社会科学、人文学科、自然科学等领域的基本概念。这种整合性和跨学科的特征，使得学生能够在进行创新与创业活动时，充分考虑到各个学科的影响，从而更好地理解市场需求、用户体验以及技术应用的多重维度。例如，在开发一款新产品时，学生不仅需要具备产品设计的技能，还要懂得用户行为心理、市场趋势分析以及商业模式的构建。

跨学科的学习也促进了学生团队合作能力的发展。在项目式学习中，学生往往需要与来自不同专业背景的同学协作，共同解决实际问题。这种合作不仅丰富了学生的学习体验，也为他们今后步入职场积累了宝贵的团队协作经验。在当前全球化和信息化日益加深的背景下，这种整合性与跨学科性的教育特征，为学生的创新思维和创业能力的培养奠定了坚实的基础。

（2）实践性与应用导向。“双创”教育的另一个显著特征是其实践性与应用导向。与传统教育强调理论学习不同，“双创”教育更加注重将理论知识与实际应用相结合，通过各种实践活动来强化学生的学习效果。这种教育模式旨在通过真实的项目、案例研究和实验室工作等形式，促使学生在实践中巩固所学知识，提高其解决实际问题的能力。

在“双创”教育的实施过程中，学校通常会与企业、行业组织等建立紧密的合作关系，提供真实的项目供学生参与。通过参与实际的商业项目，学生不仅能应用课堂上所学的理论，还能够亲身体验创业过程中的挑战与机遇。例如，学生可以在创业孵化器中进行产品开发、市场调研以及商业计划的制定，这种实战经验将大幅提升他们的创业能力和市场敏锐度。

实践性与应用导向的特征还体现在课程设计上，许多学校在课程中引入了实习、企业访问、行业讲座等环节，使学生在学习过程中能够与行业实际紧密结合。通过这种方式，学生可以更好地理解理论知识在实际工作中的应用场景，同时增强其职业素养和就业竞争力。这一教育特征的实施，不仅有助于学生掌握创新与创业所需的核心技能，也为他们未来的职业发展奠定坚实的基础。

（3）动态性与可持续发展的特征。“双创”教育的动态性与可持续发展特征，强调教育内容和方法的持续更新，以适应瞬息万变的社会经济环境。这种特征反映了教育模式对科技进步、市场变化和社会需求的高度敏感性。随着新兴技术的快速发展和市场环境的不断变化，传统的教育内容和方式可能无法满足新形势下的需求，因此，“双创”教育必须具备灵活性和适应性，以确保学生所学知识和技能始终与时俱进。

在“双创”教育的实施过程中，学校需要建立健全的反馈机制，定期评估教育效果，并根据社会经济发展的新动态及时调整课程内容。例如，面对人工智能、区块链等新兴技术的兴起，教育机构需要迅速反应，将相关知识和技能纳入课程体系，以培养学生在这些新领域的能力。此外，通过不断引入新的教学方法和工具，如线上学习平台、虚拟实境等，学校可以为学生创造一个更加丰富和多样化的学习环境，促进其创新思维的发展。这种动态性不仅体现在课程内容的更新上，还体现在教育目标的调整上。随着市场需求的变化，学生所需的能力和素质也会随之改变。因此，教育机构需要不断反思和调整其培养目标，确保学生在毕业时具备与时代发展相适应的能力。综

上所述，“双创”教育的动态性与可持续发展特征，为学生的全面发展提供了广阔的空间，确保他们在未来职场中能够灵活应对各种挑战。

2.“双创”教育的功能

（1）社会发展功能。“双创”教育，即创新与创业教育，在当代社会发展中发挥着不可或缺的作用，具体体现在其对就业、科技创新及自主创新能力的推动。

第一，随着经济结构的转型与升级，社会对高素质、创新型人才的需求日益增加。在这一背景下，创新创业教育可以有效地缩短大学生的就业空窗期，使他们更好地适应职场要求。这一过程不仅为学生提供了理论与实践的结合平台，还增强了其职业竞争力。例如，通过参加创业比赛、实习项目及社会实践，学生能够在校期间积累实战经验，提升自己的综合素质。这种提前的职业规划与实践准备，能够让学生在毕业后更快速地融入社会，为国家和地方经济的发展贡献力量。

第二，创新创业教育还为国家的科技进步与自主创新能力的提升提供了有力支撑。随着全球竞争的加剧，科技创新已成为推动经济发展的核心动力。创新创业教育通过培养学生的创新意识和实践能力，促使他们在科技领域进行探索与研究，从而为我国的自主创新发展提供了源源不断的人才储备。高校应鼓励学生参与科研项目与技术开发，让他们在实际操作中锻炼解决问题的能力，并激发其科技创新的热情。此外，通过与企业和科研机构的合作，高校可以为学生创造更多的实习和实践机会，使他们能够在实践中发现问题、解决问题，进而为社会发展注入新鲜的活力。

第三，创新创业教育还能够增强社会的创新氛围。在高校中培养出来的创新人才，往往会通过创业活动推动地方经济的发展，同时也会为社会带来新的就业机会。随着创业者的增加，社会上出现了越来越多的创新型企业，这些企业不仅提升了市场竞争力，也促进了技术的快速迭代和产业的升级。

因此，“双创”教育不仅是对个人能力的培养，更是对社会整体创新能力的提升，推动了国家的经济发展与社会进步。

（2）教育发展功能。“双创”教育，作为一种新兴的教育模式，具有显著的教育发展功能，体现在多个层面，特别是在促进学生知识结构的多元化与综合化、丰富教育内涵与形式等方面，发挥着重要作用。

第一，“双创”教育的实施促进了学生知识结构的多元化与综合化。在传统教育体系中，往往侧重于专业知识的传授，而忽视了跨学科知识的整合与应用。然而，随着社会对复合型人才的需求日益增加，单一的专业知识已难以满足现代职业发展的要求。“双创”教育鼓励学生在学习过程中，打破学科界限，将经济学、管理学、工程学、信息技术等多个学科的知识融会贯通。这种跨学科的知识整合，不仅拓宽了学生的视野，更提升了他们解决复杂问题的能力，使他们在未来的职场中能够灵活应对各种挑战。

第二，“双创”教育在教学方法上的创新，丰富了教育的内涵与形式。传统教育模式多以教师为中心，学生的主动性与参与感较低。而“双创”教育强调启发式与参与式教学，鼓励学生通过项目研究、案例分析、小组讨论等多种形式进行学习。这种教学方法不仅能够激发学生的创造性思维，还能增强他们的团队合作能力和实践能力。例如，在开展创业模拟活动时，学生需面对真实的市场挑战，通过调研、策划、执行等环节，深入理解创业的各个环节，这种真实的学习体验，使学生在实践中获得知识，培养解决问题的能力。

（3）学生发展功能。在学生发展功能方面，“双创”教育在大学生的全面发展中扮演着不可或缺的角色。

第一，创新创业教育有助于学生建立正确的人生观和价值观。在高校中，通过参与创业与创新的实践，学生可以更深入地理解社会责任感的重要性，学会将个人发展与社会需求相结合，推动社会进步。这种教育引导学生不仅关注个人利益，更关注社会责任，培养其成为有社会责任感的公民。

第二，“双创”教育激发了学生的学习热情。在实践中，学生面对挑战与

困难，需要不断尝试与探索，这种过程能够激励他们在学习上更加主动，形成积极的学习态度。例如，在创业项目中，学生需要面对市场调研、产品开发、资金筹措等多方面的挑战，这种真实的创业体验使他们更加理解理论知识的实际应用，从而提升了学习的动力与热情。

第三，“双创”教育推动学生在知识、技能和态度等方面的全面发展。通过创业活动，学生不仅能够提升自身的专业技能与实践能力，还能够锻炼其团队协作能力、沟通能力和领导力。这些能力在未来的职业生涯中都显得尤为重要，使他们能够更好地适应职场环境。同时，大学阶段也是学生价值观和世界观形成的重要时期，“双创”教育通过各种实践活动，使学生在解决实际问题中，逐渐明确自己的职业目标与人生方向，为未来的发展打下坚实的基础。

二、大学英语专业“双创”人才培养策略

（一）“双创”教育理念融入人才培养目标

在当今全球化和信息化迅速发展的时代，大学英语专业面临着日益多元化的社会需求和挑战。为适应这一变化，大学英语教育需要在人才培养目标中有效融入“双创”教育理念，即创新和创业教育。将“双创”教育理念融入人才培养目标不仅是英语专业创新创业人才培养的基础，更是提升学生综合素质和就业能力的必然要求。

第一，将“双创”教育理念融入人才培养目标是英语专业创新创业人才培养的基础。将“双创”教育理念融入大学英语专业的人才培养目标，意味着在教育过程中需要强调学生创新思维与实践能力的培养。传统的英语教育往往侧重于语言知识的传授和应试能力的提升，忽视了对学生创新意识和创业能力的培养。为了适应新时代对复合型人才的需求，英语专业必须明确将“双创”教育作为其人才培养目标之一。具体而言，融入“双创”教育理念意

味着要将创新与创业的能力培养纳入课程设置与教育评价体系中。例如，在课程内容的安排上，应增加创新思维的培养模块，如创意写作、跨文化沟通等，鼓励学生在语言运用的过程中进行创新探索。同时，创业教育也应当被纳入人才培养目标，例如通过模拟商业环境和创业项目实践，让学生在真实的场景中学习如何将创新思维转化为实际的商业实践。

第二，课堂教学改革和实践能力培养是实现“双创”教育理念融入的关键环节。课堂教学改革是实现“双创”教育理念融入的核心环节。在这一过程中，教师应当从教学方法、教学内容和教学评价等多个方面进行全面改革，以促进学生创新思维和实践能力的提升。首先，教学方法的改革应当强调学生中心的教学理念。传统的教学模式以教师为中心，学生被动接受知识，缺乏主动思考和实践的机会。因此，教师应当转变角色，成为学习的引导者和支持者，鼓励学生在课堂上积极参与，提出问题，进行讨论。采用探究式学习、项目式学习等教学方法，能够更好地激发学生的创造力和主动性，培养他们的创新思维。其次，教学内容的改革应当与实际需求相结合。课程应涵盖创新与创业的最新发展动态，结合当前社会热点问题，让学生在学习中了解和思考实际的挑战与机遇。例如，课堂上可以引入案例分析，让学生针对真实企业的创新与创业案例进行讨论，分析成功与失败的原因，培养他们的批判性思维和解决问题的能力。

（二）构建科学的“双创”英语专业课程体系

构建符合“双创”要求的英语专业课程体系是高等教育改革的重要方向，其核心在于将“双创”课程有机融入英语专业教育之中。这一课程体系的构建应强调教学内容的基础性、英语技能的实用性以及创新创业的综合性。课程结构的设计应体现出多样性、层次性和类型可选性，以适应不同学生的学习需求和职业发展目标。

第一，课程体系应当涵盖基础课程和专业课程两个层面。基础课程方面，

应加强英语语言基础的教学，通过语言技能的提升，确保学生在实际交流中具备良好的语言表达能力和交际能力。同时，基础课程应结合跨学科的知识，如社会学、经济学等，帮助学生建立全面的知识结构，使他们能够在复杂的社会环境中游刃有余。专业课程方面，应当注重专业技能的培养，设置与现代社会需求紧密相关的课程，如国际商务英语、跨文化交流、翻译与口译等，从而提高学生的就业竞争力和实际应用能力。

第二，课程内容的选择上应结合创新创业的理念，设置与市场需求相结合的课程。例如，可以开设“创业英语”课程，重点讲解如何用英语撰写商业计划书、市场调研报告及相关法律文书等。此外，课程内容应引入实际案例分析，通过对成功企业家和创新项目的深入研究，使学生能够在真实的商业环境中获得实践经验。这种实践性教学能够有效提升学生的创新能力，使其具备独立思考和解决问题的能力。

第三，课程结构的多样性和层次性也至关重要。应设计不同层次的课程模块，包括基础模块、应用模块和创新模块，以适应不同学生的学习需求和职业发展目标。在基础模块中，注重语言技能的提高和基础知识的掌握；在应用模块中，强调实际操作和应用能力的培养；在创新模块中，则引导学生进行独立的研究和创新实践，鼓励他们探索新的商业机会和创新方法。

第四，课程体系的优化应包括增加专题讲座、实践创新活动等，以提升学生的创新能力和专业素养。邀请行业专家、成功企业家举办讲座，分享他们的成功经验和创业故事，可以有效激励学生的创新精神。实践创新活动方面，可以通过组织学生参与创业项目、实习活动以及社会服务等，帮助学生将理论知识与实践相结合，提高他们的实际操作能力。

（三）营造“双创”文化氛围以优化“双创”平台

为了进一步提升大学英语专业的“双创”教育质量，学校应当致力于营造浓厚的“双创”文化氛围，以此作为优化“双创”平台的重要手段。通过建立英语教学创新基地和学习社团，设立英语角，以及组织各类英语竞赛等活动，可以有效激发学生的创新意识和潜能，培养他们的创新思维和实践能力。

第一，利用校报、期刊、广播站、网络平台等多种媒介，学校可以广泛宣传“双创”活动，树立“双创”典型，从而营造一个积极向上的“双创”文化环境。这些媒介不仅能够传播“双创”知识，还能够分享成功案例，激励更多学生积极参与到“双创”活动中来。通过宣传，学生能够更好地理解“双创”教育的重要性，增强其参与意识和主动性，从而形成良好的学习和创新氛围。

第二，在传统“双创”教育的基础上，学校应当开拓更加开放的教育方式，鼓励学生走出校园，与社会进行广泛接触。通过学校的国际交流与合作平台，英语教师和学生可以通过讲学、访问学者项目、国际交流等方式，拓宽国际视野，增强跨文化交流能力。这种国际化的视野不仅能够帮助学生更好地理解全球经济和文化的多样性，还能够培养他们的跨文化交际能力，为未来的职业生涯奠定坚实的基础。

第三，学校应当与企业、社会组织建立密切的合作关系，形成校企合作的“双创”平台。通过与企业的合作，学生能够参与到真实的项目中，进行实习和实践，了解行业需求，锻炼自身的实际能力。同时，企业也能够通过参与教育过程，获得新鲜的思路和创新的想法，从而实现资源的共享和互利共赢。

第四，学校应重视教师在“双创”文化建设中的引导作用。教师不仅是知识的传授者，更是学生创新思维的引导者。通过培训和激励，提升教师的创新能力和实践能力，使其能够更好地引导学生进行创新实践。同时，鼓励教师积极参与“双创”项目的研究与实践，为学生树立榜样，营造良好的教学氛围。

第二节　“双创”视角下的英语专业人才培养

在“双创”视角下，英语专业人才培养模式正经历着深刻的变革。当前

我国正致力于构建一个融合语言技能、专业知识与创新精神的综合教育体系，旨在培养具备国际视野、跨文化交际能力和创新思维的复合型英语人才。通过理论与实践的紧密结合，强化学生的实际操作能力和市场适应性，这一模式不仅促进了学生个人能力的提升，也为社会经济发展注入了新的活力。

一、推进校企合作

在当今快速发展的社会背景下，大学英语专业的人才培养模式亟需与时俱进，尤其是在“双创”视角下，校企合作已成为提升学生综合素质和职业能力的重要途径。通过校企合作，学生能够将理论知识与实践相结合，培养实际操作能力，进而增强其在职场的竞争力。

第一，校企合作能够为学生提供实践机会，使其在真实的工作环境中应用所学的英语知识。许多企业在全球化背景下，越来越需要能够熟练运用英语进行沟通和交流的人才。通过与企业的合作，学生可以在实习期间直接参与到企业的日常运营中，不仅能够锻炼英语表达能力，还能够在团队中锻炼沟通协调能力，增强解决问题的能力。这种实践经验对于学生未来的职业发展至关重要，能够为他们的简历增添重要的实践经历。

第二，校企合作还能够帮助学生了解行业动态和市场需求。在与企业的接触中，学生能够实时获取行业信息和市场变化，从而更好地调整自己的学习方向和职业规划。这种信息的获取不仅能够提升学生的职业敏感度，还能够帮助他们在学习过程中明确目标，增强学习的针对性和实效性。

第三，校企合作为教师提供了一个良好的平台，使其能够更好地将课程内容与实际工作需求结合。教师可以通过参与企业的项目，了解企业对于英语专业人才的实际需求，从而在课程设计中融入这些需求，优化教学内容。通过这种方式，教师不仅能够提升自身的教学水平，也能够更有效地培养出适应市场需求的英语专业人才。

需要注意的是，要实现校企合作的有效性，必须建立良好的合作机制。

首先，高校需要与企业建立稳定的合作关系，明确双方的责任和权利，确保合作的顺利进行。其次，合作的内容要具体且具有实效性，包括实习、项目合作、企业讲座等多种形式，以便为学生提供丰富的实践机会。同时，学校与企业之间应保持定期的沟通与反馈，及时调整合作内容，使其更好地满足教育需求和市场需求。

二、加强团队合作

在“双创”视角下，团队合作的能力被认为是英语专业人才培养中不可或缺的一部分。团队合作不仅可以培养学生的团队精神与合作能力，还能有效促进学生在创新与创业过程中实现资源共享与互补，提升整体创新能力和实践水平。具体而言，团队合作在“双创”教育中的重要性如下。

第一，团队合作为学生提供了一个多元化的学习平台。在团队中，学生可以来自不同的学科背景，各自发挥特长，共同完成任务。例如，在一个创业项目中，英语专业的学生可以与市场营销、管理等专业的学生合作，结合各自的知识与技能，共同制定商业计划，从而形成更为全面和可行的创业方案。

第二，加强团队合作有助于培养学生的沟通与协调能力。在团队工作中，学生必须学会如何有效沟通，表达自己的观点，同时也要倾听他人的意见。这种沟通能力不仅是职场上必不可少的软技能，也是推动创新的重要因素。通过团队合作，学生可以在解决问题的过程中逐渐掌握有效沟通的技巧，学会如何在不同的意见中寻找共识，以推动团队目标的实现。

第三，团队合作还能增强学生的责任感与使命感。在团队项目中，每个成员都承担着不同的角色与责任，学生需要为自己的工作负责，这种责任感能够激励他们更加努力地投入团队任务中。同时，团队合作也能够提升学生的抗压能力和应变能力。在面对挑战时，学生能够在团队中获得支持与帮助，

增强面对困难的勇气和信心。

需要注意的是，要实现有效的团队合作，教师需要在教学过程中设计相应的团队合作项目，并为学生提供必要的支持与指导。例如，教师可以通过开展团队建设活动，帮助学生建立信任关系，增强团队凝聚力。同时，在团队项目中，教师应积极介入，提供必要的指导与反馈，帮助学生克服合作过程中的困难，确保团队合作的顺利进行。

三、构建“双创”实验室

在“双创”视角下，构建创新创业实验室是推动英语专业人才培养的重要举措。“双创”实验室作为一种实践平台，为学生提供了模拟真实创业环境的机会，能够有效促进其创新创业能力的全面发展。具体而言，“双创”实验室的构建应关注以下方面。

（一）提供真实的创业项目体验

“双创”实验室应提供真实的创业项目体验，这种体验是培养学生实践能力和创新意识的核心。通过参与实际的创业项目，学生不仅可以从中学习到市场调研、产品开发、商业模式设计等各个环节的具体操作，还能深入理解创业过程的复杂性与多样性。

在实验室中，学生通常会被分配到不同的团队，每个团队负责一个具体的创业项目。这些项目可能涉及新产品的研发、市场营销策略的制定，甚至是企业的管理和运营。在这个过程中，学生需要进行市场调研，分析目标客户的需求，制订切实可行的商业计划。通过这种方式，学生不仅能够学到理论知识，还能将这些知识应用到实际中，提升其分析问题和解决问题的能力。例如，当学生在开发一款新产品时，他们需要对市场进行全面的调研，了解竞争对手的情况、目标客户的需求以及市场的趋势。在这个过程中，学生不仅要进行数据的收集与分析，还需通过访谈、问卷等方式获取一手信息。这一系列的操作能够帮助学生提升实战能力，使他们在未来的职场中更加游刃有余。此外，“双创”实验室还应当为学生提供专业的指导与支持。教师或行业专家可以作为项目导师，参与到项目的各个环节中，给予学生建议与反馈。这样的指导不仅能够帮助学生更好地理解创业过程中的难点与关键点，还能提升他们的实战经验。例如，导师可以为学生提供商业计划书的模板，指导他们如何撰写商业计划，并帮助他们进行项目的评估与改进。

（二）鼓励跨学科合作

“双创”实验室应鼓励跨学科合作。跨学科的合作不仅能够拓宽学生的视野，激发创新思维，还能够促使他们在交流与合作中学习他人的经验，实现知识的整合与创新。

在“双创”实验室中，来自不同专业背景的学生能够组建跨学科团队，共同完成一个创业项目。这种跨学科的团队合作可以为项目注入多样的视角与想法。例如，英语专业的学生可以与市场营销、设计、管理等专业的学生合作，共同研究市场需求，开发产品设计，撰写市场推广文案。在这个过程中，学生不仅能够相互借鉴各自的专业知识，还能够提高团队合作的能力，培养跨学科的协作精神。

在跨学科合作中，学生可以更好地理解不同学科之间的联系与影响。通过与其他专业的同学合作，英语专业的学生能够认识到语言能力与市场需求之间的关系，了解如何将语言技能有效地应用于实际商业环境中。这种认知不仅增强了他们对自己专业的理解，也拓展了他们的职业发展方向。此外，跨学科合作能够激发学生的创新思维。在团队中，不同的专业背景和视角会产生碰撞，促使学生对问题进行多维度的思考。这样的环境能够激发出更多的创意与灵感，帮助学生开发出更具创新性的产品与服务。研究表明，跨学科的团队更容易产生创新的解决方案，因为团队成员的多样性可以提供丰富的知识与经验，帮助他们从不同的角度分析问题。

（三）培养实践能力与创新精神

“双创”实验室在培养学生的实践能力与创新精神方面应发挥重要作用。通过参与实验室的各类活动，学生不仅能锻炼自己的动手能力，提升实践技能，还能够在自主探索与创新中发展出新颖的想法与创意。

在实验室中，学生可以参与多种形式的实践活动，如创意写作工作坊、语言项目设计大赛等。这些活动要求学生将课堂上学到的英语知识应用于实际问题，同时鼓励他们进行创新思考。通过这些活动，学生可以提高自身的动手能力，锻炼实际操作技巧，增强对语言应用和创业过程的理解。例如，在创意写作工作坊中，学生围绕“如何通过英语推广中国文化”这一主题进行头脑风暴，提出富有创意的宣传方案。在这个过程中，学生需要思考如何将自己的想法转化为具体的推广策略，并通过英语进行展示与评估。这不仅锻炼了他们的创意思维能力，也提升了他们的表达能力与团队协作能力。此外，学生在这个过程中还可以学习如何分析目标受众，以便更有效地进行文化传播。

“双创”实验室还应提供充足的资源与平台，支持学生进行自主探索与创新。学校可以引入先进的技术与设备，为学生提供必要的支持。例如，实验室可以配置多媒体制作工具，使学生能够将自己的文化推广创意转化为视频或数字营销内容。同时，学校可以鼓励学生参加各类英语相关的创新创业大赛，如“英语商业计划大赛”，为他们提供展示平台，激励他们积极参与创新实践。

在培养学生的创新精神时，教师需注重营造良好的创新文化氛围。学校可以通过组织创业讲座、邀请成功的英语创意创业者分享经验等方式，激励学生勇于探索，培养他们的创新意识。这样的文化氛围能够激发学生的创造力，让他们在追求创新的过程中更加积极主动。例如，邀请一位在外语教育技术方面有成就的创业者进行分享，能够激励学生思考如何运用现代科技手段提高语言学习的有效性，进而激发他们的创业热情。

第三节 大学英语教学中“双创”人才的核心素养培养

学生发展核心素养是其应具备的、适应终身发展和社会发展需要的必备品格和关键能力[①]。大学英语教学中“双创”人才的核心素养培养包括以下方面。

一、树立跨学科融合培养“双创”人才核心素养的意识

大学英语教育需要树立跨学科融合培养“双创”人才核心素养的意识。这一意识的建立不仅是对传统教育模式的反思，更是对当今社会需求的积极回应。在当代社会，创新和创业的实践活动往往涉及多个学科的知识和技能，因此，大学英语教学应当主动与其他学科进行融合，推动学科间的协同发展。

在这一过程中，大学英语教师应深刻理解立德树人的重要性，将素质教育与大学英语课程的人文性和工具性相结合。通过课堂教学，教师不仅要教授语言知识，更要引导学生理解语言背后的文化、价值观和社会背景。这种人文关怀能够帮助学生在语言学习中，形成正确的世界观、人生观和价值观，提升其综合素养。例如，大学英语课程可以结合社会热点问题，引导学生进行跨学科的讨论与研究。在教授相关语言知识的同时，鼓励学生关注环境保护、社会责任、文化多样性等议题，通过项目研究、小组讨论等形式，培养学生的创新思维和批判性思维能力。这不仅有助于提升学生的语言能力，更能培养他们解决复杂问题的能力，为其未来的创新创业实践打下基础。

此外，适应全球教育改革发展的趋势，大学英语课程还应积极引入新兴技术与教育理念，如在线学习、翻转课堂等，以拓宽学生的学习渠道和

① 刘春丽. 大学英语课程中双创人才核心素养培养的思考［J］. 知识文库，2020（3）：206.

思维视野。这种教育模式的转变，不仅能够提升学生的自主学习能力，更能激发他们的创新潜能，从而为培养具有国际视野的创新创业人才创造有利条件。

二、改进教学方式，激发学生的创新意识

为了实现“双创”人才的核心素养培养，大学英语教育必须在教学方式上进行改革。传统的教学方式往往强调教师的主导作用，缺乏对学生主动性的充分激发。为了更好地培养学生的创新意识，大学英语课程应当采用虚拟情境式教学和项目式教学等多元化的教学方式。

虚拟情境式教学是一种通过模拟真实情境，促使学生在特定情境下进行语言运用的教学方法。这种方法能够激发学生的参与感和互动性，使他们在模拟的实际场景中，锻炼语言能力的同时，培养解决问题的能力。例如，教师可以设计模拟的商务谈判、市场调研等情境，让学生在角色扮演中体验真实的商业环境，通过实践来提升其创新思维和沟通能力。

项目式教学则是通过实际项目的实施，让学生在团队合作中学习和应用语言技能，这种教学方式不仅能提升学生的语言运用能力，更能培养他们的团队协作精神和领导能力。在项目的执行过程中，学生需要进行角色分工、制定计划、解决问题等，这些都能有效锻炼他们的创新能力。例如，教师可以引导学生开展一个关于可持续发展的项目，让他们通过研究、讨论和实践，培养对环境问题的认识和创新解决方案的能力。

基于行动或体验式的教学活动，可以更好地渗透到学生的知识结构、情感倾向、行为习惯、思维方式和价值取向中。通过体验式学习，学生能够在真实的情境中理解和运用语言，从而增强其语言能力和创新意识。同时，教师在教学中也应鼓励学生进行自我反思，促进其对学习过程的理解和对未来发展的思考，使其在职业、个人和社会生活中有效适应各种情境。

第四节　基于“工匠精神”的“双创型”英语人才培养

一、基于“工匠精神”的“双创型”英语人才培养作用

（一）培养学生的职业道德

在当今社会，职业道德在“双创型”英语人才培养中占据着核心地位，成为其职业发展的基石。随着经济全球化的推进和市场竞争的加剧，企业在招聘时越来越重视求职者的职业道德，往往将其视为比专业知识和技能更重要的考量因素。良好的职业道德不仅体现了个人的职业素养，也反映了企业的文化和价值观，直接影响着团队的合作与企业的长远发展。在此背景下，将“工匠精神”融入英语专业教育，成为培养具备优秀职业道德人才的重要途径。工匠精神强调对工作的极致追求和责任感，鼓励学生在学习和未来职业中追求卓越与精益求精。通过培养这种精神，学生能够在实践中建立起对工作质量的高度重视，形成强烈的责任感，从而在其未来的职业生涯中践行职业道德，提升整体职业素养。

强调“工匠精神”有助于学生树立正确的职业观，随着职业选择的多样化，许多学生在职业发展的初期阶段可能面临困惑与迷茫。然而，通过对工匠精神的理解与践行，学生可以更清晰地认识到工作的意义和价值，从而激发对工作的热爱，提升对质量和成果的追求。这种对职业的热情与执着不仅能够增强他们在职场中的竞争力，更能推动其在职业生涯中不断创新和进步。同时，工匠精神也强调持续学习和自我提升。在快速变化的社会和经济环境中，英语专业人才需要不断更新知识和技能，以保持其职业的竞争力。因此，培养学生的持续学习能力和创新意识，成为教师的重要任务。在课堂教学中，

教师可以通过案例分析、角色扮演、模拟实训等多种教学方法，使学生深刻体验到职业道德的重要性。通过实践中的真实情境，学生能够更好地理解职业道德的内涵，从而将其转化为自身的行为规范。此外，邀请行业专家分享实践经验也是培养学生职业道德的重要环节。行业专家的实际经验能够为学生提供宝贵的职业道德指导，使其在日常学习和未来的职业实践中，能够有意识地遵循职业道德标准，塑造良好的职业形象。

（二）培养学生的专业技能

在当前经济全球化与信息技术迅速发展的背景下，基于“工匠精神”的“双创型”英语人才培养模式日益受到重视，其显著作用在于提升学生的专业技能。工匠精神强调对工作的极致追求与精益求精的态度，这种价值观不仅激励学生不断提升自身技能，更为他们未来的职业发展奠定了坚实的基础。通过对这一培养模式的深入分析，可以更全面地理解其在专业技能培养方面的作用。

第一，工匠精神强调追求完美，促使学生在学习过程中不断精进自身的语言技能。这种追求体现在多个层面，特别是在语言表达、写作和口语交流等方面。通过系统的训练和不断自我反思，学生能够在实践中发现自己的不足，并针对性地进行改进。工匠精神激励学生以高标准要求自己，形成对语言学习的精益求精态度，这不仅提升了他们的专业技能，也增强了他们在未来职业中的竞争力。

第二，重视实践经验是基于“工匠精神”的培养模式的重要特征之一。通过提供更多参与实际项目和活动的机会，学生能够在真实环境中应用所学知识，积累实践经验。这种经验不仅帮助学生更好地理解理论知识的实际应用，还提升了他们的综合能力。例如，通过参与课外活动、实习项目或社会实践，学生能够在真实的工作情境中锻炼自己的专业技能，提升解决实际问题的能力。实践经历的积累对于提升学生的专业技能、增强其自信心以及拓展其职业视野具有重要意义。

第三，工匠精神的核心在于不断改进与创新，这一理念在英语人才培养中同样具有深远影响。培养学生的创新精神，使他们在学习与实践中积极探索新方法与技术，不仅能够提高学习效率，还能促进他们在专业技能上的全面发展。通过激励学生进行自主学习与创新，大学英语教师能够促使他们主动寻找适合自己的学习方式，从而更高效地掌握语言技能。此外，工匠精神强调对工作的热爱和责任心，这种情感的投入不仅促使学生积极参与英语学习，也激励他们在学习过程中追求创新与进步。通过营造一种积极向上的学习氛围，教师能够有效激发学生的内在动力，使他们在学习过程中更加专注、投入，进而形成自我驱动的学习模式。这种热爱与责任感不仅能够提升学生的专业技能，更能够为他们在未来职业发展中树立良好的职业素养。

（三）培养学生的创新精神

“匠心”是“工匠精神”的一个重要内涵，指的是能工巧匠在完成作品时投入的心思，通过一定的技术，让作品更加精巧、新奇，是创新精神的体现①。工匠精神强调对工作的热爱和责任感，促使学生在面对学习与实践的挑战时，能够保持高度的专注和投入。这样的结合，不仅提升了学生的语言能力，还有效培养了他们的创新精神，为他们未来的职业发展奠定了坚实的基础。

在传统的英语教学中，学生往往被动接受知识，缺乏主动探索的机会。然而，“工匠精神”所倡导的精益求精、不断改进的理念，能够改变这一现状。通过引导学生关注细节、追求完美，教师可以激发他们的好奇心与探索欲望。例如，在写作课程中，教师可以鼓励学生反复修改作品，思考如何通过不同的词汇、句式和结构，来提升表达的效果。这一过程不仅提升了学生的写作能力，也培养了他们对创新的敏感度和执行力。

---

① 熊美璐，王宴辉，梁玮等. 基于“工匠精神”的“双创型”英语人才的培养研究［J］. 甘肃科技，2022，38（16）：57.

二、基于“工匠精神”的“双创型”英语人才培养策略

（一）推动课程与活动结合，促进英语课程的改革

推动课程与活动的结合是“双创型”英语人才培养的重要策略之一。传统的英语教育往往侧重于语言知识的传授，而忽视了语言应用能力的培养。因此，重新审视课程结构，结合实际活动进行教学改革，成为提升学生综合素养的关键举措。通过将课堂学习与实际应用相结合，可以有效提升学生的语言能力与实践能力。

第一，课程内容的改革应强调实践导向。课程设计需围绕学生实际需求，注重英语语言的实际运用，例如通过项目制学习、案例分析、角色扮演等方式，使学生在参与实际活动的过程中学习和应用英语。这种实践性课程不仅能够提升学生的语言表达能力，也能增强其解决问题的能力。例如，在进行市场营销课程时，可以让学生以小组为单位制定一个具体的营销计划，要求其用英语撰写报告并进行展示。这种以项目为基础的学习方法，有助于学生在真实的商业情境中练习英语，提高其沟通与表达能力。

第二，学校应当创造更多的实践机会，使课程学习与社会实际相结合。这可以通过组织英语角、外语俱乐部、国际交流项目等多种形式来实现。例如，定期举办与外籍人士的交流活动，不仅能够提高学生的口语能力，更能增强他们的跨文化交流能力。这种实践活动不仅为学生提供了一个锻炼语言的舞台，还能培养他们的团队合作精神与社会责任感。

第三，师在推动课程改革时，应积极运用现代信息技术，探索线上线下结合的混合式教学模式。利用网络平台开展翻转课堂、在线讨论等形式，可以打破时间与空间的限制，为学生提供灵活的学习方式。同时，通过网络教学平台，教师可以发布丰富的学习资源，鼓励学生自主学习和探究。这种教学方式不仅能提高学生的学习效率，还能激发他们的创新意识。

第四，教师的专业素养和实践经验对课程改革的成功实施至关重要。高校应加强对教师的培训，提升其对工匠精神的理解与实践能力。通过定期组织教师培训、交流研讨等活动，鼓励教师分享教学经验与实践案例，使其不断更新教育理念与教学方法，促进教学质量的提升。

（二）加强制度文化建设，完善英语人才培养体系

在“双创型”英语人才培养的过程中，加强相关的制度文化建设显得尤为重要。通过建立科学合理的制度与良好的文化环境，高校能够有效引导人才培养过程，实现工匠精神与英语教育的深度融合。制度文化建设不仅是保证人才培养质量的基础，更是实现学生全面发展的必要保障。

第一，明确工匠精神在英语教育中的内涵与价值。为此，高校可以通过制定相关政策文件，明确培养目标、方法与评价标准，为师生的教学活动提供指导与依据。这种顶层设计不仅有助于形成统一的教育理念，还能确保各项教学活动的顺利实施。例如，学校可以出台《英语专业工匠精神培养方案》，其中明确指出工匠精神在语言学习中的重要性，以及在课程设置、教学方法与评价体系中的具体体现。

第二，将工匠精神融入校园文化建设中，是实现制度育人和文化育人效果的有效途径。高校可以通过举办主题讲座、文化活动、校园艺术展等多种形式，营造追求卓越、勇于创新的校园氛围。通过宣传与实践，让学生在日常学习与生活中感受到工匠精神的魅力，激发其对学习的热爱与追求。同时，学校也应鼓励学生参与社会实践活动，通过实际的工作体验，进一步理解与践行工匠精神。这种文化氛围的营造，不仅能够提升学生的职业道德与责任感，还能促使其在专业学习中不断追求进步与创新。

第三，针对“双创型”人才与工匠精神的培养，高校应建立相应的考核机制与激励机制。考核机制不仅要关注学生的语言能力与专业知识的掌握，更要注重对学生创新意识、实践能力和团队协作能力的评估。通过多维度的

考核，鼓励学生在学习过程中积极探索与尝试，形成自主学习的良好习惯。同时，高校还可以通过设立奖学金、学术荣誉等形式，对表现优异的学生给予激励，以此激发学生的学习积极性与创新动力。

第四，教师在制度文化建设中扮演着至关重要的角色。高校应通过教师培训与发展计划，提升教师对工匠精神的理解与践行能力，使其能够在教学中积极传播与实践这一理念。此外，教师也应在课堂上通过生动的案例与实践，引导学生思考工匠精神的重要性，从而增强学生的认同感与实践意识。

（三）构建阶梯式培养模式，提升创新创业的意识

在全球化迅速发展的今天，英语作为国际交流的主要工具，其重要性愈发凸显。为适应新时代对复合型、创新型人才的需求，高校英语教育亟需探索新的培养策略。在这一背景下，基于“工匠精神”的“双创型”英语人才培养策略，通过构建阶梯式培养模式，有效提升学生的创新与创业意识，成为当下教育改革的一个重要方向。

1. 专业基础层

阶梯式培养模式的起点是专业基础层，其核心在于为学生打下坚实的英语专业基础，这一阶段的教育目标不仅在于教授语言的基本知识和技能，更在于激发学生对英语学习的兴趣和热情，从而为后续专业学习奠定良好的基础。

（1）语言知识的掌握。在专业基础层，学生将学习英语的基本语法、词汇、听说读写等技能。教师应设计系统而科学的课程，让学生通过反复练习和应用，掌握语言的基本构成。例如，大学英语教师可以通过互动式课堂、游戏和情景模拟等多样化的教学方法，使学生在轻松愉快的氛围中学习语言知识。通过这种方式，学生不仅能够理解和记忆语言结构，更能够在实际交流中灵活运用。

（2）文化背景的融入。除了语言知识，了解英语国家的文化背景和社会习俗也是专业基础层的重要内容。教师可以通过引入多媒体资料、组织文化交流活动等方式，让学生深入了解英语国家的历史、文化、价值观和社会规范。这种文化素养的培养，有助于学生在未来的跨文化交流中更好地理解对方，避免文化冲突，为他们的职业发展打下良好的基础。

（3）激发学习兴趣。在这一阶段，大学英语教师的引导尤为重要。教师应积极营造一种鼓励探索和创新的学习氛围，引导学生主动参与课堂活动，并激发他们对英语学习的兴趣。例如，通过邀请外籍教师进行互动教学，或组织英语角、演讲比赛等活动，激励学生开口说英语、勇于表达。这种积极的学习态度将为他们未来的专业学习和职业发展提供坚实的心理基础。

（4）终身学习的意识。在专业基础层，培养学生的终身学习意识同样重要。教师可以通过引导学生进行自主学习，鼓励他们利用网络资源、在线课程和学习社区，增强自主学习的能力。这种能力不仅使学生能够不断更新知识，适应快速变化的社会需求，也培养了他们对学习的热爱和追求卓越的精神，为未来的学习与工作奠定了基础。

2. 专项技术层

在专业基础层之上，专项技术层的构建为学生提供了选择不同专项技术的机会。在这一阶段，学生根据自身的兴趣和职业规划，深入学习特定的英语专业技能。这些专项技术包括但不限于翻译、口译、跨文化交际、商务英语等。通过对专项技术的学习，学生能够更深入地掌握相关知识，提升自己的专业能力。

（1）专业知识的深入学习。在专项技术层，学生将系统学习与自身专业方向相关的课程，如翻译技巧、口译训练、商务英语写作等。教师应结合实际案例，设计实践导向的课程，让学生在学习中掌握实际操作技能。例如，翻译课程中，可以通过分析经典翻译作品，让学生理解翻译策略和技巧，培

养他们的翻译思维。同时，教师还可以组织模拟口译活动，让学生在实践中提升口译能力。

（2）实际案例的应用。通过实际案例和模拟练习，学生能够在真实情境中应用所学知识。这一阶段的教学应重视案例分析法，通过让学生分析不同领域的成功案例，帮助他们理解理论与实践之间的联系。例如，学生可以研究国际商务谈判的案例，学习如何运用语言技巧达成共识。这种实践性教学不仅增强了学生的专业能力，也培养了他们的创新思维和解决问题的能力。

（3）职业规划的指导。在专项技术层，职业规划的指导显得尤为重要。教师应帮助学生明确自身的职业目标和发展方向，通过开展职业咨询、讲座等活动，让学生了解不同行业对专业技术的需求。这种职业规划的指导不仅帮助学生在学习过程中更具针对性，也增强了他们的职业竞争力，为未来的职场发展做好充分准备。

（4）创新技能的培养。在这一阶段，教师应鼓励学生探索创新的学习方式和工具。通过引导学生使用最新的翻译软件、在线协作工具等，提升他们的数字素养与信息处理能力。此外，可以通过组织跨学科的项目合作，促使学生在团队中互相学习，共同探索新的解决方案，从而培养他们的创新能力和合作精神。

3. 职业素养层

职业素养是连接专业知识和实际工作的关键。在这一层次，学生将学习与职业发展密切相关的课程，如职业道德、团队合作、沟通协调和项目管理等。通过这些课程的学习，学生能够了解职场规则，培养良好的工作态度和职业行为，为未来的职业生涯做好充分准备。

（1）职业道德的教育。在职业素养层，职业道德的教育不可或缺。教师应通过案例分析、角色扮演等方法，帮助学生理解职业道德在实际工作中的重要性。例如，通过分析不同行业的职业道德案例，让学生认识到诚信、责任和专业精神对于个人和社会的重要性。这种道德观的培养，能够帮助学生在未来的工作中做出更为明智的决策，树立良好的职业形象。

（2）团队合作的实践。职业素养层还应注重团队合作能力的培养。在实际工作中，团队合作是完成任务、达成目标的关键。教师可以通过组织小组项目，让学生在实践中体验团队合作的重要性。在这一过程中，学生不仅能够提升沟通与协调能力，还能学会如何有效地分工与协作，从而增强他们的综合素质。

（3）沟通协调的技巧。有效的沟通协调能力是职场中必不可少的素养。教师应通过模拟面试、公共演讲等活动，帮助学生锻炼其表达能力和沟通技巧。此外，可以组织跨文化沟通的培训，让学生在多元文化背景下，学会如何更好地进行交流和合作。这种能力的培养，不仅提升了学生的职业素养，也为他们未来在国际化职场中的竞争打下了基础。

（4）项目管理的知识。项目管理能力也是职业素养层的重要组成部分。教师可以通过讲授项目管理的基本知识，结合实际案例，让学生了解项目从策划到实施的全过程。通过模拟项目管理的实践，学生能够在真实情境中体验项目管理的复杂性，锻炼他们的组织、计划和执行能力。这种能力的培养，使学生能够更有效地应对未来工作中的挑战。

4.“双创”能力层

阶梯式培养模式的最高层次是“双创”能力层，旨在培养学生的创新与创业能力。在这一阶段，学生将参与创业计划的制订、市场调研、商业模式设计等活动。通过创业实训、创业比赛、实习经历等，学生能够在实践中锻炼自己的创新思维和创业能力，为将来的创业活动积累宝贵经验。

（1）创业计划的制定。在“双创”能力层，学生需要学习如何制定创业计划。这一过程包括市场分析、目标设定、资源评估和风险管理等环节。教师可以通过引导学生参与真实的创业项目，让他们在实践中掌握制定创业计

划的关键要素。例如，学生可以选择一个具体的市场进行调研，撰写市场分析报告，从而为自己的创业计划提供数据支持。

（2）市场调研的实践。市场调研是创业活动中不可或缺的一部分。学生需要了解目标市场的需求、竞争对手及行业趋势。教师可以组织学生开展实际的市场调研活动，让他们亲自体验这一过程。在调研中，学生可以学习如何设计问卷、进行访谈、分析数据等，从而提升他们的市场敏感度和分析能力。

（3）商业模式的设计。在“双创”能力层，商业模式的设计也是重要的学习内容。学生需要理解不同商业模式的特点和适用场景，并学会如何将自己的创意转化为可行的商业计划。教师可以通过案例分析，引导学生研究成功企业的商业模式，探讨其成功的原因，从而激发学生的创意思维与创新能力。

（4）创业实训与竞赛。通过创业实训和竞赛，学生能够在实践中锻炼自己的创新能力和创业思维。高校可以与企业合作，开展创业实训项目，让学生在真实的工作环境中积累经验。此外，组织创业比赛，鼓励学生将自己的创意付诸实践，通过团队合作、策划、展示等环节，提升他们的综合素质与创新能力。

第七章

跨文化交际视角下的大学英语人才培养实践

第一节　跨文化交际中 ESP 复合型人才的培养

一、跨文化交际中 ESP 复合型人才认知层面的培养

在当今全球化迅速发展的背景下，跨文化交际日益成为高等教育的重要议题。尤其是在英语专业的学习中，培养具备复合型能力的人才显得尤为关键。ESP①作为一种针对特定学科或职业领域的英语学习形式，为学生提供了切实可行的语言工具和知识体系。在这一过程中，认知层面的培养不仅关系到语言能力的提升，更直接影响到学生对跨文化交际的理解和运用。

第一，英语专业学习者应当明确自身的定位和学习方向。在进行跨文化交际的学习时，学生必须认识到其所学的语言不仅是一种交流工具，更是文化传递的载体。学生需对目标文化有深入的认知和理解，这包括文化背景、社会习俗、价值观念等方面的知识。这种认知不仅限于语言的字面意义，更应深入到文化的内涵和语境的理解。通过对不同文化的对比分析，学生能够更好地理解语言背后的文化逻辑，从而提升其跨文化交际的能力。

① ESP 复合型人才是指在特定目的英语（English for Specific Purposes，ESP）教学中，具备多种跨学科知识和技能的复合型人才。这类人才通常不仅掌握英语语言技能，还具备与其所处领域相关的专业知识、跨文化交际能力以及解决复杂问题的能力。

第二，教师在授课过程中应遵循适度原则。在进行 ESP 课程设计时，教师需要考虑学生的认知水平和学习需求，确保课程内容既具挑战性，又不至于使学生感到困惑。教师可以通过案例分析、角色扮演等教学方法，引导学生在真实的语言环境中进行学习，帮助他们理解和掌握跨文化交际的技巧与策略。此外，教师还应鼓励学生积极参与课堂讨论，促进他们在互动中不断调整和优化自身的认知结构。

第三，认知层面培养还需要关注其情感层面的建设。学习者在面对文化差异时，可能会产生不安、抵触等情绪。教师应通过营造开放和包容的学习氛围，帮助学生在情感上接受和适应文化差异。通过组织文化交流活动，让学生有机会直接与不同文化背景的人进行沟通，增强其跨文化交际的信心和能力。这种情感认同将有助于学生更深入地理解跨文化交际的重要性，从而在未来的学习和职业生涯中更好地应用所学知识。

二、跨文化交际中 ESP 复合型人才行为层面的培养

在跨文化交际的背景下，行为层面的培养同样是 ESP 复合型人才培养的重要组成部分。行为层面的培养不仅关注语言的实际运用，更强调在具体交际场合中学生的表现和适应能力。

第一，英语专业学习者应当在真实的交际情境中不断实践和锻炼。语言的学习不能仅限于课本知识的掌握，更需要在实际的交流中加以运用。教师可以通过组织模拟国际会议、文化沙龙等活动，让学生在真实或模拟的跨文化环境中进行互动与交流。通过这种方式，学生不仅能够提高其语言运用能力，还能在交流中学习如何灵活应对各种文化差异和沟通障碍。这种实践经验将为学生未来的跨文化交际奠定坚实的基础。

第二，行为层面的培养需要强调团队合作与沟通能力的提升。在全球化的背景下，跨文化交际往往需要团队合作的支持。学生在学习过程中，应当培养良好的团队协作能力，通过参与小组讨论、合作项目等活动，提升其与

他人协作的能力。教师在设计课程时，可以引入项目式学习的方法，鼓励学生在团队中承担不同的角色，共同完成特定的任务。在这个过程中，学生不仅能够提升自身的语言能力，更能在跨文化交流中学习如何倾听、理解与协调。

第三，行为层面培养需要关注对文化敏感性的提升。语言的背后是丰富多样的文化内涵，了解并尊重不同文化是进行有效跨文化交际的前提。教师应通过案例分析和文化碰撞的实例，引导学生思考和讨论文化差异带来的影响，提升他们的文化敏感性和适应能力。这种敏感性不仅能够帮助学生更好地理解他人的观点，还能促进他们在交流中的有效表达和回应。

三、跨文化交际中 ESP 复合型人才情感层面的培养

在跨文化交际中，情感层面的培养是不可忽视的因素。跨文化交际常常伴随着文化冲突和误解，而情感认同与情感管理则是克服这些挑战的关键。

第一，英语专业学习者应当在情感层面上建立对不同文化的认同。教师可以通过讲述不同文化背景下的成功案例和失败经验，引导学生思考文化差异对个人及社会的影响，增强他们对多元文化的认同感。在课程中引入关于文化自信、文化认同的讨论，帮助学生意识到自身文化的独特性与价值，同时也尊重和理解他人文化的多样性。这种情感认同不仅提升了学生的文化素养，也为他们未来的跨文化交际提供了坚实的情感基础。

第二，教师应当重视情感管理在跨文化交际中的重要性。在交流过程中，情感的波动往往会影响沟通的效果。教师可以通过角色扮演、模拟情境等方式，帮助学生学习如何管理和表达自己的情感。这种能力的提升，使学生在面临跨文化交际时能够更好地控制自己的情绪，保持开放与包容的态度。通过积极的情感管理，学生能够在交际中表现出更高的自信心和适应力，从而提高交流的效果。

第三，情感层面的培养需关注情感的共鸣与共情能力的提升。学生在跨

文化交流中，不仅要表达自身的观点，更需要理解对方的情感和需求。教师可以通过组织跨文化交流活动，让学生与来自不同文化背景的人进行面对面的交流，增强他们的共情能力。在交流中，学生通过倾听和观察，能够更好地理解对方的感受，建立起情感上的连接。这种情感的共鸣不仅有助于减少文化误解，还能在跨文化交际中建立起信任与合作的基础。

第二节　跨文化交际中商务英语人才的培养策略

一、注重商务英语教学，渗透跨文化交际意识

随着国际交往日益密切，语言交流在国际商务活动中的重要性不断增强。为了适应这一趋势，我国开设了商务英语课程，旨在提升学生主动使用英语的积极性和能力。商务人员在与来自不同国家和地区的商人进行谈判时，流畅的交流显得尤为必要，尤其是在价格谈判和合同履行等关键环节，这不仅关系到商业交易的成功与否，也涉及企业的整体利益。在这一过程中，文化差异的影响不可忽视。与不同文化背景的商人进行交流时，例如，中东地区与欧美国家之间，语言和交流方式往往存在显著的差异。为了确保沟通的有效性，商务人员需学会准确而得体地使用英语，这不仅包括语言的正确性，还涉及语言使用的文化适应性。因此，在商务英语教学中，渗透跨文化交际意识显得尤为重要。通过对文化差异的理解和对有效沟通策略的掌握，学生能够更好地应对国际商务环境中的复杂挑战，实现与外商的顺畅交流，从而促进业务的成功与发展。

二、适应国际形势，充实跨文化交际的内容

（一）价值观——跨文化交际的实质

跨文化交际的核心在于不同文化之间的价值观差异。了解这些差异对于

商务英语人才的培养至关重要。在国际商务中，价值观不仅影响着人们的决策和行为，也深刻影响着沟通的方式与效果。因此，培养学生对不同文化价值观的理解与尊重，是商务英语教学的重要内容。

在教学中，应当通过多元化的教学材料和讨论，引导学生认识到各国文化背后的价值观念。例如，可以通过比较不同国家在商务决策中的风险偏好、权力距离、个人主义与集体主义等价值观，帮助学生理解这些价值观如何影响商业行为。教师可以利用案例分析、小组讨论等方法，鼓励学生思考和交流，使他们在互动中深化对跨文化价值观的理解。此外，教师还应当注重引导学生发展跨文化思维。跨文化思维是指个体在面对不同文化时，能够灵活调整自己的思维方式，以适应新的文化环境。通过培养学生的跨文化思维能力，他们不仅能够更好地理解他国文化，还能在实际交际中灵活运用适当的沟通策略。这种能力的培养，既有助于学生在商务活动中避免文化冲突，又能促进更有效的交流与合作。

（二）言语行为——跨文化交际的外化

言语行为是跨文化交际的具体表现形式，也是文化差异的重要体现。在商务英语的教学中，教师应注重教授学生如何在不同文化背景下使用恰当的语言进行有效沟通。这包括对不同文化中常见的言语行为模式的分析，以及如何根据文化背景调整语言使用的技巧。

第一，教师应当引导学生了解不同文化中的言语行为规范。例如，在一些文化中，直接表达意见可能被视为坦诚，而在另一些文化中则可能被认为是冒犯。在这种情况下，学生需要学习如何根据交际对象的文化背景调整自己的表达方式，以确保信息的准确传递和良好的交际效果。教师可以通过角色扮演、模拟交际场景等方式，帮助学生在实践中掌握这些技能。

第二，非言语交际在跨文化交际中同样重要。不同文化中的肢体语言、

眼神交流、空间距离等非言语行为存在显著差异。了解这些差异有助于学生在跨文化交际中避免误解与冲突。教师可以通过视频分析、案例讨论等方式，帮助学生识别和理解这些非言语交际的特点，从而提升他们的跨文化交际能力。

第三节　跨文化交际中文化移情能力的培养实践

文化移情能力是现代社会所需跨文化交际人才的核心素养，在高校教育工作中具有重要意义，是体现文化的多样性和差异性，提升高校人才培养整体水平的有效途径[①]。跨文化交际中文化移情能力的培养实践需要注意以下方面。

一、加强民族习俗渗透，拉近人际关系距离

民族习俗的渗透是培养文化移情能力的重要实践环节。通过深入了解和体验不同文化背景下的民族习俗，个体能够更加直观地感受到他人文化的独特性及其对人际关系的影响。例如，在与中东地区商人交流时，了解当地的待客礼仪、斋月习俗等，能够帮助商务人士在交流中表现出对对方文化的尊重与理解。这种尊重不仅能增进彼此的信任感，还能有效拉近人际关系的距离。

在具体实践中，学校可以组织文化交流活动，如邀请来自不同文化背景的专家或商人进行分享，展示他们的传统习俗和生活方式。通过这些活动，参与者不仅可以学习到丰富的文化知识，还能在实际交流中培养对他人文化的移情能力。这种在“真实”环境中的学习，有助于增强个体在面对不同文化时的适应能力。

① 程艳芳. 跨文化交际中文化移情能力的培养研究［J］. 理论观察，2021（5）：129.

二、适度把握文化移情，避免太过或不及

在文化移情的实践过程中，适度把握其程度至关重要。过度的文化移情可能导致个体失去自我，甚至在不知情的情况下冒犯他人。而不足的文化移情则可能表现出对他人文化的无视或不屑，进而导致沟通障碍。因此，在跨文化交际中，如何平衡这一点是文化移情能力培养的关键所在。

为了实现这一目标，教师应引导学生在文化移情中保持自我认同。例如，在课堂讨论中，教师可以设计一些辩论性话题，鼓励学生在表达对他人文化理解的同时，分享自身文化的独特性。通过这种方式，学生可以在理解和认同他人文化的基础上，保留自己的文化身份，从而实现适度的文化移情。这种实践不仅有助于提升学生的文化敏感性，也能增强他们在国际交流中的自信心。

三、发展第二课堂，延伸文化移情教学时空

发展第二课堂是提升文化移情能力的重要实践方式。通过各种课外活动和实践项目，学生可以在非正式的环境中与来自不同文化背景的人进行深入交流。这种延伸的学习时空，能够帮助学生在真实情境中运用所学的文化知识，并在互动中提高他们的文化移情能力。例如，学校可以组织国际志愿者活动，鼓励学生参与到国际项目中去。在这些项目中，学生不仅能学习到其他文化的知识，更能在与外籍志愿者的互动中，体会和理解对方的情感和文化背景。这种真实的交流和体验，有助于学生在跨文化交际中建立起更为紧密的联系，提升他们的文化移情能力。

第四节　人工智能在跨文化交际人才培养中的应用

一、知识图谱整合文化信息，促进文化意识吸收

随着全球化的加速，跨文化交际在各领域的重要性日益凸显。在这一背

景下，人工智能技术，尤其是知识图谱的应用，为培养具备跨文化交际能力的人才提供了全新的机遇。知识图谱作为人工智能的核心技术，通过构建概念实体之间的关系，形成网络状的知识框架，有效整合文化背景知识，成为跨文化交际教育的重要工具。

知识图谱能够将不同国家的风俗习惯、历史渊源等文化信息进行结构化整理。例如，知识图谱可以将“英国文化”的饮食习惯、节日庆祝与概念实体关联，同时将“春节习俗”和饮食特点与“中国文化”进行关联。这种整合不仅使学生能够直观地理解不同文化间的异同，也有助于他们在跨文化交际中避免误解和冲突。通过比较分析，学生可以深入了解各文化的独特性及其在国际交往中的表现形式，从而增强他们的文化敏感性和适应能力。此外，知识图谱还可以通过可视化技术呈现不同文化背景下的相关信息，帮助学生在学习过程中更加轻松地吸收文化知识。通过交互式界面，学生可以主动探索与自己学习主题相关的文化信息，从而激发他们的学习兴趣与主动性。这种以学生为中心的学习方式，不仅提高了他们的学习效率，也培养了他们在跨文化交际中灵活运用知识的能力。

知识图谱的应用不仅限于课堂教学，还可以扩展到课外活动和实践项目中。通过与真实世界案例的结合，学生能够将所学知识运用到实际交际中，进一步巩固对文化差异的理解。在模拟谈判、国际合作项目等活动中，知识图谱能够为学生提供文化背景信息的支持，帮助他们在实际交流中更加自信、有效地进行沟通。

二、扩大语言输入，强化英语语言技能训练

在跨文化交际的过程中，语言能力的提升是基础与关键。人工智能技术的进步为语言学习提供了更加丰富的输入资源，从而有效增强学生的英语语言技能。通过自然语言处理技术，学生可以获得个性化的语言学习体验，提升其在跨文化环境中的沟通能力。

第一，人工智能技术显著拓展了学生获取语言输入的渠道。通过整合多种英文资源，学生可以建立个性化的语言学习库，包括他们感兴趣的英文新闻、科幻读物和美剧视频。这种多元化的输入不仅丰富了学生的语言环境，也激发了他们的学习兴趣，使其在轻松愉快的氛围中提高语言能力。此外，智能推荐系统可以根据学生的学习习惯和偏好推送相关学习材料，确保其语言学习的针对性和有效性。

第二，语音识别技术的应用为学生提供了丰富的口语训练机会。通过人机对话系统，学生可以进行实时的口语练习，提升其听说能力。智能系统能够对学生的发音、语调进行实时反馈，并提供针对性的纠正建议，使学生在自主学习中不断改进。同时，这种口语练习的互动性和趣味性，能够有效降低学生的学习焦虑，增强他们的语言表达能力。

第三，在语言技能训练的过程中，智能诊断系统也发挥了重要作用。通过分析学生的语法和词汇短板，系统能够设计个性化的强化训练方案。例如，生成针对性的语法练习题和词汇拓展练习，从而帮助学生在薄弱环节上得到有效提升。此外，智能系统还可以根据学生的词汇量推送适当难度的学习内容，推荐相应的口语训练资源，帮助学生克服语言学习中的障碍，提升整体语言技能。进一步而言，人工智能技术的应用不仅提升了学生的语言技能，还增强了他们在跨文化交际中的自信心。在面对来自不同文化背景的交际对象时，学生能够自如地运用所学语言进行沟通，避免因语言障碍造成的误解与尴尬。通过不断的语言输入和训练，学生不仅掌握了语言本身，更在跨文化交际中培养了应对复杂交流情境的能力。

三、智能诊断与评估，实现个性化培养

在跨文化交际的人才培养过程中，智能诊断与评估技术的应用，为语言学习者提供了个性化的学习体验与培养策略，这种基于人工智能的评估方式，能够实时监测学生的学习进度和能力水平，从而为其制定适合的学习方案，

实现真正意义上的个性化培养。

第一，利用自然语言处理技术，智能诊断系统能够深入分析学生在写作和口语练习中的语法错误，全面评估其语言能力及薄弱环节。通过自动化的错误识别与分析，教师能够更加精准地了解每个学生的学习状态，从而在教学中提供针对性的指导。学生通过系统提供的反馈，能够及时发现自身的不足并进行改正，从而不断提升其语言能力。

第二，智能评估系统还可以追踪学生在跨文化交流模拟练习中的表现，评估其对不同文化的认知。通过对学生在各种情境下的表现进行分析，系统能够形成每个学生的语言能力和文化意识画像。这一画像不仅涵盖了学生的语言水平，还反映了其在跨文化交际中的敏感度和适应能力。基于这些评估结果，教师可以制定个性化的教学策略，以满足不同学生的学习需求。

第三，智能系统提供的定制化反馈，能够实现在线纠正发音错误和推荐文化学习资料。这一过程不仅提高了学生的学习效率，也增强了他们在跨文化交际中的自信心。通过实时反馈与纠正，学生能够在实践中不断完善自己的表达能力和文化理解，从而在未来的国际交流中更有效地传达自己的观点。

第四，智能系统还可以根据学生的学习进度和能力变化，动态调整培养策略。这种灵活性使得个性化学习得以持续进行，确保每位学生都能在适合自己的学习节奏中进步。在跨文化交际的复杂环境中，学生不仅需要语言能力的支持，更需要对文化差异的理解与适应能力。通过智能诊断与评估，学生能够在这两个方面得到全面的培养与提升。

参考文献

［1］别俊玲. 基于文化自信导向的高校英语教学改革［J］. 英语广场，2020（36）：90-93.

［2］陈仲庚. 中西文化比较［M］. 广州：羊城晚报出版社，2015.

［3］程艳芳. 跨文化交际中文化移情能力的培养研究［J］. 理论观察，2021（5）：127-129.

［4］高国凤. “新文科”背景下应用型本科院校英语人才培养理念创新研究［J］. 重庆电子工程职业学院学报，2023，32（4）：129-134.

［5］郭坤，田成泉. 高校英语生态教学环境的优化［J］. 教育理论与实践，2016，36（24）：56.

［6］韩健. 功能语言学视阈下的法律文本对比分析［M］. 上海：上海交通大学出版社，2013.

［7］黄文静. 教海探航 多元文化视域下的高校英语教学研究［M］. 北京：中国商业出版社，2022.

［8］简洁，高原，刘娜，等. 高校英语教学方法新编［M］. 长春：吉林大学出版社，2022.

［9］姜毓锋，王泳钦. 数字赋能大学英语本土文化教学的应用研究［J］. 教书育人（高教论坛），2024（6）：88-91.

［10］金朋荪. 大学英语翻译理论与实践［M］. 武汉：华中科技大学出版社，2009.

［11］靳昭华，王立军. 输出驱动理论在高校听力教学中的应用［J］. 中国市场，2015（28）：203+224.

［12］李慧. 我国高校英语教学模式研究［M］. 长春：吉林出版集团股份有

限公司，2022.

［13］李静. 大学英语自主学习思维和应用能力培养的研究与实践［J］. 科教文汇（下旬刊），2018（30）：172-173.

［14］李芹. 中华优秀传统文化融入高校英语教学的策略探究［J］. 纺织服装教育，2022，37（4）：372.

［15］刘春丽. 大学英语课程中双创人才核心素养培养的思考[J]. 知识文库，2020（3）：206.

［16］刘娟. 茶文化视域下高校英语翻译教学创新思路［J］. 福建茶叶，2021，43（7）：141-142.

［17］罗禹涛. 克拉申二语习得理论对我国英语教学的启示［J］. 教育理论与实践，2021，41（27）：59.

［18］孟锐. 文化自信背景下高校英语课堂信息化教学模式研究［J］. 校园英语，2024（5）：42-44.

［19］荣子英. 语篇翻译探析［J］. 考试周刊，2014（62）：27.

［20］沈红. 旅游英语人才培养模式研究［M］. 北京：中国纺织出版社有限公司，2023.

［21］宋佳. 基于产出导向法的大学英语文化教学设计与评价［J］. 湖北开放职业学院学报，2024，37（5）：174-176.

［22］宋雨晨，谭诣，王丽华. 高校英语教学思维创新［M］. 长春：吉林人民出版社，2020.

［23］孙婕. 高校英语教学理论及实务研究［M］. 长春：吉林人民出版社，2022.

［24］汤学智. 多元文化视角下高校英语教育教学策略探究［J］. 英语广场，2024（6）：86-89.

［25］王洪才. 创新创业教育：中国特色的高等教育发展理念［J］. 南京师大学报（社会科学版），2021（6）：38.

［26］王颖砚．基于建构主义理论的大学英语听力教学研究［D］．武汉：武汉科技大学，2014：1.

［27］王月亚．高校英语教学培养学生批判性思维的方法探析［J］．才智，2019（10）：113.

［28］魏丽珍，张兴国．高校英语教学的生态特性及教学定位探究［J］．环境工程，2022，40（2）：2.

［29］夏珺．高校英语教学设计优化与模式创新研究［M］．长春：吉林人民出版社，2022.

［30］熊美璐，王宴辉，梁玮等．基于“工匠精神”的“双创型”英语人才的培养研究［J］．甘肃科技，2022，38（16）：57.

［31］杨小惠．试论大学英语教学中工具性和人文性的兼顾与统一［J］．高教学刊，2015（22）：101.

［32］张金焕．高校英语教学设计优化与模式改革研究［M］．长春：吉林人民出版社，2020.

［33］朱金燕．大学英语教学改革探索［M］．武汉：中国地质大学出版社，2018.

［34］朱燕华，陈莉萍．大学英语智慧课堂教学评价指标体系构建［J］．外语电化教学，2020（4）：94-100.